OS HUMANOS
antes da
HUMANIDADE

FUNDAÇÃO EDITORA DA UNESP

Presidente do Conselho Curador
Mário Sérgio Vasconcelos

Diretor-Presidente
Jézio Hernani Bomfim Gutierre

Superintendente Administrativo e Financeiro
William de Souza Agostinho

Conselho Editorial Acadêmico
Danilo Rothberg
Luis Fernando Ayerbe
Marcelo Takeshi Yamashita
Maria Cristina Pereira Lima
Milton Terumitsu Sogabe
Newton La Scala Júnior
Pedro Angelo Pagni
Renata Junqueira de Souza
Sandra Aparecida Ferreira
Valéria dos Santos Guimarães

Editores-Adjuntos
Anderson Nobara
Leandro Rodrigues

ROBERT FOLEY

OS HUMANOS
antes da
HUMANIDADE

Uma Perspectiva Evolucionista

TRADUÇÃO
PATRÍCIA ZIMBRES

© 1998 Editora UNESP

Fundação Editora da UNESP (FEU)
Praça da Sé, 108
01001-900 – São Paulo – SP
Tel.: (0xx11) 3242-7171
Fax: (0xx11) 3242-7172
www.editoraunesp.com.br
www.livrariaunesp.com.br
atendimento.editora@unesp.br

Dados Internacionais de Catalogação na Publicação (CIP)
(Câmara Brasileira do Livro, SP, Brasil)

Foley, Robert
    Os humanos antes da humanidade: uma perspectiva evolucionista / Robert Foley ; tradução Patrícia Zimbres. – São Paulo: Editora UNESP, 2003.

    Título original: Humans before humanity
    Bibliografia.
    ISBN 85-7139-471-7

    1. Antropologia 2. Evolução humana I. Título.

03- 2997   CDD-599.938

Índices para catálogo sistemático:

1. Evolução humana : hominídeos : Ciências naturais
   599.938

Editora afiliada:

A meus pais,
Jean e Nelson Foley

Sumário

Prefácio 9

Agradecimentos 13

1 Uma Questão de Evolução 15

2 Por que o Darwinismo? 31

3 O que são os Seres Humanos? 51

4 Quando nos Tornamos Humanos? 71

5 A Evolução Humana foi Progressiva? 107

6 Por que a África? 137

7 A Evolução Humana é Adaptativa? 169

8 Por que os Humanos são tão Raros na Evolução? 189

9 Por que os Humanos Evoluíram? 215

10 Que Importância tem A Evolução Humana? 241

Apêndice
Quem é Quem entre os Humanos Anteriores à Humanidade:
Um Guia para os Nomes dos Hominídeos 265

Referências 275

Índice Remissivo 289

Prefácio

Um prefácio pode servir a duas funções, nenhuma das quais totalmente digna. Uma delas é que ele é lido por nossos amigos e colegas para ver se são mencionados nos agradecimentos. O melhor seria que eles pulassem até o final. A outra função é dizer do que trata o livro. Para muitos, a vida é curta demais para ler um livro inteiro e, portanto, a coisa mais útil que um prefácio pode fazer é ajudá-los nesse dilema.

Resumindo, este livro se propõe a entender por que os humanos evoluíram, e quais seriam as implicações dessa evolução. Ele, contudo, não propõe uma teoria majestosa ou uma explicação simples, calcada em algum modo básico pelo qual nossos ancestrais ter-se-iam desviado da norma da evolução. Tampouco há aqui o descobrimento de alguma catástrofe estarrecedora, nem continentes afundando no mar, nem visitantes do espaço sideral. Este livro, dentro do gênero do "onde os seres humanos se encaixam", é revolucionário, ao propor que, com base em mecanismos evolucionários muito comuns, resultados monumentais podem ocorrer. Acredito que os humanos evoluíram graças a circunstâncias específicas, no tempo e no espaço, nas quais as populações primevas se encontraram. O grande padrão da evolução, que podemos perceber em retrospectiva, é, na verdade, o produto de condições locais e de pequena escala. A escala das consequências do fato de os humanos terem evoluído talvez não se compare à escala das causas. Num campo em que o teatral, o romântico, o místico e o incomum nunca deixam de capturar a imaginação, e no qual há forte resistência à ciência simples e direta e às teorias simplificadoras da evolução, o desafio consiste em convencer as pessoas de que a resposta não está nas estrelas nem no mar, mas na vida cotidiana das populações primevas de macacos antropoides, confrontadas com problemas sociais e ecológicos muito específicos.

Tentarei demonstrar que, para explorar a evolução humana, é necessário vincular as generalidades da teoria evolucionista e da biologia às especificidades das épocas e dos lugares passados onde a evolução humana de fato ocorreu. Nenhuma das duas – generalidades e especificidades –, por si só, é suficiente, uma vez que é a interação entre ambas a chave para a explicação da evolução dos humanos. Uma abordagem como essa é capaz de fornecer percepções sobre os humanos e sobre seu lugar na natureza, sem perder de vista sua singularidade nem pleitear privilégios de exceção. Se Deus está nos detalhes, a evolução está no contexto.

Este, então, é um livro sobre a evolução humana, e de modo algum o primeiro. Na verdade, nos últimos anos, tem surgido um grande número de livros excelentes sobre o assunto. À luz do que afirmei acima, não posso ter a pretensão de ter escrito um livro capaz de competir com as cintilantes aventuras da caçada aos fósseis, o lado Indiana Jones da questão; e tampouco escrevi um compêndio de detalhes anatômicos. Menos ainda possuo teorias espetaculares para explicar como o nosso herói – o *Homo sapiens* –, de um salto, viu-se, se não livre, pelo menos bem à frente dos concorrentes. Ao escrever tive dois objetivos em mente – primeiramente, fornecer informações suficientes sobre os detalhes da evolução humana, de modo a demonstrar que ela consiste numa série complexa de ocorrências, sendo, entretanto, explicável por alguns princípios evolucionistas gerais; em segundo lugar, estruturá-lo em torno dos tipos mais gerais de questões, que tanto os cientistas como os leigos veem como significativas.

O que tentei fazer, portanto, foi fornecer algumas respostas provisórias a um certo número de perguntas-chave sobre a espécie humana, com base em nossa compreensão do funcionamento da evolução e nos indícios que possuímos sobre o que aconteceu ao longo da evolução humana. Tanto as perguntas como as respostas tomam formas diferentes, e para os que se dispuserem a ir além do prefácio, mas talvez não a mourejar pelo livro inteiro, os capítulos 1, 2 e 3 são de natureza mais filosófica, os capítulos 4, 5, 6 e 7 enfocam os processos evolucionários e a ecologia que embasa nossa biologia e nossa evolução, ao passo que os capítulos 8, 9 e 10 tratam das questões mais desafiadoras da singularidade humana, que em geral são o foco do interesse das ciências do comportamento humano – inteligência, cultura, comportamento social e linguagem.

Passando ao muito que devo a tantos, é de praxe iniciar com os colegas e terminar com um sofrido e paciente cônjuge. Como minha mulher é também minha colega, a quem sempre estou a dever ideias, informações, incentivo e crítica, vejo-me num certo dilema, de modo que, de partida, coloco meus sinceros agradecimentos tanto à Dra. P. C. Lee quanto a Phili. A única coisa que ela não fez foi escrever o livro ela própria, mas não se pode ter tudo.

Os acadêmicos passam grande parte de suas vidas conversando sobre ideias com amigos, colegas e alunos, trocando fofocas e informação, que servem tanto para fazer avançar a matéria como para criar uma comunidade. Seria para mim impossível sequer lembrar de todas as pessoas que me ajudaram, desde a palestra proferida num seminário, que me forneceu uma ideia nova, até a pergunta canhestra de um aluno de primeiro ano. Até mesmo as reuniões para decidir que perguntas cairiam nas provas serviram de matéria-prima. Permitam-me, então, que eu apresente meus agradecimentos por categorias. Primeiramente, à comunidade britânica de estudos sobre biologia primata e evolução humana, principalmente as das universidades de Cambridge, da U.C.L.A. de Liverpool, de Durham e de St. Andrews, e também do Museu de História Natural. Este último consiste num pequeno núcleo de cientistas que se mantêm unidos apenas pela feroz competição pela patética dotação oferecida anualmente para a pesquisa sobre evolução. O mais importante é que nós ainda pagamos bebidas uns para os outros, mas o fato é que, em virtude de sua diversidade e entusiasmo, esses cientistas criam o contexto no qual este trabalho se torna possível, o que, muitas vezes, não é suficientemente valorizado. Em segundo lugar, a meus colegas de Cambridge, em especial os do Grupo de Pesquisas Biológicas sobre Evolução Humana. A equipe e os estudantes-pesquisadores que trabalharam comigo nesses últimos cinco anos ou mais me ofereceram um ambiente de trabalho dos mais agradáveis, bem como um incentivo importante ao desenvolvimento de novas ideias e de novos métodos. Espera-se dos supervisores de pesquisa uma liderança de linha de frente, mas ultimamente sinto-me mais como um oficial relutante, sendo promovido à força. Em terceiro lugar, à Universidade de Cambridge e ao King's College, que me ofereceram tanto auxílio financeiro como apoio de outros tipos.

Por fim, para citar alguns nomes, agradeço a Louise Humphrey por ler e comentar uma versão preliminar, e a Maggie Bellatti, por me ajudar com os números. Nick Mascie-Taylor vem sendo um chefe de departamento da maior compreensão e paciência. Tenho uma dívida especialmente grande para com Marta Lahr, pelas discussões quase que contínuas que tivemos, ao longo de muitos anos, sobre todos os aspectos da evolução humana, e por suas tentativas de pôr freio a minhas ideias mais loucas. Eu deveria, também, agradecer a meus filhos, Hugh e Conrad, por tolerarem meu entusiasmo pela evolução humana, quando qualquer pessoa de bom-senso sabe que os dinossauros são muito mais interessantes.

ROBERT FOLEY
Cambridge, agosto de 1995

Agradecimentos

O autor e o editor agradecem aos abaixo citados pela permissão de redesenhar e reproduzir as seguintes figuras e fotografias.

Página 24: *Charles Darwin em 1853*. Do desenho a carvão de autoria de Samuel Lawrence de Down House, gentilmente cedido pelo Sr. P. Titheradge e pelo Royal College of Surgeons of England, Down House.

Página 26: Fotografia de J. Reader, Science Photo Library.

Página 27: *Monkeys and Apes*, de Alan Heatwole. Gallery Books. Fotografia de Erwin e Peggy Bauer.

Página 32: *Apeman*, de R. Caird, Boxtree (1994), gentilmente cedido pela Bridgeman Art Library/Bible Society, Londres.

Página 36: *The Aquatic Ape, Fact or Fiction*, de M. Roede et al. Souvenir Press (1991).

Página 62: *Primate Evolution*, de Glenn Conroy. W. W. Norton & Co.

Página 118: M. M. Lahr e R. A. Foley, *Evolutionary Anthropology* (1994), 3(2): 48-60.

Página 144: *Apeman*, de R. Caird, Boxtree (1994).

Página 160: Segundo Giovanni Caselli. Em *In Search of the Neanderthals*, de Christopher Stringer e Clive Gamble, publicado por Thames & Hudson Ltd., 1993.

Todos os esforços foram envidados para encontrar todos os detentores de direitos autorais, mas se algum deles foi inadvertidamente omitido, os editores, na primeira oportunidade, terão prazer em fazer todos os acertos necessários.

1

Uma Questão de Evolução

A Contrarrevolução Científica

A mais estranha de todas as revoluções científicas é a darwiniana. Segundo a história convencional, a publicação de *A origem das espécies* por Charles Darwin, em 1859, levou a uma tempestuosa, embora breve batalha entre religião e ciência, com a evolução rapidamente triunfando sobre o criacionismo, para vir a se transformar em ortodoxia. Anteriormente, filósofos, teólogos e cientistas, bem como a grande maioria das pessoas cultas, acreditavam na natureza fixa e imutável da criação, na curta história de um mundo divinamente ordenado e no lugar especial e único ocupado pelos humanos no universo; subsequentemente, a ciência e os cientistas passaram a representar a vanguarda de uma visão de mundo na qual os humanos eram apenas mais uma espécie, e o mundo era uma areia movediça de competição e de mudança. Quando T. H. Huxley marcou seus pontos no debate com o bispo de Oxford, parecia que ele havia desferido o *coup de grâce*. Dependendo do ponto de vista de cada um, esse ponto de virada representava ou o fim da influência civilizatória da religião e o colapso da sociedade cristã ocidental, ou, então, a vitória final do pensamento racional sobre a superstição medieval e a culminância do Iluminismo.

A realidade foi bem diferente. A revolução não foi nem rápida nem definitiva. Em muitos sentidos, ela ainda permanece incompleta. A ilusão de vitória vem da concepção equivocada de que a discussão se dava, essencialmente, entre a religião estabelecida e o pensamento científico moderno. Esse não era o cerne da guerra, contudo, mas apenas uma escaramuça entre muitas. A Igreja estabelecida não era o único inimigo do darwinismo, nem sequer o mais importante; esses inimigos podiam ser encontrados em muitos e diversos grupos. A ideia de evolução por meio de seleção natural ameaçava diversas posturas intelectuais. Punha em questão o postulado da singularidade humana e da separação entre os humanos e o restante do mundo animal, abrindo uma perspectiva inteiramente nova a respeito dos organismos vivos e do meio ambiente. Ela, ao mesmo tempo, parecia reforçar as ideias existentes sobre a natureza progressiva da história humana e criar a possibilidade de um mundo sem propósito nem direção. O darwinismo trazia também uma metodologia inteiramente nova de abordar os humanos, uma metodologia reducionista, na qual os conceitos complexos e filosóficos eram rejeitados sem dó nem piedade, em favor da simplificação, da observação empírica e da experimentação.[1]

O darwinismo, em outras palavras, ofendia a praticamente todos. A oposição à evolução veio de todos os quadrantes – da esquerda política, por levantar a possibilidade de determinismo genético e biológico; da direita, por solapar os valores tradicionais da sociedade; e dos intelectuais, por aquilo que eles viam como uma simplificação excessiva, a tentativa de reduzir a complexidade social ao resultado de ações individuais instintivas e egoístas. Para alguns, a evolução aviltava os humanos, ao compará-los com os animais, ao passo que para outros, ela pecava intelectualmente, por faltar-lhe a *gravitas* da maior parte das ideias filosóficas. Em consequência, o século XX foi repleto de ataques ao darwinismo e, como observou John Maynard Smith,[2] "Darwin estava errado" há muito vem sendo uma das manchetes jornalísticas favoritas.

Hoje, as reações a Darwin e às ideias evolucionistas continuam sendo muitas, indo do crítico, do indiferente e do descrente até o mais freneticamente favorável. As críticas e a descrença provêm de um certo número de ambientes, especialmente das alas fundamentalistas da maioria das religiões. O elemento faccioso e fanático dessas críticas pode ser observado com mais clareza nas várias tentativas, ocorridas nos Estados Unidos, de limitar o ensino da evolução, de rotulá-la de "crença" ou de teoria não fundamentada, e de conferir à ciência criacionista o mesmo tempo curricular.[3] Esses críticos fundamentalistas são os herdeiros dos clérigos do século XIX, embora as

---

1 Ruse (1979, 1986).
2 Maynard Smith (1989).
3 Zetterberg (1983).

mudanças ocorridas na teologia ortodoxa cristã, nos últimos cem anos, muitas vezes visando abrir espaço para as ideias evolucionistas, tenham significado que os argumentos, agora, centrem-se quase que inteiramente na questão da verdade literal da Bíblia, e não mais em todo o espectro da crença cristã.

Apesar da sobrevivência e até mesmo da proliferação do pensamento fundamentalista, a religião não representa o principal antagonismo intelectual ao pensamento darwinista clássico. O crescimento da teoria social e do relativismo cultural produziram ideias que são igualmente contrárias à evolução. Quase mais insultuosa que a oposição ativa dos religiosos fundamentalistas é o fato de as ciências sociais descartarem as ideias darwinianas e evolucionistas como irrelevantes.

O antagonismo da maior parte dos cientistas sociais tem uma série de razões. A principal entre elas é histórica. As primeiras tentativas de aplicar as ideias darwinianas aos humanos – e mais especificamente aos processos sociais –, partindo de pensadores como Herbert Spencer, foram tanto obstinadas quanto cientificamente ineptas, e a agenda política derivada da evolução rapidamente veio a se transformar na face politicamente inaceitável da ciência.[4] Os darwinistas sociais, por exemplo, colocaram boa parte da ênfase nos grupos sociais e étnicos, por meio dos quais a evolução ocorreria, gerando a ideia de que a competição entre grupos era a arena primária da luta pela sobrevivência darwiniana. Isso se colocava a poucos passos das ideias de supremacia racial. Além do mais, em boa parte do pensamento evolucionista inicial, a centralidade do conceito de raça, no contexto de ideias muito simplistas sobre características herdadas e genéticas, significava que as ideias evolucionistas também passavam a se vincular a propostas de cruzamento seletivo, de eugenia e da purificação da raça e das raças humanas. Além disso, a associação subjacente entre os processos de evolução e o progresso oferecia uma visão intrinsecamente distorcida da diversidade humana.[5]

Tudo isso representava a total antítese da maior parte do pensamento e da teoria social. Boa parte das ideias contemporâneas sobre os humanos, seu comportamento, sua identidade coletiva e seu lugar no mundo derivaram das teorias sociais, e pensadores como Weber, Durkheim, Lévi-Strauss e Leach[6] foram, no século XX, muito mais importantes para o desenvolvimento das

---

4   Spencer, H. (1851).
5   Bowler (1989, 1990).
6   Kuper (1983); Harris (1968).

ideias sociocientíficas sobre os humanos que os pensadores evolucionistas. A explicação para esse estado de coisas deriva, pelo menos em parte, do fato de que a teoria social traz, em seu cerne, uma visão do comportamento humano investido nos grupos e na identidade grupal, sendo, portanto, basicamente coletivista. Os indivíduos podem negociar internamente aos grupos, mas é a sua firme inserção no mundo social que molda a natureza de qualquer padrão individualista. Essa ideia contrasta com muitas das percepções das ideias evolucionistas, que colocam ênfase muito mais acentuada no interesse individual, na competição entre indivíduos e grupos e numa visão reducionista da organização da sociedade humana. Além do mais, a evolução foi amplamente associada a ideias de progresso – a visão de que há mudança direcional tanto no mundo natural como nos assuntos humanos. O progresso pode ocorrer por meio de diversos mecanismos, e pode ser mensurado ou percebido de várias maneiras – que vão das pequenas às grandes, das simples às complexas, das primitivas às avançadas e assim por diante –, mas ele, aparentemente, seria inerente à estrutura evolucionista. Essa ideia foi firmemente refutada e rejeitada por muitos cientistas sociais, particularmente os antropólogos. A flecha do tempo não era discernível nos padrões da diversidade humana. As variações poderiam ser entendidas na variedade das funções sociais ou na natureza arbitrária da cultura e, cada vez mais, toda a empreitada de comparar o comportamento humano com as sociedades foi amplamente criticada. No geral, os cientistas sociais afirmaram também que, como os humanos são essencialmente sociais, é por intermédio de mecanismos e processos sociais que seu comportamento deve ser avaliado. Como o social é visto, em grande parte, como a antítese do biológico, houve uma rejeição maciça dos mecanismos ou fatores biológicos na explicação do comportamento, organização e diversidade humanos. Isso pode ser verificado nos mais diversos níveis, desde a rejeição dos pontos de vista genéticos e estritamente hereditários e das características humanas inatas até o abandono do determinismo ambiental.

É impossível superestimar a amplitude desse abandono das ideias evolucionistas. Na opinião da maior parte dos teóricos e filósofos sociais do século XX, não havia necessidade de fazer mais que reconhecer de passagem o fato provável de a evolução ter ocorrido. No entanto, como o rubicão do biológico para o social, do comportamento para a cultura, do determinismo para o livre-arbítrio havia sido cruzado, adotar uma abordagem evolucionista em direção ao cerne da dimensão humana era visto, na melhor das hipóteses, como equivocado, e na pior delas, como perigoso.

Talvez o aspecto mais notável e mais surpreendente desse estado intelectual de coisas é que tudo isso aconteceu há muito tempo. Mesmo antes de o cimento ter secado no Memorial de Darwin, na Abadia de Westminster, a maré começou a se voltar contra as ideias evolucionistas.[7] Na virada deste século, o antropólogo americano Franz Boas assumiu a liderança, demonstrando como cultura e raça podiam ser desvinculadas e, portanto, como a mudança cultural não dependia de quaisquer ideias biológicas ou evolucionistas. Suas ideias, bem como as de contemporâneos seus como Malinowski, já tinham, nas décadas de 1920 e 1930, erradicado a abordagem evolucionista. Em seu lugar, figuras influentes da antropologia moderna como Evans-Pritchard e Fortes estabeleceram a natureza intemporal e culturalmente determinada da existência humana, que vem dominando toda a questão. Adicione-se a isso a repulsa associada a algumas ideias ditas evolucionistas ao fim da Segunda Guerra Mundial e, em 1950, a antropologia evolucionista estava praticamente morta.[8]

É importante notar que isso aconteceu há muito tempo. A rejeição da evolução ocorreu numa época na qual os próprios biólogos acabavam de se adaptar à natureza da teoria evolucionista, antes de a natureza da hereditariedade ter sido amplamente compreendida, e numa época em que o mecanismo da seleção natural parecia logicamente inconsistente. Em face da desilusão com o darwinismo por parte de um grande número de biólogos, não era de surpreender que os antropólogos e os cientistas sociais tenham sido tão críticos. O mundo da biologia e da evolução, entretanto, transformou-se de modo irreconhecível desde aquela época até hoje. Contudo, no âmbito da antropologia, boa parte do que se toma por teoria evolucionista tem por base esses erros iniciais. Desde o tempo de Boas, a genética foi revolucionada pela matemática populacional, a natureza do DNA foi descoberta e seu complexo mecanismo gradualmente deslindado, a teoria evolucionista foi totalmente modificada e todo um espectro de ideias biológicas mais amplas foi vinculado à evolução – ecologia, desenvolvimento, comportamento. A evolução que foi repudiada na primeira metade do século XX era uma disciplina totalmente diferente da que surgiu durante a segunda metade, mas esse fato raramente foi levado em conta.

Pode-se pensar que o acúmulo gradual de fatos novos poderia alterar essa situação, mas a possibilidade disso vir a ocorrer foi grandemente reduzida por uma nova corrente a ingressar na discussão: o relativismo cultural e o desconstrutivismo. De acordo com muitos pensadores atuais, não há

---

7   Bowler (1989).
8   Harris (1968).

e nunca poderá haver um conhecimento objetivo, apenas um mundo de palavras e textos criados pelos humanos. A experiência humana, o "conhecimento" incluído, só pode ser filtrada por meio do mundo linguístico do pensamento e da comunicação. O mundo que vivenciamos, portanto, nada mais é que uma construção dos sentidos e, em particular, a linguagem que usamos para descrever nossas experiências. É impossível quebrar o círculo entre o mundo humano e a experiência humana desse mundo. No extremo, nada mais há lá fora a não ser um mar de palavras, embora uma versão mais moderada seria que, embora possa haver um "mundo real", não nos é jamais possível observá-lo ou vivenciá-lo "objetivamente". Além disso, a abundância e a variedade de crenças e sistemas culturais enfatizam essa ausência de um mundo real autônomo, reduzindo assim a biologia evolucionista à condição de apenas mais um modelo do mundo culturalmente determinado.

De acordo com esse paradigma, a evolução seria apenas mais um texto, não dotado de mais autoridade que qualquer outro. Aliás, a tentativa de conferir-lhe autoridade, de sugerir que ela deriva de uma base científica, é muitas vezes utilizada como prova de que ela se encontra intimamente associada a diversos *establishments* arraigados e poderosos – em geral, sem uma sequência específica, os homens, o capitalismo e o mundo ocidental anglo-americano. Nesse mundo de completo relativismo, a evolução deveria ser reduzida a nada além de mais um entre os muitos mitos da criação, embora, ocasionalmente, possa ser-lhe conferida a condição de ser incomumente (para um mito da criação) associada a valores materialistas e aos princípios do mercado, mais que aos do templo. E, na condição de apenas um texto a mais, ela pode ser decodificada indefinidamente, na condição de não ser tomada a sério ou como uma afirmação de realidade.

É difícil montar uma resposta eficaz a essa crítica sem lançar mão de uma série de pontos bastante óbvios a respeito dos indícios diretos que falam a favor da evolução, do fato de que ela abrange a totalidade da vida biológica, e não apenas dos humanos e de seu mundo linguístico, e de que há cada vez mais indicações de que a opinião de que linguagem é inteiramente determinada pela cultura é errônea.[9] A resposta a esses pontos seria, obviamente, a de que eles não passam de outras tentativas discursivas de privilegiar a evolução como sistema de conhecimento. Descomprometida com os fatos empíricos, a desconstrução terá sempre a última palavra, mas será sempre apenas uma palavra.

---

9   Pinker (1994).

Há também uma outra linha de oposição ao darwinismo, mas esta é interna à biologia. O ponto em questão aqui não se refere à evolução, e se ela de fato ocorreu, mas sim a como e por que ela tomou a forma que tomou. Nesse sentido, trata-se apenas de uma discussão técnica, mas ela tem muitos ecos em alguns dos debates mais filosóficos. O crime do darwinismo é, essencialmente, o mesmo – ser uma ideia simples demais. As críticas iniciais centravam-se nos mecanismos de hereditariedade que, para Darwin, eram em boa parte desconhecidos. Darwin não teve acesso às teorias genéticas de Gregor Mendel, e suas ideias sobre como as crias herdavam as características eram bastante confusas e incompletas. O ponto-chave era se os traços biológicos eram herdados de forma não diluída e particularizada, indo, portanto, de geração a geração sem sofrer mudanças ou ser alterados pelos mecanismos de reprodução ou se, com o acasalamento sexual, os traços eram mesclados, estando, portanto, num estado de constante fusão e fissão. O dilema que daí surgiu, e perdurou por mais de cinquenta anos, deu aos darwinianos uma escolha de Hobson. Por um lado, se a hereditariedade implicava a mistura das características derivadas dos pais, haveria, com o tempo, uma gradual diluição e perda de todas as novidades e, portanto, não haveria mudanças evolutivas, uma vez que as chamadas mudanças novas e adaptativas seriam engolidas pela inércia das formas existentes. Haveria, portanto, uma barreira importante à seleção dos traços vantajosos e à própria ocorrência da evolução. Por outro lado (como hoje sabemos que acontece), se não houvesse mistura, mas sim a hereditariedade particularizada de cada genitor, isso levaria então, por meio do processo de mutação, não a mudanças evolucionárias graduais e adaptativas, mas a mudanças randômicas e rápidas. Até mesmo T. H. Huxley, conhecido como o buldogue de Darwin, afirmou que a seleção natural não bastava para explicar a evolução e, como já foi muitas vezes observado, as sucessivas edições de *A origem das espécies* assistiram a uma diluição gradual da posição original de Darwin.[10]

Embora o desenvolvimento daquilo que é conhecido como neodarwinismo, ou a moderna síntese evolucionista, ocorrido entre 1930 e 1950, tenha removido boa parte dessas objeções, mostrando como esses mecanismos específicos de hereditariedade se vinculavam à estrutura populacional e, portanto, à adaptação,[11] novas objeções surgiram dentro da biologia. Houve duas fontes principais de críticas, provenientes de ambos os lados do

---

10 Ghiselin (1969).
11 Mayr & Provine (1979); Mayer (1982, 1991).

espectro evolucionista. No chamado lado "macro", alguns paleontólogos, como S. J. Gould e Niles Eldredge,[12] propuseram que a evolução não é um processo gradual, mas ocorre em surtos e saltos (equilíbrio pontual que consiste em longos períodos de estase e curtas explosões de mudanças), e, como inferência derivada dessa observação, que a ortodoxia neodarwinista tradicional não consegue explicar a totalidade do padrão. Eles propuseram que haveria outros mecanismos e que, portanto, longe de ser simples e unitária, a evolução consistiria numa hierarquia de mecanismos, do nível mínimo dos genes ou do genoma até os indivíduos e a população e, ainda além, até as espécies e até mesmo a totalidade das comunidades ecológicas.[13]

No outro extremo, os biólogos que estudam os sistemas vivos no nível molecular puseram em questão a dominância da seleção natural. A ideia é que a complexidade e as idiossincrasias da maneira pela qual as moléculas básicas são reunidas levam a seus próprios mecanismos de mudança – por exemplo, o impulso molecular de Gabriel Dover,[14] no qual, com efeito, o ambiente físico e as propriedades estruturais da própria molécula são mais importantes na propulsão das mudanças evolucionárias que o ambiente do organismo total ou do indivíduo. Além disso, a própria escala do material genético – os trinta milhões de bases que ocorrem no genoma humano –, bem como o fato de que a maior parte do material genômico parece não ter qualquer função, levaram outros cientistas a afirmar que há, simplesmente, frouxidão e inércia demais no sistema genético para que a evolução possa ser um sistema adaptativo preciso e de regulagem fina, como sugere a teoria da seleção natural.

Fica imediatamente óbvio que as críticas de ambos os níveis consistem em versões técnicas das críticas vindas de fora do campo da biologia, de que a teoria evolucionista clássica é demasiadamente simplificada e reducionista, não levando suficientemente em conta a maneira pela qual as coletividades, ou as entidades maiores que o gene, influenciam o processo de evolução. A vida é tão complexa, e a existência humana é tão improvável, que tem de haver mais que um processo simples. O ponto no qual as críticas técnicas e internas diferem do antagonismo mais amplo é que praticamente todos os biólogos contentam-se em aceitar que a evolução de fato ocorreu e que ela é significativa, que os aspectos históricos são importantes para o desen-

---

12   Gould (1980); Eldredge & Cracraft (1980); Gould & Eldredge (1977).
13   Eldredge & Grene (1992).
14   Dover (1986).

volvimento da vida e que não há nenhum problema sério com a aparente aleatoriedade e improbabilidade do processo evolucionário.

Os Dentes de Dragão Darwinianos

Em face dessa infindável renovação das críticas, poder-se-ia pensar que o darwinismo é uma força esgotada na ciência. O que não significa que a evolução não tenha aceitação ampla, mas que a formulação de Darwin a seu respeito, após 150 anos, já não é mais viável, o que não é de surpreender, tendo sido substituída por uma teoria, ou conjunto de teorias, muito mais sofisticado e abrangente. Essa, certamente, seria a opinião de muitas das autoridades na matéria, tendo sido amplamente exposta, tanto na literatura popular como na técnica, por Gould, talvez o biólogo evolucionista mais conhecido dos dias de hoje. Ele levou toda a emoção da biologia evolucionista até a audiência mais ampla possível, mas, ao mesmo tempo, foi em grande parte responsável por relegar a teoria darwiniana à condição de uma ideologia politicamente entrincheirada e de uma ciência incompleta.[15] Com base nessa posição de evolucionista iconoclasta, ele erigiu uma nova ortodoxia, o darwinismo para os politicamente corretos. A nova teoria evolucionista aceita plenamente que a evolução ocorreu, mas ressalta que não existe uma direção progressiva. E o que é mais importante, a sobrevivência das espécies é, em grande parte, resultado do acaso. As novas estruturas surgem, em boa parte, porque novas estruturas surgem. A pedra de toque do pensamento darwiniano – a sobrevivência do indivíduo para se reproduzir por meio de alguma vantagem adaptativa e, portanto, a evolução de um "mundo adaptado" – desaparece. A biologia adaptativa do século XIX, bastante compenetrada e competitiva, pode ser substituída pela biologia lotérica de fins do século XX. Não há nada a explicar na evolução humana, porque se trata, simplesmente, de uma questão de sorte, ou de processos operando em níveis tão altos que não se imiscuiriam nas minúcias da forma humana.

E, no entanto, apesar de tudo, o darwinismo é uma erva persistente. A cada vez que ele parece ter sido erradicado, acaba por ressurgir, mais cedo ou mais tarde. Talvez se pareça ainda mais com os dentes de dragão da história da busca do Velocino de Ouro por Jasão, que vinham mais numerosos e fortes a cada vez que reapareciam. Embora uma das maneiras de ver

---

15   Gould (1989, 1991).

Charles Darwin, autor de *A origem das espécies* e fundador, juntamente com Alfred Wallace, da moderna teoria da evolução.

o desenvolvimento da biologia evolucionista no decorrer deste século seja como um recuo gradual do darwinismo ortodoxo, uma outra seria vê-lo como triunfando sequencialmente, numa disciplina após a outra. A cada década, houve uma nova conversão. Na década de 1930, foi a genética populacional,[16] e nas de 1940 e 1950, a história natural.[17] Nas décadas de 1960 e 1970, tanto a ecologia quanto a etologia tornaram-se cada vez mais evolucionistas e darwinianas em suas abordagens,[18] ao passo que as de 1980 e 1990 assistiram ao crescimento de uma visão mais darwiniana da biologia molecular,[19] da psicologia evolucionista,[20] e surtos esporádicos se verificaram até mesmo na antropologia.[21]

Essas mudanças ocorreram por uma série de razões. As mais importantes foram o enxugamento da lógica da teoria darwiniana (ver capítulo 2) em livros clássicos como *Natural Selection and Adaptation*,[22] de G. C. Williams, bem como as elegantes e cada vez mais matemáticas demonstrações de como o darwinismo funciona e das áreas abrangidas por ele. Os trabalhos de campo e os experimentos ampliaram em muito os dados disponíveis sobre a vida e a morte reais dos animais, de maneira que a evolução deixou de ser vista como algo que ocorreu no passado, passando a ser encarada como um processo em andamento. Até mesmo o crescimento do registro de fósseis e o desenvolvimento de novas técnicas que permitem que mais informações sejam extraídas sobre a vida do passado desempenharam seus papéis. O desenvolvimento da biologia molecular também demonstrou que o mundo darwiniano da competição e da cooperação continua intacto, logo abaixo da superfície do indivíduo. Ao final das contas, o darwinismo, hoje, está tão forte quanto em qualquer tempo passado. Os filhos de Darwin estão vivos e saudáveis, e sua teoria é notavelmente robusta. A revolução darwiniana provou ser durável, uma vez que não pode ser reduzida meramente a uma questão de religião *versus* ciência, a poesia da Bíblia do rei Jaime *versus* nomes incompreensíveis, e livre-arbítrio *versus* determinismo biológico.

Em parte alguma a importância do darwinismo é maior que no exame dos humanos e de sua herança evolucionária. Muitos livros já foram escritos

---

16 Fisher (1930).
17 Mayr (1963); Huxley (1942).
18 Wilson (1976); Hinde (1970).
19 Kimura (1983).
20 Barlow et al. (1992); Buss (1994); Whiten (1993).
21 Betzig et al. (1988).
22 Williams (1966).

Os fósseis são a principal fonte direta de informações sobre a história evolucionária de uma espécie. Este fóssil, de um dos primeiros membros do gênero Homo do Quênia, foi reconstruído valendo-se de numerosos fragmentos.

sobre o assunto, e existe uma série de tradições bem estabelecidas. Há os livros que traçam a história da evolução humana como uma aventura de descoberta do passado fóssil, com muitas lutas e insurreições heroicas, tanto por parte dos ancestrais como dos antropólogos. Esses livros estão repletos de fósseis e de nomes obscuros de coisas parecidas com humanos, que desapareceram há muito tempo. Há também os livros sobre a evolução humana vista através da lente de outros animais que ainda existem nos dias de hoje. Desmond Morris resumiu essa abordagem com o seu *Naked Ape* (*O macaco nu*),[23] mas, em anos mais recentes, surgiram diversos estudos com base empírica muito mais ampla, enfocando as detalhadas pesquisas a longo prazo especialmente sobre símios e macacos, mostrando o estreito parentesco entre os humanos

---

23   Morris (1968).

e seus parentes. Esses livros muitas vezes revelam as impressionantes capacidades dos animais, dando então o salto de fé até a pré-história humana. Há também, é claro, os muitos livros que podem ser descritos como pertencendo à periferia lunática, que geralmente revelam a fecundação da Terra pelo espaço sideral, na qual o sexo desempenha o papel principal.[24]

Entre essas linhas de pensamento existe uma dicotomia. Numa das tradições há infindáveis detalhes sobre os fósseis, traçando um percurso de transformações, mas com poucas explicações ou compreensão do que

Os chimpanzés são os parentes evolucionários mais próximos dos humanos, vivos ainda hoje. A ancestralidade em comum pode ser usada para fornecer informações sobre as características do último ancestral em comum, que se estima tenha existido há mais de cinco milhões de anos.

---

24   Van Daniken (1968); Morgan (1982); Bokun (1979).

poderia ter feito isso acontecer – somente ossos descarnados. E na outra, ao contrário, muitos pensadores concentram-se nos contrastes gerais entre os humanos e os animais, e nas várias cadeias de causa e efeito que poderiam ter levado um símio a evoluir até chegar a ser humano, mas dando pouca atenção aos detalhes relativos a quando e onde esse acontecimento teria efetivamente ocorrido – só carne, sem ossos, num passado intemporal.

Um ponto central do presente livro é que o tempo e o lugar são importantes. A razão de os humanos estarem aqui, hoje, vincula-se a uma miríade de eventos passados. Ele afirma que o passado não pode ser simplesmente inventado ou imaginado, nem reconstruído unicamente com base em observações a respeito de como o mundo é no presente. Da mesma forma, os ossos que nos contam sobre o passado, o campo da paleobiologia, não estão sozinhos ao contar essa história. Para entendê-los, precisamos da estrutura dos processos por meio dos quais a evolução funciona – em outras palavras, a mecânica da biologia evolucionista darwiniana. Tentarei, portanto, reunir esses dois temas – o passado evolucionário e seus indícios, porque eles são o tempo e o lugar, de suma importância, e a biologia evolucionária de maneira mais geral, porque ela é necessária para explicar por que as coisas aconteceram como aconteceram.

Com esse fim em vista, adotei um formato específico. A maioria das pessoas se interessa pela evolução humana porque ela se relaciona com uma série de questões sobre os humanos de hoje, bem como com a natureza e a história humanas, e não por quaisquer questões técnicas específicas. Entretanto, a natureza técnica da biologia e da paleontologia é de tal ordem que algum conhecimento é essencial. Eu, portanto, tratei das diversas questões que vêm à mente de qualquer pessoa que tenha curiosidade sobre os humanos. Em cada um dos capítulos seguintes tento mostrar como as diversas linhas de investigação e pensamento científicos podem nos fornecer respostas, e que essas respostas podem ter implicações que vão além do puramente técnico. Em suma, precisamos tanto dos fatos científicos quanto da estrutura conceitual fornecida pelas ideias evolucionistas.

A Herança Darwiniana

Defenderei a ideia de que o pano de fundo para responder a essas perguntas nos é dado por três das consequências mais férteis da revolução darwiniana – os três filhos intelectuais e científicos de Darwin que sobreviveram aos tantos ataques e críticas de um mundo em geral hostil. Esses três filhos são: que a pergunta "por que humanos?" é passível de investigação científica por meio do fato da evolução; que a teoria da seleção natural permanece sendo o mecanismo mais poderoso para explicar as transformações evolucionárias; e que o desvendamento do passado fóssil – os humanos antes da humanidade – são as melhores pistas para um mundo que já não mais existe, mas do qual as pessoas são as herdeiras.

2

Por que o Darwinismo?

Os Humanos como Problema Científico

A aceitação da teoria da evolução muitas vezes é discutida e debatida como a substituição de uma explicação – ou mito, ou conto, dependendo do ponto de vista – por outra. Para a maioria dos europeus criados na tradição judaico-cristã, essa história, obviamente, era o Gênesis, a criação do mundo por Deus, e de Adão e Eva como o primeiro homem e a primeira mulher. Essa cosmologia específica explicava tanto a natureza humana como a relação da humanidade com a natureza. Embora muitas vezes haja elementos universais nesses mitos, a diversidade de conteúdo é enorme, expressando, em geral, a variedade das crenças e das práticas culturais. Entre os Baroba da Amazônia, por exemplo, os humanos foram criados pela jiboia enquanto ela nadava rio acima, vomitando cada clã ao longo do caminho.[1]

A ideia de que o darwinismo nada mais é do que um outro conto é satisfatória em muitos sentidos, e tem especial popularidade no contexto da expansão de algumas visões modernas, que veem todo o conhecimento, essencialmente, como um texto ou uma narrativa. Em alguns sentidos, isso pode ser verdade: a cosmologia da ciência ocidental desempenha muitas das mesmas funções que a da mitologia tradicional. A teoria da evolução situa os humanos num contexto e fornece a muitos uma base para a descrição

---

1 Hugh-Jones (1979).

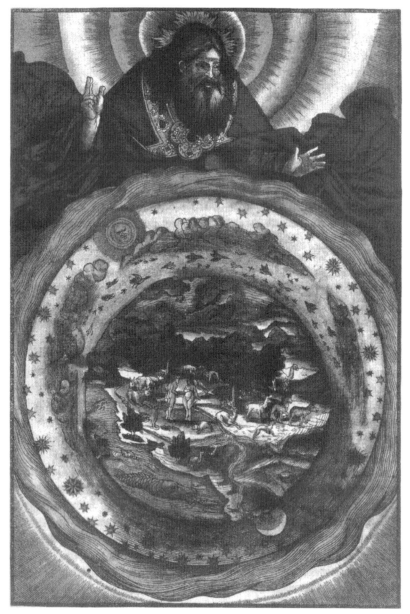

Em determinado nível, a teoria da evolução atua como um mito de origem, mas tem também outras características.

e a compreensão da natureza humana. Misha Landau[2] demonstrou como diversas interpretações da evolução humana assumem a estrutura dos mitos clássicos e dos contos de fadas. Esses contos contêm um herói, uma luta, um presente e um triunfo. Na evolução humana, há um herói que parte de um lar carente e tumultuado (ou seja, ele era um macaco), que luta contra a adversidade (as florestas desaparecem e o heroico hominídeo tem que se haver nas savanas crestadas), descobre ou recebe um presente que é a chave do sucesso (que pode ser qualquer coisa, desde andar ereto até as ferramentas, a inteligência, a linguagem, dependendo das preferências e, talvez, dos dados disponíveis), para então triunfar (isto é, transformar-se num humano moderno e adquirir o aparato da civilização). Essa congruência entre os contos tradicionais e os científicos é notável. Além disso, a cosmologia evolucionista frequentemente corrobora muitos dos pontos de vista não científicos, éticos e metafísicos da cultura ocidental de hoje. Esses pontos de vista podem ir desde a crença na insignificância dos humanos, tanto como espécie quanto como indivíduos (afinal, os humanos são apenas um minúsculo grão num único instante de um vasto universo), até a suposição de que os humanos são inatamente sexistas, ou agressivos, ou racistas, ou monógamos. Na verdade, ela pode corroborar, por meio da genética, a ideia de que a humanidade possui uma essência. Ao contrário de serem incessantemente remodelados pelo ambiente no qual vivem, pode-se afirmar que os humanos possuam uma natureza particular – a natureza humana, com ênfase na natureza.

Pode, portanto, ser perfeitamente respeitável subestimar o impacto das ideias evolucionistas. O que mudou, então, se uma narrativa foi substituída por uma outra, de estrutura e propósito similares? Algo mudou, entretanto. O fato de que os modelos evolucionistas atuais podem atuar como um mito da criação não deve levar à crença de que não há também algo de novo, uma vez que uma explicação evolucionista pode ir, e de fato vai, além do poder explicativo dos demais mitos, e opera de modo diferente. Nesse contexto, o legado de Darwin foi significativo. Esse legado aponta para duas direções, primeiramente fazendo com que a pergunta sobre por que os seres humanos existem seja técnica e não filosófica, e, em segundo lugar, situando as origens no contexto do método científico, e não mais no da crença.

Em *A origem das espécies* e *A linhagem do homem*, Charles Darwin colocou não apenas mais uma narrativa da origem dos humanos, mas, o que é mais importante, um mecanismo científico por meio do qual os humanos

---

2   Landau (1991).

poderiam ter surgido sem necessidade de intervenção divina. Esse mecanismo era a seleção natural, aplicando-se igualmente a ratos e homens. Os humanos não foram o ato de uma criação especial, sendo, ao contrário, apenas uma parte de um *continuum* de mudanças evolucionárias. A ciência, sob a forma da biologia evolucionista, havia estendido seu alcance até a mais básica das questões filosóficas – por que os seres humanos existem?

O darwinismo e a teoria da evolução não forneceram uma resposta automática a essa pergunta, nem puseram fim à especulação irracional. O que fizeram foi fornecer uma nova estrutura na qual a pergunta poderia ser respondida. Essa estrutura é essencialmente naturalista e materialista. Os humanos surgiram, e tomaram a forma que tomaram, não por algum plano preconcebido ou algum grande desígnio, mas em consequência da interação de linhagens e linhas específicas de evolução com novas pressões seletivas. O legado de Darwin foi uma maneira totalmente nova de fazer perguntas sobre os humanos e sobre seu lugar na Terra e no universo. É desnecessário dizer que isso não pôs fim às especulações filosóficas, históricas ou religiosas sobre a espécie humana e seu lugar no mundo. Na verdade, em alguns casos, o legado de Darwin inaugurou todo um novo gênero de narrativas seculares, muito frouxamente embasadas nas ideias evolucionistas, ou fortemente antagônicas às explicações da teoria da evolução.

Ao contrário de estreitar o alcance das especulações sobre as origens e a natureza humana, a biologia evolucionista deu trela a todos os tipos de ideias fantasiosas. Algumas destas eram explicitamente antidarwinianas, fundamentando-se na premissa de que um mecanismo tão aleatório quanto a seleção natural não poderia ser responsável por nossa complexidade. Uma das rotas preferidas para fugir das limitações da biologia envolvia seres extraterrestres. Van Daniken, em seu livro, *The Chariots of the Gods*,[3] conseguiu ganhar muito dinheiro sugerindo que embora a evolução possa ter produzido as espécies de tipo comum, foi necessário que astronautas visitassem a Terra, vindos de outro planeta, para que as sementes da civilização fossem plantadas.

Mesmo inserida nos eminentemente vastos limites do darwinismo, a especulação quanto à origem dos humanos foi longe. Elaine Morgan[4] muito fez para popularizar a ideia de que os humanos, apesar de descenderem de primatas arbóreos, foram, na verdade, o produto de uma fase aquática da evolução. E o que é mais fantástico, chegou a ser sugerido que os humanos

---

3   Van Daniken (1968).
4   Morgan (1982).

seriam o resultado da miscigenação – o resultado aleatório de cruzamento interespécies entre chimpanzés e orangotangos.[5]

Essas histórias sobre a história de nossa espécie tentam ser evolucionistas, embora guardando com a corrente principal da biologia evolucionista o mesmo tipo de relação que o Pernalonga tem com um coelho real. Elas, entretanto, refletem uma reação geral à teoria darwiniana que é amplamente encontrada em círculos tanto científicos como não científicos. No entanto, o legado de Darwin, a evolução por meio da seleção natural, continua sendo uma ferramenta tão poderosa quanto o era à época em que foi desenvolvida. O que a teoria da evolução por meio da seleção natural faz, em essência, é transformar questões filosóficas e metafísicas muito vastas em algo que em geral são questões técnicas, diretas e, até mesmo, bastante tediosas. A pergunta "de onde vêm os humanos?" exige não uma resposta geral, mas uma resposta específica quanto a tempo e lugar. A pergunta "o que é especificamente humano?" conduz ao campo da anatomia e do comportamento comparativos. Tomada seriamente, a evolução não necessariamente limita a imaginação, mas exige que essa imaginação seja disciplinada por fatos empíricos e por mecanismos praticáveis. Isso não significa que as respostas sejam fáceis de obter, ou que elas terão aceitação ampla. Se há uma qualidade prosaica nas explicações sobre a humanidade, que muitas vezes são insatisfatórias, essa qualidade consiste na natureza da moderna biologia evolucionista. Mas, ao fazer perguntas muito básicas, muito simples e diretas, pode-se chegar a respostas muito poderosas, complexas e elegantes.

A Ciência – Fazer as Pequenas Perguntas

Peter Medawar uma vez definiu a ciência como a arte do solúvel.[6] Embora essa definição refletisse as predileções do bioquímico, também conseguiu chegar ao cerne do método científico – a importância de fazer perguntas que possam ser respondidas. No *The Hitchhiker's Guide to the Galaxy* (*O guia do mochileiro das galáxias*), de Douglas Adams, um potente computador foi construído para responder à pergunta sobre o significado "da vida, do universo e de tudo". Além de levar um tempo exorbitante para encontrar a resposta, que, por sinal, ao ser encontrada, mostrou-se incompreensível (42), a

---

5 Bokun (1979).
6 Medawar (1967).

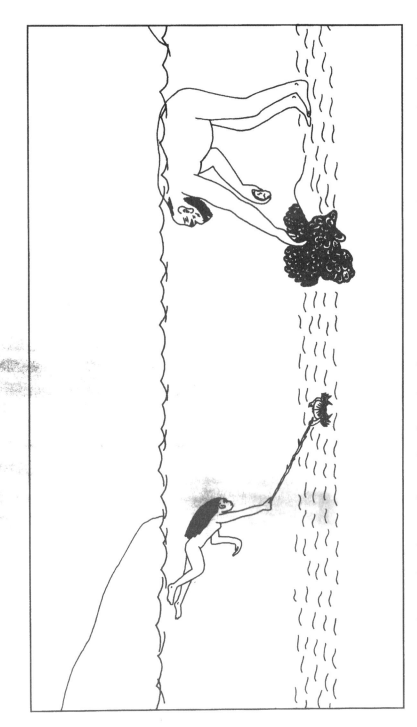

Muitas teorias sobre a evolução humana dão grande ênfase a algum fato incomum que teria acontecido em nosso passado evolucionário. A hipótese aquática de Elaine Morgan propõe que passamos por uma fase aquática nos primórdios de nossa evolução. Isso seria pouco comum para uma ordem arbórea, como os primatas.

pergunta fez pouco mais que dar emprego aos filósofos pagos para especular sobre a resposta. O problema é que a pergunta quebrou a regra de Medawar a respeito da ciência – ela era insolúvel. Ao contrário de outros campos do conhecimento, a ciência funciona melhor não fazendo perguntas vastas e grandiosas, e tampouco ignorando essas perguntas, mas fragmentando-as em pedaços passíveis de serem respondidos. Problemas e perguntas devem ser passíveis de solução, mesmo que isso signifique que essas soluções nada mais sejam que passos em direção a um objetivo distante. Para alguém que queira saber a resposta para a vida, o universo e tudo, formular a pergunta nessa forma assoberbante não é a maneira correta de abordá-la. Na ciência, o conhecimento é particularizado, construído peça a peça. Cada peça, por si só, muitas vezes é incompreensível e insípida, mas o resultado é muito eficaz. Em lugar de enormes extensões de arcos inferenciais, temos um edifício sólido. O que lhe falta em *glamour* e silhuetas espetaculares é compensado pela durabilidade.

De que modo essa excursão natureza da ciência adentro pode nos ajudar com as perguntas feitas sobre os humanos? O ponto simples é que embora todas as sociedades e culturas tenham se feito perguntas sobre as origens da humanidade, a característica distintiva das abordagens evolucionistas é essa ausência de perguntas grandiosas, bem como uma preocupação muitas vezes obsessiva com os detalhes. *A linhagem do homem*, de Darwin, por exemplo, é uma obra-prima de irrelevâncias aparentes. Qualquer pessoa, ao ler um livro recente sobre a evolução humana, provavelmente ficará pasma com os detalhes anatômicos extraídos dos fósseis. O hiato entre essas observações anatômicas e as questões que geralmente interessam às pessoas – de onde vêm os humanos? – parece ridiculamente vasto. E, entretanto, é exatamente esse elo que constitui o ponto crucial de uma abordagem científica da humanidade e de seu lugar no mundo biológico. Se quisermos responder à pergunta feita no começo deste livro, essa deve então ser a abordagem correta. Embora talvez não tenha grande apelo para os que se sentem atraídos pelo exótico da ficção científica, ou pelos meandros da metafísica, o verdadeiro triunfo do darwinismo foi a tradução de perguntas irrespondíveis em perguntas que, quando modestamente adequadas, podem ser respondidas.

As origens da humanidade e, em última análise, a natureza humana, não são questões filosóficas, mas técnicas. A tarefa que temos pela frente é encontrar uma maneira de examinar os detalhes técnicos sem perder de vista as questões mais amplas para as quais supõe-se que esses detalhes possam fornecer uma resposta. O caminho para esse fim não é simplesmente registrar os dados sobre os fósseis e sobre a vida dos primatas, mas colocar esses conjuntos de dados numa estrutura teórica sólida.

Que tipos de perguntas podem ser feitos? É óbvio que, perante o que foi discutido acima, uma resposta à pergunta "por que existem seres humanos?" não pode ser alcançada partindo-se de uma formulação tão exorbitantemente geral do problema da natureza da espécie humana. Ao contrário, a grande pergunta tem que ser fragmentada em uma série de perguntas mais manejáveis, cujo efeito cumulativo irá revelar o que aconteceu no passado evolucionário e, por inferência, documentar as principais características da humanidade. Assim, por exemplo, a pergunta "quando nos tornamos humanos?" será colocada aqui. Embora possa parecer uma pergunta direta sobre os fósseis já catalogados, na prática descobriremos que ela depende não apenas das tecnicalidades da datação dos fósseis, mas dos critérios pelos quais a humanidade é definida. Responder a essa pergunta, por sua vez, nos fornece a base para a interpretação das ideias sobre a antiguidade humana e seus efeitos nos homens atuais. Faz alguma diferença a humanidade ter milhões de anos, centenas de milhares de anos ou apenas alguns milhares. A capacidade de responder perguntas relativamente simples depende dos critérios usados para definir a humanidade – seriam eles a linguagem, a cultura, o bipedalismo, a inteligência, a fabricação de ferramentas, ou outras características? Aqui também, fragmentando essa investigação em suas partes componentes, estaremos em condições de tentar entender qual a função de cada um desses fatores, como eles se comparam com o que é encontrado no restante do mundo animal e por que razão eles teriam evoluído. Por que, por exemplo, os humanos têm cérebros grandes? A resposta a essa pergunta é necessária para examinar como os cérebros grandes ocorrem entre pássaros e mamíferos, que vantagens eles oferecem e por que razão, de fato, eles não são mais comuns.

Essa abordagem da ciência é reducionista – a tentativa de explicar os fenômenos pelas suas partes e entidades elementares, partindo de um mínimo de pressuposições sobre essas partes e entidades. O reducionismo muitas vezes é contrastado com uma abordagem holística, que enfoca os fenômenos como um todo, na forma como eles se constituem em sua totalidade. Cada método tem suas vantagens e desvantagens. É muitas vezes afirmado que o reducionismo perde de vista a essência da relação entre as partes como um todo. Para entender o motor de combustão interna, por exemplo, pouco se pode aprender olhando-se o carburador e o pistão isoladamente. É apenas o todo funcional que de fato constitui o motor. Nesse sentido, o holismo pode oferecer uma compreensão bem mais profunda de fenômenos complexos. No entanto, na prática, costuma ser muito difícil estudar as coisas como um todo. Os processos e mecanismos de fato envolvidos – o movimentos dos pistons – pode-se perder na nebulosidade do todo. Ao longo dos anos, a maior parte das informações foi extraída da adoção de uma abordagem reducionista, ao menos como hipótese de trabalho. Essa abordagem significa um número mínimo de pressuposições e oferece a esperança, no que diz respeito aos problemas da evolução, de se chegar a efetivamente perceber, antes de tudo, como os diferentes componentes se encaixaram uns nos outros. Por exemplo, com a evolução humana, a pior pressuposição possível é de que o pacote completo – bipedalismo, cérebros grandes, cultura, linguagem – surgiu de uma só vez e sempre se articulava de uma única maneira. Ao examinarmos esses componentes isoladamente, há pelo menos a esperança de desvendar como evoluíram as características dos hominídeos e dos humanos, e como elas vieram a tomar a forma que tomaram.

A Ciência da Evolução

Não há, é claro, razão alguma para a pergunta "por que os humanos?" não poder ser feita em diversos contextos, e é extremamente provável que ela sempre o será. A vida intelectual seria extremamente monótona se houvesse apenas uma única maneira de fazer algo. Este livro, entretanto, está limitado a fazer e responder à pergunta sobre por que os seres humanos existem dentro de uma estrutura evolucionista. Há razões para afirmar, não que este seja o único modo de formular a pergunta, que ele é o único modo que pode fornecer algumas respostas passíveis de verificação e de exame empíricos. A teoria da evolução tem alguma primazia quando se trata de humanos, exatamente por que ela é uma teoria que abrange não apenas os humanos, mas todo o mundo vivo. Esse, na verdade, é o poder (e a ameaça) da biologia evolucionista: tentar colocar os humanos, de maneira simples, embora não fácil, na mesma estrutura que as demais espécies.

A primazia da teoria da evolução deriva de diversas fontes. Primeiramente, há os dados factuais dos fósseis catalogados, que mostra que o mundo biológico nunca foi estável, tendo passado por grandes transformações, tanto na estrutura dos organismos e de seus ecossistemas quanto nos grupos taxonômicos que existiram em uma determinada época. Embora seja difícil pensar na história geológica como dinâmica, ela contudo fornece as melhores provas de que, ao longo de extensos períodos de tempo, verificou-se um padrão de mudanças contínuas. Do nosso ponto de vista, uma das implicações desse fato é que os humanos nem sempre existiram, e que pela maior parte (99,99999%) do tempo em que a vida existiu na Terra, ela soube se haver perfeitamente bem sem o *Homo sapiens*, e mesmo sem as formas estreitamente relacionadas a ele. A evolução oferece uma estrutura para que se possa tentar entender como um mundo do qual os humanos estavam ausentes transformou-se num mundo no qual eles conseguiram existir e ter êxito. Além do mais, a história dos fósseis, ao mostrar a enorme diversidade da vida ao longo do tempo, fornece uma estrutura comparativa apropriada para que se possa avaliar o que há de novo nos seres humanos como organismos biológicos e, por conseguinte, por que razão eles evoluíram, quando e onde eles o fizeram.

Em segundo lugar, toda a matéria viva compartilha do mesmo material químico e é construída sobre a mesma molécula replicante, o DNA (ácido desoxirribonucleico). Isso indica a unidade da vida, o fato de que as diferentes formas de vida não tiveram origens separadas. Ainda é surpreendente, embora seja fato conhecido, que todas as plantas e animais, e organismos uni e multicelulares se utilizem exatamente do mesmo código genético. A flexibilidade dessa molécula é, em si, fantástica, mas em termos mais mundanos, ela fornece provas suplementares para o fato da evolução, bem como sobre um dos mecanismos por meio dos quais ela opera – a hereditariedade. Os genes são, essencialmente, a maneira de transmissão de informação (para a construção de novos indivíduos) de uma geração a outra. A fidelidade do mecanismo de cópia que está no cerne da estrutura do DNA é a base sobre a qual a continuidade e a similaridade são mantidas nas formas vivas, ao passo que os erros que ocasionalmente acontecem formam a base para a introdução das novidades – os componentes necessários ao surgimento de novas espécies.

E o que talvez seja o mais importante, a evolução não é apenas um processo ou acontecimento que ocorre ao longo do tempo, mas sim o resultado de um mecanismo operativo pelo qual as transformações se dão. É comum a ideia equivocada de que a grande contribuição de Charles Darwin foi a descoberta da evolução. Não foi assim. A ideia da evolução, e até mesmo as indicações que apontam para ela, já eram bem conhecidas no início do século XIX, e até mesmo antes.[7] O conceito simples de que o mundo e seus sistemas biológicos não permaneceram estáveis é óbvio e atraente. O problema não era o fato da evolução, mas o mecanismo capaz de impeli-la. Era isso que interessava aos biólogos e geólogos que antecederam a Darwin e aos que foram contemporâneos seus. Muitos mecanismos haviam sido sugeridos, inclusive a alternativa mais conhecida ao darwinismo, o lamarckismo.

---

7   Bowler (1989).

Lamarck era biólogo e chegou à conclusão de que a evolução havia ocorrido por razões bastante semelhantes às que convenceram Darwin. Lamarck pensava que os organismos se transformavam por trazerem, dentro de si, um impulso à mudança, uma necessidade de se autoaperfeiçoar. Isso significava que as coisas que um indivíduo aprendia ou adquiria durante sua vida, e que melhoravam suas chances de sobrevivência, seriam passadas à geração seguinte. Esse era o conceito de herança de características herdadas. Como mecanismo evolucionário, contudo, ele não servia, porque logo ficou claro que não havia mecanismo por meio do qual essa informação nova pudesse ser transmitida. Ainda mais problemático era o fato de que, durante a vida de um indivíduo, haveria uma enorme quantidade de novas aquisições. Muitas dessas aquisições seriam benéficas, tais como maior destreza, ou até mesmo sabedoria, mas muitas outras estavam longe de ser vantajosas. Quanto mais velho você fica, mais seus dentes caem, ou você contrai artrite, ou câncer, ou uma das tantas doenças degenerativas. Os filhos nascidos após essas doenças terem se desenvolvido nos pais iriam adquirir também essas características? Em outras palavras, não havia um mecanismo de escolha, nem meios reais de transmissão de características por hereditariedade.[8]

A grande contribuição de Darwin foi fornecer o mecanismo adequado, que ele chamou de seleção natural. Como a teoria de Lamarck, ela usava a ideia de transmissão hereditária, sendo as modificações baseadas em algum meio pelo qual as características ampliariam as chances de sobrevivência. Darwin, entretanto, acrescentou o fator-chave do sucesso reprodutivo, o número de filhos gerados, omitindo qualquer participação da herança de características adquiridas. (Deve-se admitir que, sob o peso das críticas levantadas à época, ocasionadas pelo fato de que Darwin não havia desvendado a natureza exata da hereditariedade, ele se tornou progressivamente mais lamarckiano a cada nova edição de seu livro.[9]) Esse mecanismo não apenas convenceu os biólogos evolucionistas que então surgiam, mas também veio a se transformar numa ferramenta tremendamente poderosa, não apenas para investigar o grande padrão da evolução ao longo de vastos períodos de tempo, mas também para compreender os detalhes do comportamento animal e da adaptação em pequena escala. Embora a biologia evolucionista de hoje seja muito diferente da disciplina que floresceu em fins do século XIX e inícios do século XX, que se interessava particularmente por origens e

---

8   Dawkins (1986).
9   Bowler (1989); Ghiselin (1969).

parentescos, por uma escala de progresso e pela caracterização das estruturas anatômicas, ela ainda depende fortemente da ideia darwiniana fundamental – a seleção natural – e talvez esteja mais próxima da intenção original de Darwin do que grande parte da biologia dos anos intermediários.

No entanto, muitas críticas foram feitas à evolução darwiniana. Uma delas é que é frequentemente descrita como não sendo passível de verificação. Esse ponto de vista foi defendido, entre outros, por Karl Popper,[10] levando a que outros cientistas viessem a tratar a teoria da evolução com certa arrogância, se é que não com desprezo. O raciocínio é o seguinte. A evolução é um acontecimento histórico, já ocorreu num passado longínquo e, portanto, não foi submetida a observação direta. Sem observação direta, não é possível testar o fato da evolução. Esse, certamente, é um problema de grandes dimensões, mas a verificabilidade da evolução não reside nos dados fornecidos pelos fósseis já catalogados. A evolução pode ser tomada como significando duas coisas diferentes e, como veremos abaixo, a distinção é importante. Uma delas é o processo ao longo do tempo, e a outra é o mecanismo específico que causa essas mudanças. Esse mecanismo é passível de verificação e, de fato, já o foi muitas vezes; portanto, não há razão para afirmar que a teoria não pode ser verificada. O fato de que a biologia evolucionista tem, necessariamente, que ser uma ciência histórica realmente representa uma limitação, mas essa é uma limitação compartilhada com a astronomia e a cosmologia. É impossível observar diretamente a formação das estrelas ou dos planetas, quanto mais as origens do sistema solar e do próprio universo, mas, mesmo assim, é possível aos cientistas investigar esses acontecimentos e testar teorias científicas de grande precisão.

Uma outra crítica muitas vezes levantada contra o *status* científico da biologia evolucionista é que ela se baseia numa tautologia – ou seja, se a evolução é a sobrevivência dos mais aptos, quem sobrevive senão o mais apto, e quem é apto senão os sobreviventes? É pena, talvez, que o que não passa de um *slogan* cujo propósito é simplificar uma teoria elegante tenha assumido o lugar da representação completa dessa teoria. O *slogan*, tomado por si só, é tautológico, mas omite a lógica precisa da formulação darwiniana, que separa os "sobreviventes" dos "aptos", ou, pelo menos, os põem em contexto. Na prática, a teoria da seleção natural é empiricamente verificável e construída sobre uma série de observações concretas.

---

10   Popper (1974).

A seleção natural significa, simplesmente, sucesso reprodutivo diferenciado, ou seja, que dada uma população de organismos reprodutores, e dado que os indivíduos pertencentes àquela população têm proles de diferentes tamanhos, a seleção natural é o mecanismo que determina esse índice diferenciado de reprodução e sobrevivência. Esse mecanismo se encontra no cerne da teoria da evolução. Em certo sentido, é o pedaço da teoria que faz todo o trabalho, selecionando os indivíduos a cada geração, determinando assim a direção das mudanças evolucionárias. Qualquer teoria da evolução teria que contar com um mecanismo desse tipo, e sua simplicidade é sua força. Entretanto, nessa forma simplista, ela é apenas uma afirmativa. Para que a seleção natural funcione, certas condições têm que ser atendidas.

A primeira delas é que os organismos têm que se reproduzir. Se não houvesse reprodução, o jogo da vida teria que começar do zero a cada geração que morresse. Nos primórdios das formas de vida, quando as moléculas replicantes eram menos eficientes, talvez fosse isso o que de fato acontecia, apesar de a seleção natural estar, mesmo assim, em operação, selecionando a molécula replicante mais eficiente.

A segunda condição é de que deve haver algum modo de hereditariedade – isto é, que a prole deve se parecer com seus pais mais do que se parece com a população em geral. Aqui estamos no campo da genética, mas quando Darwin escreveu *A origem das espécies*, esse era o aspecto menos compreendido e o que lhe causou os problemas mais críticos. Se as informações que determinam as características do genitor podem ser transmitidas para a prole, então os traços que propiciam a sobrevivência e o potencial reprodutivo dos pais irão ocorrer com maior frequência em cada geração subsequente, dependendo do número de filhos. Se não houvesse modo de transmissão hereditária, o traço vantajoso de um genitor simplesmente se perderia a cada nova geração. Não poderia haver mudança evolucionária. Foi a ausência dessa condição que fez do lamarckismo uma teoria da evolução inviável.

Em terceiro lugar, deve haver uma variação interna à população. Mesmo que as duas primeiras condições sejam preenchidas, se todos os indivíduos de uma população forem fenotípica e geneticamente idênticos, a seleção natural não poderá operar. A sobrevivência diferenciada não terá efeito porque, como todos os indivíduos são iguais, as gerações serão idênticas entre si. Era por essa razão que o próprio Darwin preocupava-se tanto com o problema da variação, dedicando os dois primeiros capítulos de seu *A origem das espécies*: a "Variação sob Domesticação" e "Variação sob a Natureza". Essa foi, aliás, uma das principais linhas de demonstração empregadas contra a teoria da criação especial de tipos imutáveis – se Deus havia criado um determinado número de tipos de plantas e animais, a não ser que ele ou ela fosse incompetente não havia razão alguma para que houvesse variação entre eles. Darwin deu-se a um grande trabalho para demonstrar que mesmo os mais humildes tipos de criaturas possuíam variação.

Por fim – e essa condição talvez seja a que mais de perto se associe às ideias de Darwin –, há a competição. Imagine um mundo no qual todas as condições delineadas acima estivessem presentes. No entanto, se os recursos necessários para sustentar a população fossem infinitos, não haveria reprodução diferenciada. Um indivíduo poderia ter todos os filhos possíveis, e, portanto, não haveria mudanças de uma geração a outra, apenas uma expansão constante e contínua. É claro, porém, que um mundo como esse não existe. Esse mundo, na verdade, é teoricamente impossível, uma vez que o próprio tempo consiste num recurso (tempo para ter filhos etc.) e, portanto, enquanto houver o tempo, haverá pelo menos alguma limitação. Na prática, é claro, todos os recursos são limitados – energia, água, abrigo, cônjuges em potencial e assim por diante. Foi o demógrafo do século XVIII Malthus quem primeiro apontou o desequilíbrio entre o potencial de expansão dos recursos e o potencial reprodutivo da população. Darwin colocou essa ideia como a condição central para que a seleção natural operasse. Se os recursos são limitados, nem todos os indivíduos irão sobreviver e reproduzir, ou eles irão se reproduzir com diferentes níveis de sucesso. Dadas as condições da reprodução, da variação e da transmissão hereditária, os indivíduos mais bem adaptados à aquisição dos recursos necessários à sobrevivência e à reprodução deixarão mais filhos, e esses filhos portarão a característica do genitor que lhes conferiu essa vantagem competitiva.

Há também as condições sob as quais a seleção natural tem que ocorrer. Cada uma delas é independentemente derivada, e cada uma delas é facilmente submetida à verificação empírica. É possível observar a reprodução dos organismos, os mecanismos da hereditariedade já foram compreendidos, a ocorrência de variação pode ser bem estabelecida, e já o foi em boa parte, e a natureza finita dos recursos do mundo é praticamente um truísmo. Encarar a teoria da seleção natural dessa maneira mostra que, longe de não ser verificável, ela é, na verdade, uma necessidade lógica derivada de um certo número de observações simples.

Se essas condições existirem, a seleção natural será, necessariamente, a consequência. Essa distinção entre evolução e seleção natural é útil. A seleção natural é o mecanismo de mudança, que depende de determinadas condições. A evolução é o resultado dessas condições, e os padrões evolucionários variarão na medida em que essas condições variarem. O fato de que elas variam explica a enorme diversidade de formas de vida, bem como o próprio padrão da evolução. Algumas das condições – a competição, em especial – variam mais que as outras. O sistema genético, por exemplo, é comum a todos os organismos, e há uma quantidade limitada de variação na maneira como ele opera, que depende em boa parte da presença ou da ausência de sistemas de reprodução sexual. Os sistemas genéticos, por sinal, não são apenas as condições necessárias para a evolução, mas também limitações de grande importância. O padrão específico de hereditariedade encontrado em todos os sistemas vivos – o sistema mendeliano – significa que a transmissão hereditária restringe-se aos pais e sua prole. Em condições normais, não é possível passar informações ou características genéticas a qualquer indivíduo que não seja parte dessa prole. Se isso fosse possível, poder-se-ia esperar que a evolução ocorresse de modo radicalmente diferente, talvez muito mais caótica. Aliás, pode-se argumentar que é isso que ocorre com as mudanças culturais, nas quais itens de informação cultural podem ser transmitidos de qualquer indivíduo a qualquer outro. Consequentemente, o que poderíamos chamar de evolução cultural é muito mais complicado do que a evolução biológica. No entanto, esta última é nosso assunto principal, neste livro.

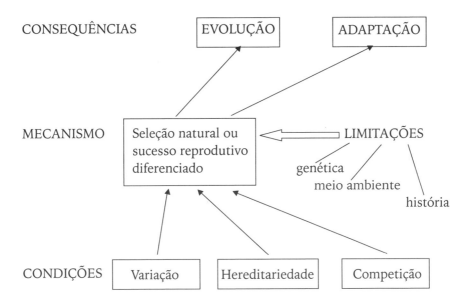

Os componentes da moderna teoria da evolução. A seleção natural, ou o sucesso reprodutivo diferenciado, encontra-se no cerne da teoria. Os demais componentes atuam ou como as condições necessárias para a ocorrência da seleção natural, ou como limitações quanto à maneira como ela ocorre, ou como consequência do fato de ela ter ocorrido.

Além da evolução – as transformações ao longo do tempo – há ainda outra consequência da seleção natural, que é a adaptação. Em seu sentido mais simples, ela se refere à qualidade do encaixe entre um organismo e seu meio ambiente. Quanto melhor encaixado for um indivíduo em seu ambiente, mais adaptado ele será. A adaptação é uma consequência da seleção natural, uma vez que são os indivíduos mais bem adaptados a seus ambientes que deixarão o maior número de filhos e, caso as outras condições estejam presentes, ao longo do tempo a população tornar-se-á adaptada a seu ambiente. Sem o princípio subjacente da seleção natural, entretanto, não haveria razão por que esperar uma série adaptada de plantas e animais. A adaptação oferece também a base para que examinemos as características de qualquer animal e nos perguntemos por que razão elas teriam ocorrido. Podemos agora ver como as perguntas grandiosas – por que os seres humanos existem? – podem ser fragmentadas em uma série de perguntas mais fáceis de responder – por que os seres humanos são bípedes? por que eles têm cérebros grandes, e assim por diante. A seleção natural e o princípio da adaptação permitem que o ser humano seja dissecado em pedaços, e fazem com que possamos investigar o problema de por que razão os humanos foram montados da maneira como o foram.

Venho examinando a natureza da evolução em algum detalhe. Por quê? Uma das razões é que, apesar, ou mesmo por causa da sua simplicidade, ela é uma teoria que muitas vezes é mal compreendida e, portanto, vale a pena repassar seus princípios básicos. Uma outra razão é que, embora a evolução muitas vezes seja o objeto último da investigação, na prática, o que interessa à maioria dos biólogos evolucionistas são as mudanças nos padrões de condições e limitações. Uma análise da evolução não é o simples mapeamento das transformações ao longo do tempo, mas uma tentativa de situar essas transformações dentro do arcabouço das limitações e das condições do mundo biológico. Esse, na verdade, é o propósito subjacente deste livro – mostrar como o padrão da evolução humana, descoberto a partir do mundo fóssil e preservado em nossas próprias características, bem como nas de outros animais, é compreensível pelos princípios fundamentais da biologia evolucionista.

Os Humanos antes da Humanidade

Qualquer que seja o mecanismo, a ideia mais compreensível da teoria da evolução é que há mudanças ao longo do tempo. Isso nos permite vislumbrar (e os dados que possuímos sobre os fósseis podem documentá-lo) um mundo no qual não havia humanos. No entanto, antes do surgimento dos humanos, dada a continuidade do processo evolucionário, tem que ter havido algo semelhante aos humanos e, antes destes, algo ainda um pouco mais diferente, e assim por diante, até atingirmos a sopa primeva. A continuidade entre todas as coisas vivas é um elemento essencial do pensamento evolucionista, e permanece sendo uma das consequências de maior alcance da ideia darwiniana. A continuidade das formas de vida é um fato poderoso, a partir do qual muitas inferências podem ser feitas. A primeira e a mais óbvia é que toda a matéria viva compartilha de determinadas características. O traço mais universal é o próprio DNA, a molécula replicante da vida, o que prova o fato da evolução. Quanto mais aparentados entre si são os organismos, maior é o número de características que eles terão em comum. A continuidade se constitui na prova sobre a qual se baseiam as reconstruções da história da vida neste planeta, bem como a classificação de todas as coisas vivas. A continuidade, portanto, embasa o princípio da comparação na biologia, e são essas comparações que lançam luz sobre como e por que a evolução ocorreu e continua ocorrendo.

Nosso foco não é a totalidade da evolução, mas apenas uma parte muito pequena dela. Os humanos são apenas uma espécie numa família que inclui até vinte espécies, numa ordem que contém vinte ou mais famílias vivas e muitas outras já extintas. E essa ordem (os primatas) é apenas uma das mais de 25 ordens de mamíferos. Poderíamos continuar ao longo da diversidade da vida, até chegarmos ao que se estima serem as bilhões de espécies existentes no planeta hoje – para não falar das já extintas, ainda mais numerosas. Aqui, são as extintas que nos interessam. Uma consequência direta da aceitação das ideias evolucionistas foi a procura ativa por animais e plantas extintos, e pelas fases passadas da vida na Terra. Em nenhuma área essa procura foi tão intensa quanto na evolução humana. Talvez haja apenas uma espécie viva da família dos hominídeos, mas, no passado, houve muitas outras.

Os hominídeos extintos demonstram a continuidade entre os humanos e os demais macacos. Em outras palavras, eles mostram que o princípio da continuidade se aplica tanto aos humanos quanto aos outros animais. As espécies hominídeas extintas mostram também que o que vemos como o hiato entre os humanos e os outros animais – um dos fundamentos do argumento de que as ideias evolucionistas não se aplicam aos humanos – é uma ilusão. Esse hiato foi criado pelo acidente da extinção. Se os atuais macacos fossem extintos, o hiato seria ainda maior; se um Neanderthal vivo fosse encontrado nas tundras da Sibéria, o hiato se estreitaria, entretanto, nada teria mudando nos humanos. Os hominídeos fósseis mostram também que o mundo, no passado, foi povoado por formas intermediárias.

Essas formas intermediárias são os elos perdidos que os jornalistas tanto gostam de citar quando qualquer fóssil é encontrado, e que os criacionistas também adoram, basicamente em razão de eles estarem perdidos. Eles são, também, os humanos antes da evolução. Eles nos fornecem as provas diretas de que a evolução ocorreu, e do rumo tomado por ela. Eles nos oferecem a base para testar e refutar teorias específicas sobre a evolução humana. Eles são também a base comparativa correta para pensar os humanos como eles são, hoje. E o mais importante neste caso: eles fornecem os indícios sobre o contexto específico no qual ocorreu a evolução humana, e sobre os detalhes – a época, o lugar, em termos locais, mais que globais – que de fato determinaram o rumo tomado pela evolução. Os humanos antes da humanidade não eram verdadeiramente humanos, mas sim espécies com identidade própria, que sobreviveram, em muitos casos, por centenas de milhares de anos. Eles não existiram por estarem "evoluindo em direção aos humanos", mas porque possuíam adaptações que facilitavam sua sobrevivência. Eles são o legado da revolução darwiniana que melhor pode responder à pergunta sobre por que há humanos. Sem as ideias de Darwin, a maior parte deles nem sequer teria sido encontrada ou, se o fosse, estaria além das possibilidades da interpretação científica. Os "humanos antes da humanidade" do título (hominídeos, na terminologia científica aqui usada), que foram descobertos no acervo de fósseis de que dispomos, fornecem as provas diretas sobre o nosso passado. Historicamente seu significado reside na sua própria existência, como prova do processo evolucionário em si. Minha intenção aqui é tentar vincular os padrões dos humanos antes da humanidade às condições que determinaram seu destino evolucionário. A humanidade, ela própria, é apenas parte da história.

Ao longo deste livro examinarei esses outros tipos de criaturas e tentarei reconstruir suas vidas e seus comportamentos, bem como mapear seu surgimento e desaparecimento. Há poucas dúvidas quanto a que eles estejam entre os animais mais interessantes que já viveram. Eles provavelmente se situavam em algum ponto do *continuum* entre os humanos e os outros primatas e, no entanto, foram extintos. Portanto, podem ilustrar a evolução de animais complexos, em meio ambientes complexos. No entanto, como em alguns casos eles são também nossos ancestrais, e em outros casos primos evolucionários próximos que não sobreviveram, eles também nos informam sobre o caminho que levou até a humanidade. O que ficará claro é que essas criaturas há tanto desaparecidas, cujos mundos só podemos vislumbrar vagamente, são necessárias para a reconstrução da biologia evolucionista de nossa espécie, por representarem a única maneira que temos para precisar a época, o lugar e o contexto no qual ser um humano fazia

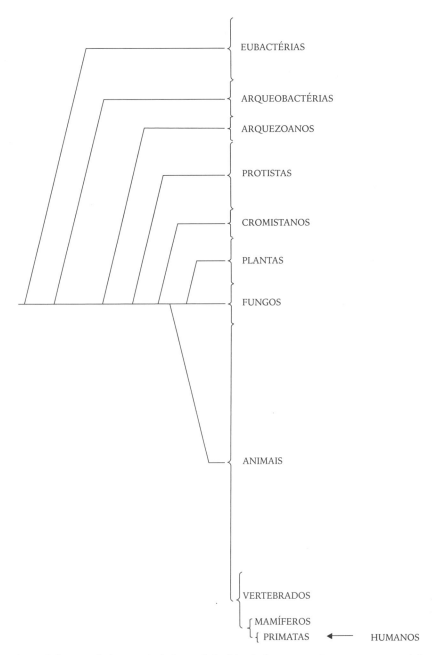

O lugar da humanidade na variedade geral da vida. Os humanos são apenas uma espécie, numa ordem de mamíferos, no filo dos vertebrados que, como parte do reino animal, pertencem a apenas um dos oito tipos básicos de vida no planeta.

sentido evolucionário. Seria errôneo ver esses hominídeos quer como humanos quer como degraus na escala que levou à humanidade, mas, mesmo assim, eles nos servem de indicações sobre a razão de existirem humanos, hoje.

Para colocar essas criaturas em contexto, será necessário levar em conta a época em que elas viveram e sua relação com os humanos atuais. Mas, primeiramente, o fato de vermos os humanos como organismos biológicos, e não como heróis criados por alguma divindade, coloca um problema para a ciência.

3

O que são os Seres Humanos?

Macacos e Anjos

No auge do debate sobre a evolução, foi perguntado a Benjamin Disraeli se ele achava que o homem era um macaco ou um anjo. Ele respondeu, ao que parece com convicção: "Agora, estou do lado dos anjos". A maioria das pessoas não tem tanta certeza. Embora muitos fundamentalistas religiosos e uns poucos darwinianos empedernidos espelhem a certeza de Disraeli, para a maior parte das pessoas a questão continua sendo um grande imponderável. A compaixão inspirada pela humanidade latente que espreita nos olhos de um gorila é testemunho das estreitas afinidades que os humanos têm com os macacos. E, no entanto, é bem fácil perceber a magnitude da distância, ao compararmos as rudes vocalizações de um chimpanzé com a poesia de Shakespeare. Macaco algum poderia aspirar à tecnologia do mundo da informática, ou à complexa organização social até mesmo de uma pequena comunidade humana, com sua trama de parentesco, amizade ou de maquinações políticas.

Essa, entretanto, é a posição paradoxal na qual muitos se encontram. Os humanos descendem de alguma coisa semelhante a um macaco e, contudo, eles são significativa, e talvez irrevogavelmente diferentes. De alguma maneira, a maioria das pessoas é capaz de manter, simultaneamente, essas duas opiniões que, aparentemente, são mutuamente exclusivas.

O fato de a mente humana consegui-lo talvez seja mais uma demonstração de até que ponto os humanos desenvolveram um cérebro sutil e poderoso. Esse cérebro é um dos símbolos da diferença existente entre os humanos e o restante do reino animal. Ele é várias vezes maior do que deveria ser, e é óbvio que é essencial à sobrevivência e ao sucesso evolucionário dos humanos. O cérebro humano moderno pesa aproximadamente 1.400 gramas. De modo geral, o peso do cérebro está estreitamente relacionado ao peso corporal total de um animal, e se os humanos tivessem um cérebro do tamanho esperado para um animal de nosso porte, esse cérebro pesaria cerca de quinhentos gramas.

Esse cérebro grande sem dúvida facilita uma ampla gama de capacidades tipicamente humanas. A mais óbvia é a capacidade linguística. Os humanos conseguem pronunciar uma grande variedade de sons e, o que é mais importante, eles conseguem ordenar esses sons usando de regras diversificadas e flexíveis, e entender os significados, explícitos ou implícitos, desses sons. Os humanos são capazes de criar imagens em meios de qualquer tipo e, aqui também, ordená-las. Igualmente conseguem criar ordem no mundo material, com tecnologias que podem ser brilhantes ou por sua extrema simplicidade – o bumerangue – ou por sua complexidade – naves espaciais capazes de coletar dados de planetas distantes e mandá-los de volta à Terra.

Nada disso teria acontecido se a totalidade da atividade humana se baseasse nos talentos individuais. Um milhão de macacos, datilografando durante um milhão de anos, talvez conseguissem produzir as obras de Shakespeare, mas é pouco provável que, para começo de conversa, eles fossem capazes de fabricar, comercializar e distribuir as máquinas de escrever. Isso exigiria um considerável comportamento cooperativo e uma sociedade organizada. A sociedade humana se baseia em redes complexas de interações sociais e econômicas – cooperação, competição, dependência, altruísmo, amizade e inimizade.

Tudo isso se situa, quase que literalmente, a eras de distância do mundo dos macacos africanos que são os mais próximos de nossos parentes ainda vivos. Embora possa ser aceito que o registro dos fósseis mostra a lenta montagem dos pedacinhos que compõem o ser humano físico, seria necessária uma mente muito ousada para acreditar que o comportamento que acompanha esse corpo foi montado da mesma forma aleatória e acidental. Os humanos descendem dos macacos, mas transformaram-se em anjos. A maioria das pessoas aprende a conviver com esse aparente paradoxo – tomar o partido dos macacos contra o anjo da morte do fundamentalismo, ao mesmo tempo que se toma o partido do anjo, quando confrontado com a ameaça do animal que existe dentro de nós.

Macacos e anjos podem ser símbolos do curso geral das ideias humanas, nesses cem anos que se passaram desde o desenvolvimento da estrutura darwiniana, mas eles representam também as diversas estratégias que os cientistas, tanto sociais como biológicos, usaram para investigar a questão da natureza do ser humano num mundo pós-darwiniano. Ironicamente, os símbolos sobreviveram, mas seu significado foi radicalmente alterado ao longo dos anos.

Para Disraeli e seus contemporâneos, havia pouca dúvida quanto à natureza tanto dos macacos como dos anjos, embora poucas pessoas jamais houvessem visto qualquer um deles. Os humanos e os anjos haviam sido feitos à imagem e semelhança de Deus, e mesmo quando os primeiros deixavam a desejar quanto a esses elevados ideais, sua natureza potencial não era colocada em questão. Esse potencial espiritual poderia ser reforçado pelas ideias que, a partir do Iluminismo, haviam assumido proeminência, tanto da perfectibilidade do homem quanto do aperfeiçoamento das condições nas quais ele vivia. Como muitas autoridades observaram, o lado positivo do darwinismo consistia na sua concordância com a ideia de progresso. Embora o próprio Darwin desse ênfase ao mecanismo pelo qual a evolução operava – a seleção natural –, seus contemporâneos viam uma importância muito maior na história linear produzida por esse mecanismo. Aliás, boa parte do trabalho levado a cabo nos cinquenta anos que se seguiram à morte de Darwin tratou de manter o conceito de evolução, ao mesmo tempo em que rejeitava ou tratava de forma superficial o mecanismo.[1]

Nesse contexto social, político e religioso, os animais, ao contrário, representavam um conceito mais sombrio, mais negro. O verso *"nature red in tooth and claw"* (a natureza rubra em dentes e garras), de Tennyson, era uma imagem poderosa, espelhando tanto as ideias darwinianas de competição quanto a visão geral da selva como um mundo sem lei. Apesar de algumas observações magníficas da história natural, a vida cotidiana dos animais era em geral desconhecida, particularmente a de animais como os macacos, que viviam em regiões remotas do mundo. Em seu lugar, corriam histórias sobre o comportamento assassino dos gorilas, os hábitos infantopófagos dos babuínos, e a lascívia escandalosa e promíscua dos macacos. O contraste entre isso e o ideal do anjo, mesmo que fosse apenas um anjo caído, era tão grande que não poderia haver sequer um espaço mínimo para o estabelecimento de uma relação estreita entre o comportamento dos macacos e os dos humanos, e muito menos de uma simples continuidade entre eles.

Alfred Wallace, o cofundador, juntamente com Darwin, da teoria da seleção natural, foi assoberbado por esse problema.[2] Para ele, a seleção

---

1 Mayr (1991).
2 Wallace (1870, 1889).

natural simplesmente não era poderosa o suficiente para transpor o abismo existente entre o comportamento dos animais e o dos humanos. Sua solução foi formalizar esse abismo, propondo que, embora a seleção natural produzisse a diversidade básica da vida, levando à adaptação de plantas e animais, o cérebro dos humanos foi produto da intervenção divina.

Essa solução encontra eco em trabalhos muito posteriores sobre a evolução do comportamento humano, situando-se no cerne do recente debate sobre a sociobiologia, na qual os postulados e os princípios da ecologia comportamental foram aceitos no que diz respeito aos animais, embora sua aplicação aos humanos fosse questionada e repudiada. Os humanos eram um caso único e especial, além do alcance dos processos evolucionários normais.

Darwin, ele próprio, não tinha tanta certeza quanto a isso, e ampliou sua teoria de modo a abranger os humanos. Em termos gerais, isso foi feito em *A linhagem do homem*,[3] que consiste, basicamente, em um catálogo de similaridades entre humanos e os outros animais, os primatas em especial, percorrendo toda a lista de características, desde o trato digestivo até a moralidade. Darwin, entretanto, reconhecia que o principal problema da aplicação dos princípios evolucionários aos humanos residia no campo do comportamento humano. Num exemplo clássico de seu talento para lidar com grandes questões teóricas por meio de meticulosos projetos experimentais, ele criou duas estratégias para abordar esses difíceis problemas. A primeira, verificada em *A expressão da emoção no homem e nos animais*,[4] concentrar-se-ia na interação entre comportamento e anatomia. Embora isso pudesse parecer banal, se comparado às grandes questões sobre incesto e guerra, esse trabalho demonstrou de forma elegante o ponto central da questão – que o comportamento pode evoluir. Como os músculos da face estavam tão delicadamente relacionados com a capacidade de expressão facial, e essa expressão, por sua vez, vinculava-se a sentimentos e emoções, situando-se, portanto, num contexto social, então, em princípio, todos os elementos do comportamento poderiam estar sujeitos à seleção natural, sendo passíveis, portanto, de evolução. Embora o exemplo fosse trivial, as conclusões foram de alcance extremamente longo, formando a base de boa parte do que veio a seguir, no campo da etologia e da ecologia comportamental.

A segunda estratégia de Darwin pode ser encontrada em seu *Seleção em relação ao sexo*. A seleção natural funciona por meio de diferentes taxas

---
3 Darwin (1871).
4 Darwin (1872).

de reprodução para diferentes indivíduos, no contexto da competição por recursos escassos. A teoria darwiniana da seleção sexual amplia esse princípio. Uma vez que os indivíduos, os machos, em especial, competem pelas fêmeas, essa competição, independentemente de qualquer competição por outros tipos de recursos, resultará na operação de um mecanismo seletivo – ou seja, taxas diferenciadas de reprodução. Em virtude da relação direta entre a competição por parceiras e a reprodução, a seleção sexual tem o potencial de ocorrer de forma muito rápida – muitas vezes da forma do rapto de mulheres, proposta por Fisher.[5] Quando um sexo escolhe parceiros com base numa característica – digamos, a cor da plumagem de um pássaro –, a seleção pode ocorrer de forma muito rápida, uma vez que, em cada geração, a forma mais extrema será selecionada, assim como a preferência por essa forma, no sexo oposto. Esses dois fatores, então, realimentam um ao outro, levando a uma evolução extremamente rápida.

A discussão da seleção sexual por Darwin foi um avanço importante na compreensão da evolução do comportamento. A objeção de Wallace à aplicação dos mecanismos seletivos ao comportamento humano tomou como base o fato de que muitas características encontradas tanto em humanos como em animais não pareciam afetar suas chances de sobrevivência e sua capacidade de adquirir recursos, evitar a predação etc. No entanto, ao centrar-se na reprodução, na luta pelo sexo, mais do que na luta pela sobrevivência, Darwin pôde mostrar que a competição, e portanto, o potencial para os mecanismos seletivos ocorria em quaisquer circunstâncias, e se aplicava ao comportamento em seu sentido mais geral. Além disso, em razão de a reprodução ocorrer num contexto social em muitas espécies, o comportamento não pode ser considerado num contexto estreito, devendo ser estendido também às formas sociais.

O que aconteceu foi que os cofundadores da moderna teoria evolucionista estabeleceram o arcabouço para um debate que veio a ocorrer muito mais tarde, sobre a natureza e a evolução do comportamento humano. Por um lado, Darwin enfocou os mecanismos seletivos por meio dos quais o comportamento poderia ser tratado dentro dos mesmos parâmetros que as características morfológicas, tais como a forma dos ossos ou o tamanho dos músculos, sendo, portanto, um problema verdadeiramente evolucionário. Além disso, o comportamento dos humanos apresentava continuidade

---

5   Fisher (1930); Ridley (1993).

Pensava-se que os gorilas, os maiores primatas vivos, eram agressivos, violentos e perigosos, como mostra essa gravura vitoriana. Eles, na verdade, mostraram ser muito tímidos, raramente representando uma ameaça para os humanos.

com o dos outros animais. Wallace, por outro lado, afirmava que a seleção era um processo fraco demais, e a adaptação era sobretudo um agente de regulagem fina, não podendo portanto ser ampliados de modo a abranger todos os reinos da diversidade orgânica e, em particular, comportamentos complexos e sofisticados.

Grande parte do trabalho realizado no século XX sobre a evolução do comportamento humano e animal, nos departamentos de zoologia, psicologia e antropologia, em laboratório e no campo, consistiu numa continuação desse debate. O prestígio dos macacos eretos, dos anjos e da singularidade humana subiu e caiu, à medida que surgiam novos resultados e novas ideias.

O recuo dos anjos foi, em grande medida, uma reação às transformações no conhecimento tanto sobre os humanos quanto sobre os animais. Embora visões de anjos não tenham apresentado um aumento considerável nos últimos cem anos, os macacos tornaram-se bem mais conhecidos. O desenvolvimento de estudos de campo de longo prazo, nos quais os indivíduos de qualquer população primata podem ser reconhecidos, mostrou que o comportamento animal está longe de ser uma mera atuação de rotinas instintivas estereotipadas. Os primatas, em especial, vivem vidas sociais de grande riqueza, apegam-se fortemente a determinados indivíduos, variam seu comportamento de acordo com o contexto e as intenções e operam dentro de algo a que só podemos chamar de uma estrutura social. Além disso, esse comportamento é mediado por processos neurológicos complexos, que indicam considerável superposição entre as capacidades cognitivas dos primatas não humanos e as dos humanos. Não de trata de os etólogos terem mostrado que os animais são seres complexos, vivendo em alguma espécie de idílio harmônico, uma vez que há muitas demonstrações de agressividade, competição e até mesmo de comportamentos que resultam na morte de indivíduos. Os macacos não são as bestas amorais da lenda vitoriana, nem os inocentes de uma utopia pré-humana sugeridos por autores mais românticos. Ao contrário, eles são complexos, variáveis, flexíveis e muitas vezes inteligentes, de maneira que tanto podem ser altruístas como perversos. Do ponto de vista do comportamento humano, essa descoberta levou tanto a novas percepções quanto a novos problemas. Os macacos, os chimpanzés, em particular, mostraram possuir características de comportamento e de capacidades cognitivas que se aproximam às dos humanos. Os chimpanzés selvagens fabricam e usam ferramentas, são capazes de comunicação sofisticada, sabem planejar e executar linhas de ação a longo prazo e manipulam tanto os objetos quanto outros indivíduos, visando seus próprios fins. Cada uma dessas capacidades verificadas entre os chimpanzés nos mostra os macacos cruzando os vários rubicões estabelecidos como marcos das fronteiras entre humanos e não humanos. Por muitos anos, por exemplo, o homem foi chamado de "o fazedor de ferramentas", único entre os animais em sua capacidade de moldar os objetos às suas necessidades. Jane Goodall,[6] Adrian Kortlandt[7] e observações subsequentes[8] mostraram que não é assim. O mesmo foi demonstrado quanto a comer carne, a manipulação de símbolos e a linguagem, todos eles, em determinada época, vistos como marcas da humanidade. Macacos ou anjos, o homem talvez seja um anjo, mas não está claro que os macacos também não o possam ser.

Juntamente com um maior conhecimento sobre o comportamento dos animais, veio também uma maior compreensão da diversidade da vida humana e, até certo ponto, uma certa perda de confiança na crença de que os humanos estariam num pedestal, acima do pântano da bestialidade animal. No século XX, os campos de Dachau e Belsen, os milhões de mortos em guerras religiosas, a fome e as doenças, e a quase ilimitada capacidade humana de causar danos uns aos outros, tanto no nível das nações quanto no nível pessoal, arranharam bastante a autoestima humana. Além disso, à medida que os antropólogos sociais iam revelando a riqueza e a complexidade da chamada vida primitiva, sugerindo que, de certo modo, quanto mais simples a sociedade, maiores a harmonia e o nível de felicidade individual, mais dificuldade as pessoas tinham em aferrar-se ao conceito vitoriano de uma escalada de progresso que, de mãos dadas com o desenvolvimento tecnológico e econômico, levaria para cada vez mais perto do nível dos anjos.

Ao que parece, ao longo do século XX os símios se tornaram mais angélicos e os anjos, ou pelo menos seus representantes humanos, mais simiescos. Antes se pensava que os humanos eram a forma de vida avançada e progressista (os anjos), e que os outros animais eram mais primitivos; hoje têm-se meios de argumentar que o animal que temos dentro de nós é nosso lado nobre, e que a humanidade ou a civilização é o lado sombrio – uma completa reviravolta na imagem vitoriana original.

Definindo os Humanos

Ironicamente, as ideias evolucionistas foram uma das principais baixas ocasionadas por essa mudança de perspectiva. As ideias darwinianas ganha-

---

6   Goodall (1970, 1986).
7   Kortlandt (1986).
8   McGrew (1992).

ram ampla aceitação em fins do século XIX e inícios do século XX, embora essas não fossem, necessariamente, as ideias centrais da obra de Darwin. Como foi mencionado no capítulo 2, a evolução, para Darwin, era o resultado da seleção natural e da adaptação, sendo, portanto, um subproduto ou uma consequência dos mecanismos biológicos pelos quais ele se interessava tanto. Foram essas ideias secundárias de mudança e progresso que conquistaram a imaginação do público e dos cientistas, e o mecanismo, em si mesmo, foi repudiado ou pelo menos diluído por muitos. No entanto, sem o mecanismo da seleção natural, a biologia evolucionista não pode ser muito mais que uma empreitada descritiva, e o conceito de evolução torna-se presa daqueles que o veem como sinônimo de progresso. A ideia de progresso está a pouquíssima distância de uma escala de complexidade, de uma classificação de formas avançadas e primitivas, e de uma estrutura evolucionista que se relaciona mais com juízos de valor do que com a objetividade científica. Sobre o pano de fundo de um ceticismo cada vez maior, em especial nas ciências sociais e humanas, quanto à natureza progressiva da cultura e do comportamento humanos, não é de surpreender que a evolução tenha se transformado numa ideia que deixou de ter utilidade para as questões humanas.

Um dos problemas centrais é decidir como caracterizar a espécie e as características humanas. É óbvio que, para explicar por que elas teriam ocorrido, precisamos saber o que elas são. O divisor conceitual entre macacos e anjos representa uma barreira para que cheguemos a tal compreensão. Macacos e anjos são apenas ideais, e ideais extremamente nebulosos, por sinal. Se a evolução é um processo dinâmico e em constante mudança, esses ideais estáticos são inadequados, forçando os cientistas, tanto sociais como biológicos, a assumirem posições mais rígidas e extremadas, levando ao surgimento de obstáculos importantes à comunicação entre eles. Num extremo, os humanos podem ser vistos como nada mais que macacos pelados, e nós podemos, despreocupada e acriticamente, despejar sobre eles todos os métodos evolucionários, na esperança de vir a desvendar seus mistérios. No outro extremo, podemos chegar à conclusão de que, no processo de tornar-se humano, foi atravessado um rubicão evolucionário, o qual nos purifica de nossa ancestralidade evolucionária.

A perspectiva científica e evolucionista aqui proposta impede, claramente, a adoção do segundo curso de ação. Embora possa ter havido desvios sutis na maneira com que a seleção opera entre os humanos, é pouco provável que tudo o que nele é biológico tenha sido transformado. Na busca por uma compreensão evolucionista dos humanos, devemos evitar a tática de ignorar tudo que seja difícil de abordar biologicamente, contentando-nos apenas com o território mais seguro da anatomia e da fisiologia. Ao contrário, os humanos devem ser definidos de maneira abrangente, e só então a propriedade das explicações oferecidas pela evolução darwiniana poderá ser posta à prova. Essa definição torna-se ao mesmo tempo interessante e ardilosa quando abandonamos a relativa segurança da espécie atual pelo desconhecido do passado fóssil – os humanos que viveram antes da humanidade.

Os humanos vivos caracterizam-se por certo número de traços universais, que corroboram o fato de que, apesar de algumas diferenças superficiais verificadas nas diferentes populações e entre elas, todos os humanos pertencem a uma mesma espécie – ou seja, em condições normais, eles são capazes de cruzar e de produzir proles viáveis. Esses traços também atestam uma origem evolucionária comum. Muitas dessas características são observáveis simplesmente em termos anatômicos. Os humanos são bípedes, ou seja, eles caminham eretos sobre dois, e não quatro membros. Fisicamente, o bipedalismo talvez seja a característica humana mais óbvia. Característica única entre os primatas, consistindo numa adaptação que teve efeito pronunciado na totalidade do sistema musculoesquelético. Para acomodar essa forma de locomoção, os membros inferiores se alongaram e ganharam força, o pé se arqueou e fortaleceu e sua capacidade de preensão encontrada entre os demais primatas foi perdida. A pélvis tornou-se mais curta, arredondada e protuberante, para atuar como suporte importante para a parte superior do corpo. A coluna vertebral curvou-se e fortaleceu-se na região lombar. A cabeça colocou-se verticalmente sobre a coluna vertebral, com o orifício através do qual a medula espinhal se liga ao cérebro sendo relocado da região próxima às costas para a base do crânio. Embora fosse talvez possível tornar-se bípede sem mudanças nos membros superiores, estes tornaram-se mais curtos e menos móveis na articulação do ombro.[9]

O bipedalismo talvez tenha possibilitado algumas outras características humanas, particularmente a destreza manual. Os humanos, juntamente com outros primatas, têm mãos sensíveis, dotadas de capacidade de preensão e com cinco dedos. A maioria dos primatas é capaz de altos níveis de destreza manipulatória, mas esta é encontrada na sua forma mais extrema entre os humanos, que possuem polegares capazes de se opor a praticamente qualquer um dos outros dedos.

Outras características anatômicas são igualmente notáveis. Os humanos possuem cérebros muito grandes para o tamanho de seus corpos, e suas

---

9   Napier (1971); Le Gros Clark (1959).

faces diminuíram e tornaram-se achatadas. O pelo que cobre a maior parte do corpo se miniaturizou (não estando ausente, como implica o conceito de "o macaco pelado"), deixando a pele exposta. Os humanos têm também o potencial de suor copioso.

As outras características distintivas da estrutura humana residem nos órgãos reprodutivos e nas características sexuais secundárias. Embora os humanos modernos apresentem um dimorfismo sexual apenas moderado quanto a tamanho – as fêmeas médias têm porte correspondente a cerca de 84% do dos machos –, há características secundárias bastante marcantes. As fêmeas possuem, na terminologia seca da anatomia comparativa, mamas

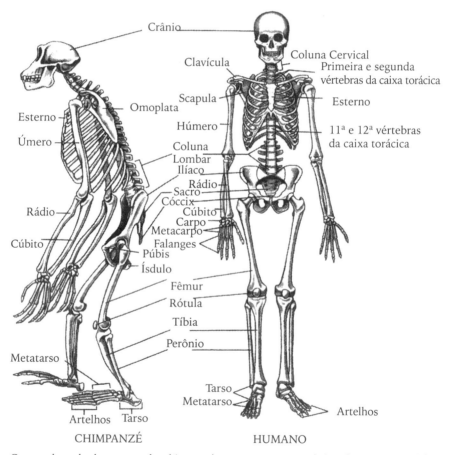

Os esqueletos dos humanos e dos chimpanzés mostram as características de uma ancestralidade em comum, e também as diferenças que torna cada um deles único. O esqueleto humano apresentou grandes modificações em consequência da evolução do caminhar ereto e bípede.

pendulares e nádegas mais arredondadas e carnudas. Fisiologicamente, possuem grandes depósitos de gordura dos quais podem fazer uso em tempos de carência nutricional. Os homens são geralmente mais hirsutos, embora essa característica varie entre as populações. Talvez seja reassegurador saber que o pênis do macho humano é grande, se comparado aos dos demais primatas, embora os testículos não sejam especialmente grandes, em comparação com os do chimpanzé.[10]

Essas são as características relativamente óbvias da constituição física comum a todos os humanos, mas elas pouco nos dizem sobre o que esses traços possibilitam, e para que são utilizados. Mais tarde será importante descobrir a razão de sua existência, mas, aqui, tudo o que se pretende é uma visão superficial do que os humanos adquiriram num sentido evolucionário. A maior parte das pessoas concordaria com que as verdadeiras marcas da espécie são o comportamento e a capacidade mental humanos, mais que sua anatomia.

Todo um conjunto de características comportamentais pode, é claro, ser encontrado nos humanos, e sua singularidade pode, com razão, ser afirmada. Não é de surpreender que muitas dessas características tenham sido selecionadas como o traço que, *por excelência*, transformou os humanos no que eles são hoje. O homem-fazedor de ferramentas, o homem-caçador, a mulher-coletadora, o *Homo economicus*, o *Homo hierarchicus*, o *Homo politicus*, e o *Homo loquans*, são, todos eles, apelidos cujo propósito era resumir numa palavra a natureza humana. Eles, e tantos outros, são traços usados por diversas pessoas para identificar a força propulsora subjacente à natureza humana.

Para muitos, a fabricação de ferramentas foi o fator decisivo. Basta um exame superficial do mundo para perceber até que ponto os humanos dependem da tecnologia. E isso não apenas no caso de povos urbanos e industrializados, mas no de todas as sociedades. Casas, alimentos, armas, jogos, tudo isso, em certa medida, implica tecnologia, mesmo que seja de construção relativamente simples. Não surpreende, em especial ao compararmos os humanos a outros animais, que tenha sido afirmado que essa foi a chave para o sucesso humano. A base para a fabricação de ferramentas consiste, em parte, na capacidade manipulatória das mãos destras e, em parte, na capacidade do cérebro de coordenar e criar ações que tenham consequências tecnológicas. As aplicações práticas dessas capacidades são óbvias, indo desde a simplicidade da roda até a potência de um reator nuclear. A importância

---

10   Harcourt et al. (1981).

desse fato, entretanto, é mais ampla que as ferramentas em si. O que a tecnologia faz é permitir que os humanos modifiquem e criem o mundo no qual vivem. A tecnologia pode transformar uma espécie num componente ativo da construção do meio ambiente, ao contrário da sina da maioria das espécies, que são, em geral, vistas como recipientes passivos do mundo no qual nasceram. O mais que eles podem fazer é reagir a seu ambiente de maneira a maximizar suas chances de sobrevivência. Se os humanos querem um mundo livre de predadores, eles constroem uma casa na qual os predadores não conseguem entrar. Se eles querem um meio ambiente quente, uma fogueira pode ser acesa. A tecnologia é a maneira pela qual o mundo humano é criado.

Embora a tecnologia tenha perdido um pouco de seu apelo como marca distintiva da humanidade, à medida que suas consequências menos desejáveis se tornaram evidentes (poluição, armamentos nucleares etc.), continua sendo um elemento importante daquilo que significa ser humano. No entanto, não se aceita mais que os humanos sejam os únicos usuários e fabricantes de ferramentas. Do rudimentar cupim até o chimpanzé capaz de usar um martelo, os animais claramente também fazem uso de ferramentas.[11] E o que talvez seja mais importante, as outras espécies não podem ser vistas como simplesmente aceitando o ambiente que lhes coube. Elas não são receptoras passivas, mas, como os humanos, interferem ativamente em seus hábitats, seus recursos alimentares e seus abrigos. Se assim é, a tecnologia, por si só, não pode ser o gatilho que colocou a humanidade em seu rumo. Que outras características poderiam ser importantes?

Por mais ineptos que possam ser, todos os seres humanos usam a tecnologia em suas vidas cotidianas. Já o mesmo não se aplica a uma outra característica que atraiu a atenção dos cientistas interessados nas origens humanas. A caça como meio de sobrevivência não é uma atividade comum, hoje em dia. Pelo contrário, está restrita a uns poucos grupos de forrageadores nativos, como os Kalahari San, os esquimós e os aborígines australianos. Há dez mil anos ela era de utilidade muito maior. Hoje, embora os agriculturalistas suplementem sua dieta com carne de caça sempre que possível, em geral a maior parte dos alimentos de origem animal vem de fontes domésticas. A caça, contudo, qualquer que fosse o contexto específico, pode ter sido um elemento importante na evolução humana.

A lógica dessa afirmação é a seguinte. Um breve exame dos primatas antropoides mostra que eles são basicamente vegetarianos. A dieta varia

---

11   McGrew (1992).

conforme a espécie, e mesmo dentro de uma mesma espécie, mas os alimentos vegetais representam a principal fonte de alimento para todas elas. Isso pode ser contrastado com a situação dos humanos, que, de modo algum são carnívoros, embora grande parte deles coma carne pelo menos parte do tempo, tendendo a conferir a ela um alto valor. Essa disparidade entre os humanos e seus parentes evolucionários próximos levou Ray Dart, em especial, a afirmar que esse foi um dos caminhos que levaram à humanidade.[12] Por que razão a caça teria sido tão importante? Isso, em parte, deriva da ideia de que os animais são mais difíceis de conseguir que as plantas. Uma planta simplesmente fica parada, esperando ser comida. Um animal, ao contrário, foge, ou até mesmo defende-se lutando. Comer carne costuma ser visto como um privilégio de animais ou muito fortes ou muito espertos. Para os pequenos e indefesos bípedes humanos, a inteligência foi necessária. E ainda mais, a caça parece exigir a cooperação entre indivíduos (e, portanto, organização social), bem como a linguagem para coordenar as atividades. Os primeiros humanos não eram apenas caçadores, mas caçadores socializados, de modo que a caça significava mais que o simples comer carne.

Robert Ardrey, em seu livro *The Territorial Imperative* (*O imperativo territorial*),[13] acrescentou um outro elemento à hipótese da caça. Associou o ato de matar animais para comer com o estado psicológico da agressividade. A caçada, portanto, atuava não apenas como um gatilho comportamental, mas também como um gatilho psicológico – o macaco matador –, teoria essa que teve forte apelo num século em que a matança de humanos por humanos vem sendo quase um ato normal.

A caçada é, decerto, um comportamento interessante, e não o é menos por ter sido mais importante no passado do que é hoje. A hipótese da caça, entretanto, perdeu apoio nos últimos anos. O prestígio do vegetarianismo e a preocupação tanto pela preservação como pelo bem-estar dos animais pode ter sido uma das razões para tal. Mais importante, talvez, foi a influência das observações diretas dos caçadores-coletores ainda vivos por antropólogos tais como Richard Lee, entre os Dobe !Kung, de Botswana, que mostrou que, na prática, a carne não representa parte tão importante da dieta (cerca de 20%), e que a coleta de alimentos de origem vegetal era a principal base da subsistência.[14] Se assim é para os caçadores-coletores

---

12 Dart (1949).
13 Ardrey (1967).
14 Lee, R. B. & Devore, I. (1968).

modernos, deve ter sido ainda mais para os antigos. Se os humanos modernos ou não conseguem ou preferem não caçar grandes quantidades de carne, por que o teriam feito nossos ancestrais? Além do mais, estudos sobre os carnívoros selvagens mostram que os mais sociais, como os leões e as hienas, são perfeitamente capazes de caçar sem comunicação sofisticada. Igualmente, há acúmulo de indícios de que os chimpanzés sabem caçar, e de fato o fazem.[15] A caça já não parece mais ser o gatilho apropriado para as características humanas.

A linguagem também foi sugerida como a única característica que tornou possível a espécie humana.[16] Apenas os humanos possuem a extraordinariamente vasta gama de sons e significados ou as estruturas gramaticais a eles associadas, permitindo que uma infinidade de significados sejam construídos. A linguagem, em si, está estreitamente vinculada ao comportamento social – os humanos comunicam-se tão prolificamente entre si porque vivem em grupos sociais complexos, e ligam-se uns aos outros por redes de parentesco e amizade e por níveis de interdependência que são desconhecidos fora da espécie humana. Essa interdependência é particularmente forte na economia, e já foi sugerido que tanto a divisão sexual do trabalho (homens e mulheres têm esferas econômicas diferentes) como os papéis econômicos mais complexos que surgem com a especialização são plataformas essenciais sobre as quais a sociedade humana e, portanto, a humanidade foram construídas. O ponto principal, aqui, talvez seja que os humanos são, acima de tudo, seres sociais, de modo que o que os humanos são vincula-se estreitamente não com os humanos como indivíduos, mas com os humanos como parte da humanidade como um todo.

Se não pudermos desemaranhar a linguagem do comportamento social e econômico, talvez venhamos a ser levados à ideia básica de que o que nos torna humanos é a cultura. Os antropólogos usam o conceito de cultura numa miríade de sentidos, mas o cerne de todos eles é a ideia de um gabarito cognitivo sobre o qual é formada toda a estrutura do comportamento humano. Seu elemento crucial é que ela fornece a flexibilidade que permite que todos os tipos de comportamentos, pensamentos e ações sejam modificados, e que as ações mais díspares sejam integradas. O homem, como animal-portador de cultura, pode substituir e abranger todos os aspectos da humanidade, da tecnologia à política e à estética.

---

15   Goodall (1986); Boesch, C. & Boesch, H. (1989).
16   Lieberman (1991); Bickerton (1990).

A Evolução Beco Sem Saída

À medida que eu examinava as indicações de que dispomos para definir a humanidade, surgiu uma passagem da anatomia para o comportamento, e do comportamento para a cognição, e a paisagem intelectual tornou-se cada vez mais escorregadia. A dificuldade de chegarmos a qualquer conclusão clara, bem como nossa incapacidade de precisar uma característica única, constituem o problema tático da investigação da evolução humana e da tentativa de desemaranhar o macaco do anjo. Em muitos desses argumentos há, de fato, um beco sem saída capaz de desestabilizar um discurso simples.

Um desses becos é a maneira pela qual as pessoas usam os argumentos sobre os macacos e os humanos. Por um lado, é possível comparar esses dois grupos, como, aliás, é possível comparar os humanos a qualquer outro animal, e observar os pontos nos quais reside a singularidade humana. Quando esses pontos são identificados, sejam eles as ferramentas, a linguagem, ou o que quer que seja, eles podem ser elevados à condição de ser a característica-chave que embasa a natureza e a singularidade humanas. O beco sem saída vem quando, após termos identificado essas características como especificamente humanas, inferimos que não existem paralelos no mundo natural, em nada adiantando, portanto, estudar os outros animais em busca de sua fonte evolucionária. A abordagem evolucionária, assim, vê-se encurralada, e ficamos reduzidos aos anjos, pura e simplesmente. O beco sem saída é mais insidioso, entretanto, visto que o que geralmente acontece é que a cada vez que um traço é identificado como especificamente humano, descobre-se que os chimpanzés possuem-no também. Assim que *Man, the Toolmaker* (*O homem fabricante de ferramentas*),[17] de Kenneth Oakley, foi publicado, Jane Goodall relatou o uso de ferramentas pelos chimpanzés.[18] Quando a caça estava na moda, descobriu-se que os chimpanzés e os babuínos caçavam.[19] Quando a condição humana recuou para a linguagem, foram produzidos todos os estudos sobre a aquisição da linguagem entre os macacos.[20] O dilema fecha o círculo quando se afirma que, como essas características ocorrem em outras espécies, elas não podem ser aquilo que nos fez humanos. Um outro nó é às vezes acrescentado, como no caso da caçada humana, com o qual pode também ser demonstrado que os homens,

---

17   Oakley (1959).
18   Goodall (1970).
19   Goodall (1963); Harding (1973).
20   Gardner, R. A. & Gardner, B. T. (1969).

na verdade, não fazem aquilo que se supõe que eles façam. Esse ciclo de falibilidade evolucionária pode ser repetido com praticamente qualquer traço, e ele serve para evitar o colapso dos ideais de macacos e homens que vem dominando o imaginário da evolução humana. Um outro beco sem saída pode ser encontrado na diferença entre modelos de fator único e modelos de fatores múltiplos. Um modelo de fator único é aquele no qual um único traço é identificado – a linguagem, digamos –, e, então, tudo o mais é visto como derivando dessa característica única, como uma fila de dominós tombando sob um processo simples de causa e efeito. A linguagem leva à sociabilidade, a sociabilidade leva à cooperação, a cooperação leva à caça, a caça leva à fabricação de ferramentas, a fabricação de ferramentas leva a uma maior inteligência e assim por diante. Em geral, esses modelos são insatisfatórios porque falham quando se chega à conclusão de que a sequência poderia fazer o mesmo sentido, se invertida. Os primeiros modelos tendiam a ser de fator único e, nas décadas de 1960 e 1970, foram substituídos por outros que reconheciam a complexidade da realimentação mútua entre as diversas partes do sistema. A linguagem leva à sociabilidade, mas a sociabilidade leva à linguagem. Um modelo sistêmico e retroalimentador, mostrando o inter-relacionamento de tudo, tem probabilidade muito maior de refletir a realidade. O beco entra em cena, entretanto, ao ser constatado que quando são construídos os modelos que mostram que tudo está relacionado a tudo o mais, isso não nos ensina grande coisa. Pouco se sabe sobre a causalidade envolvida, e a imagem que fazemos dos primeiros humanos se transforma em pouco mais que um reflexo dos humanos modernos. O que resta é o beco sem saída de que um modelo falha ou por ser simples demais ou por ser tão complexo a ponto de perder o significado.[21]

O último beco sem saída é que o conhecimento é restringido pelo que os humanos são, hoje. Eles são nossa única orientação e, entretanto, são também o ponto terminal do próprio acontecimento que estamos tentando desvendar. Os humanos são a consequência do processo evolucionário, e nos vemos na situação de termos que descobrir as causas tomando por base essas consequências. O problema, no entanto, é que os traços que hoje são tão importantes – linguagem, tecnologia, parentesco etc. – talvez não sejam os mesmos que aqueles que, originalmente, determinaram o êxito da espécie. O sucesso dos atuais computadores se deve a que eles sejam processadores de texto, jogos, meios de comunicação, mas sua origem e seu desenvolvi-

---

21   Foley (1995b).

mento se relacionam muito mais com sua capacidade de mastigar números e de fazer cálculos de grande monta. O perigo reside em fazermos o mesmo erro com relação à evolução humana, impondo como causas o que de fato são consequências, e deixando de reconhecer que o que hoje é trivial, pode ter tido importância central nos tempos iniciais, e vice-versa. As características humanas talvez não sejam adaptações a algum ambiente passado, mas *exaptações* – na terminologia de Gould e Vrba –, subprodutos acidentais da história, funcionalmente desconectados de suas origens.

A maneira de escapar desses becos sem saída é também a maneira de desmontar os extremos da ideia sobre macacos e anjos. Em parte, a solução reside em reconhecer que os macacos e os anjos são apenas o ponto de partida e o ponto de chegada da jornada, mas que, no intervalo entre eles, encontra-se algo completamente diferente. Além do mais, é necessário lembrar que o caminho entre ambos não é reto, mas, ao contrário, sinuoso e acidentado, com muitos desvios que não levam a lugar nenhum. A chave para encontrar esse caminho é dar prioridade aos macacos, não porque os humanos sejam necessariamente macacos, mas por que a única coisa que sabemos com certeza é que nossos ancestrais um dia foram macacos, e para descobrir em que momento os humanos se tornaram alguma outra coisa, o melhor a fazer é supor que as provas de que dispomos se encaixarão com justeza no gabarito simioide. Só então saberemos quando e como eles vieram a tomar um rumo diferente. E o mais importante, talvez, seja que é necessário abandonar as generalidades relativas a como abordar as origens humanas, partindo para a investigação de algumas das pequenas perguntas que, no capítulo anterior, pareciam tão promissoras.

4

Quando nos Tornamos Humanos?

O Problema do Tempo

Uma pesquisa de opinião realizada recentemente nos Estados Unidos, com o fim de avaliar o conhecimento científico da população, mostrou o resultado ligeiramente alarmante de que 60% das pessoas pensavam que os humanos foram contemporâneos dos dinossauros. Não há duvida de que essa situação, em parte, se deve a filmes como *Dois bilhões de anos a.C.*, que mostrava Rachel Welch como uma garota das cavernas no meio de dinossauros pesadões, mas ela revela também uma generalizada falta de compreensão da dimensão temporal da história. Embora possa fazer pouco sentido conhecer a cronologia evolucionária exata, e tampouco saber que a Batalha de Hastings ocorreu em 1066, e não em 1067, é importante ter alguma noção da escala geral. Se a espécie humana tivesse apenas dois mil anos, isso teria implicações extremamente diferentes quanto a várias questões, do que se ela tivesse dois milhões de anos (mais próximo da resposta correta), ou duzentos milhões de anos (mais próximo dos dinossauros). Parte do problema, sem dúvida, reside na dificuldade que qualquer pessoa tem de compreender períodos de tempo muito vastos. Se a Batalha de Hastings, ocorrida há menos de mil anos, parece totalmente remota, o quão mais difícil não será entender um período de mais de um milhão de anos.

A concepção temporal humana nos permite compreender períodos de tempo que tenham significado pessoal – quantos dias faltam para um feriado, ou quanto tempo de cadeia merece uma pessoa que roubou um carro – mas, além desse tempo humano, toda a operação se torna bastante aleatória.

A longevidade dos humanos é tal que a maior parte das pessoas pode facilmente lidar com os períodos de tempo que elas, ou as pessoas que a cercam, tenham testemunhado. Na prática, isso quer dizer os avós – três gerações, ou um período de cerca de 75 anos. Sendo assim, para uma pessoa que hoje tem trinta ou quarenta anos, a Primeira Guerra Mundial representa o limite do tempo que pode ser pelo menos indiretamente compreendido em termos pessoais. Para pessoas de vinte anos, essa linha-base seria a Segunda Guerra Mundial. Quando pensamos apenas na história registrada – a partir do começo da era cristã, por exemplo – esse período incluirá cerca de oitenta gerações. Voltar às origens da espécie humana implica ter, no mínimo, uma leve compreensão do que significam oito mil gerações. É óbvio que nós nem podemos nem quereríamos saber o que aconteceu em cada uma dessas gerações, mas é necessário entender que, nesse tipo de contexto, os acontecimentos de uma única, ou mesmo de uma dúzia ou de cem gerações são insignificantes. As unidades e conceitos em escala humana não podem ser aplicados a um período de tempo que vá além dos tipos de análises e interpretações que ajudam a pôr ordem e a explicar acontecimentos recentes. É o papel da biologia evolucionária mostrar como o longo e o curto prazos podem, de alguma maneira, ser unificados, e dar uma resposta significativa à pergunta "quando nos tornamos humanos?"

A pergunta é significativa por outras razões, além de simplesmente nos tornar capazes de dizer "há muito tempo", ou até mesmo "há muitíssimo tempo". Em termos filosóficos, pode haver implicações quanto à compreensão dos efeitos que os humanos causam em seu meio ambiente, ou da estabilidade das formas de comportamento e adaptação humanos; ao passo que, tecnicamente, pode haver implicações importantes em diversidade genética. Muitas vezes foi preciso levantar hipóteses a respeito de há quanto tempo certos povos vivem em determinadas regiões e, portanto, de quais seriam seus direitos sobre aquela terra e seus recursos. A importância, por exemplo, do fato de que os aborígines australianos habitam a Austrália há quarenta mil anos depende não apenas do período relativo do tempo da colonização europeia (cerca de duzentos anos), mas também do período de tempo em que os humanos estiveram presentes em outras partes do mundo.

É claro que é relativamente simples fazer a pergunta "quando nos tornamos humanos?", e somos tentados a dar a ela uma resposta muito trivial. No entanto, o que acontece é que essa pergunta, na verdade, é muito difícil de responder. Há duas razões para isso. Uma, é que o registro dos fósseis, a fonte primária de informação sobre o passado distante, é apenas um registro parcial e, os poucos restos que foram preservados não nos dão nada além de uma imagem censurada do passado. Há sempre a possibilidade de que um fóssil ainda mais remoto venha a ser encontrado, e que isso venha a fazer que as origens humanas recuem ainda um milhão de anos, ou coisa assim. Fatos como esse aconteceram repetidamente ao longo da história da pesquisa sobre a evolução humana, desde a descoberta dos primeiros *Australopithecus*, na África do Sul, em 1924 (que, ao que se pensava à época, datavam de cerca de um milhão de anos), até a descoberta de "Lucy", ou o *Australopithecus afarensis*, na década de 1970 (cerca de três milhões de anos), ou o *Australopithecus ramidus* (quatro milhões de anos), encontrado em 1994.[1] Um milhão de anos a mais ou a menos pode não fazer muita diferença, em certos sentidos, mas quando isso representa a duplicação da antiguidade da linhagem humana, as consequências podem ser importantes.

A outra razão é que, embora possa ser importante datar de forma precisa as origens dos grupos específicos de hominídeos e de nossa própria espécie, nem sempre é claro o que isso possa significar para as origens da humanidade ou da condição de ser humano. Encontrar um fóssil de cinco milhões de anos que tenha dentes semelhantes aos nossos pode ser importante, mas isso não significa necessariamente que essa criatura fosse humana. Na verdade, o real propósito deste livro é mostrar que ser humano e ser um hominídeo não são, de modo algum, a mesma coisa. Perguntar "quando nos tornamos humanos?" virtualmente nos aprisiona na resposta "depende do que você quer dizer por ser humano". E é bem claro que diferentes pessoas usarão critérios diferentes para determinar se uma determinada população cruzou ou não a linha que a transforma em humana.

O Longo, o Curto, o Bípede

O que é necessário é examinar alguns desses critérios e ver como eles fornecem respostas diferentes à questão da antiguidade da humanidade. Dois problemas influenciam a maneira pela qual a pergunta poderia ser respondida: a primeira é se os critérios deixaram indícios no registro de fósseis. E a segunda é: esses indícios têm alguma utilidade? Será que eles realmente contêm informações sobre os humanos, ou seriam apenas marcas incidentais de um processo evolucionário contínuo e gradual, ocorrido no longo prazo? Logo ficará claro que essa pergunta é mais complexa do que parece à primeira vista.

---

[1] Reader (1988); White et al. (1994).

Essa complexidade há muito foi reconhecida. Nos 150 anos que se passaram desde que a evolução humana foi reconhecida como um problema sério, houve, de fato, duas perspectivas muito diferentes quanto a essa questão. Para fins de simplificação, elas poderiam ser chamadas de o "longo" e o "curto". Por um lado, há a tradição de ver os humanos como tendo uma ancestralidade singular, datando de um passado longínquo. Embora o período exato de tempo tenha variado, à medida que nosso conhecimento e nossa capacidade de mensurar o passado geológico progrediram, acreditou-se que os humanos fossem suficientemente diferentes dos demais animais para que eles tivessem, necessariamente, que ter evoluído de forma independente por um longo período de tempo. Essa perspectiva, por sua vez, foi alimentada pelo desejo do paleontólogo – desejo muito natural, aliás – de encontrar fósseis humanos cada vez mais antigos – afinal, ninguém ganharia o Prêmio Nobel por ter encontrado o segundo fóssil mais antigo.

Por outro lado, há os se impressionaram com a similaridade entre os humanos e os outros animais, os primatas e os macacos antropoides, em especial. Ao passo que a perspectiva longa só vê as diferenças, a perspectiva curta se surpreende com as similaridades. A inferência a ser extraída é que os humanos divergiram dos outros animais apenas em épocas relativamente recentes, tendo, portanto, uma curta história evolucionária independente.

A batalha entre o longo e o curto vem sendo uma característica da história da paleontologia humana. É possível traçar a história de ambas as perspectivas e da competição entre elas, bem como do debate que vem se desenrolando desde a publicação do primeiro livro sobre a evolução humana – *A linhagem do homem*, de Darwin.[2] O próprio Darwin, essencialmente, era partidário da cronologia longa. Embora ele não contasse com registros de fósseis e possuísse apenas uma compreensão limitada da extensão do tempo geológico, ele, mesmo assim, acreditava que o homem tinha grande antiguidade. As razões que ele tinha para essa crença são interessantes.[3] Para entendê-las, é necessário lembrar que, àquela época, a cronologia reconhecida e aceita pela maioria das pessoas cultas da Europa era excessivamente curta – ou seja, a cronologia baseada na história bíblica. Esta sugeria que o mundo tinha apenas cerca de seis mil anos. Uma das principais controvérsias científicas do século XIX foi o ataque à Bíblia como fonte de informação geológica. Lyell, o grande mentor de Darwin e fundador da geologia moderna, foi em grande

---

2 Darwin (1871).
3 Bowler (1989).

parte responsável pelo estabelecimento da ideia de que o tempo geológico era maior, por várias ordens de magnitude. Seu conceito de uniformitarianismo – ou seja, que apenas os processos e os mecanismos observáveis no presente podem ser usados para explicar os acontecimentos passados – enfatizava a necessidade de períodos de tempo muito mais longos para a ocorrência de eventos geológicos (e biológicos). De acordo com a ortodoxia da Bíblia, o tempo era extremamente curto – segundo o Gênesis, o mundo foi criado em seis dias. Para explicar todos os acontecimentos históricos que podiam ser observados – a formação das montanhas, os depósitos maciços de sedimentos, a erosão de paisagens inteiras – num período de tempo muito curto, seria necessário evocar processos que implicavam vastas quantidades de energia. Uma energia do tipo capaz de levantar montanhas em questão de horas, ou de criar as imensas transgressões do mar que podem ser observadas nas vastas sedimentações marinhas encontradas no alto dessas montanhas e que foram "testemunhadas" no grande dilúvio bíblico. Em outras palavras, uma cronologia curta exigia que os geólogos fossem extremamente econômicos com o tempo, embora pródigos com a energia.[4]

Foi sobre esse pano de fundo que Darwin escreveu sua teoria da evolução. Seu principal problema foi o de persuadir as pessoas de que a seleção natural era um mecanismo apropriado para as transformações no mundo biológico. Para tal, usou o princípio do uniformitarianismo de Lyell e invocou apenas os mecanismos que podia observar no mundo à sua volta. Consequentemente, dado o tipo de mecanismos observados por ele – transformações de geração a geração por meio de variações em cruzamentos naturais e artificiais –, reconheceu que as transformações deviam ser muitíssimo lentas e, portanto, graduais. Isso significava que para que ele pudesse convencer as pessoas de que uma ameba podia evoluir até transformar-se num peixe, e um peixe num anfíbio, e um anfíbio num mamífero, enormes períodos de tempo eram necessários. Isso se aplicava especialmente ao caso dos humanos. Os humanos, na visão vitoriana, eram completamente diferentes das demais espécies, e a implicação óbvia, portanto, era a de que eles vinham evoluindo há um período de tempo extremamente longo. Isso significava que, para tornar convincente o ponto defendido por ele, Darwin tinha que enfatizar a lentidão, a qualidade gradual e a longevidade do processo evolucionário que produziu os humanos. Dessa maneira, foi ele o responsável

---

4 Rudwick (1971).

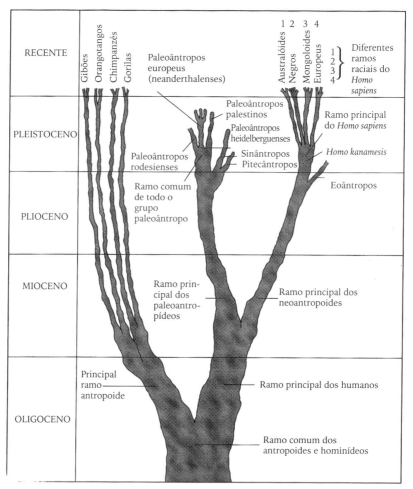

Uma das primeiras reconstruções das relações evolucionárias entre humanos, macacos e fósseis hominídeos, de autoria de Sir Arthur Keith. Ela mostra uma divergência muito antiga entre macacos e humanos, e profundas linhas divisórias entre as populações humanas e para os grupos fósseis. Comparar com as estimativas modernas mostradas na escala da evolução humana, figura da página 81.

pela ideia de que a procura pelos humanos e por suas origens nos levaria a tempos cada vez mais remotos, registro de fósseis adentro.

Essa tradição foi mantida por muitos no decorrer dos cem anos seguintes. Ela foi particularmente forte na Grã-Bretanha, onde os anatomistas, cujo interesse em teoria evolucionista era em geral limitado, adotaram o elemento essencial do gradualismo como a parte-chave do pensamento darwiniano, dominado assim o assunto. Em razão desse gradualismo, era natural que esperassem encontrar uma longa perspectiva, se estendendo até tempos remotos. Essa visão foi firmemente sustentada por Sir Arthur Keith, o decano dos estudos britânicos sobre a teoria da evolução. Como um dos autores mais influentes do século XX, no tocante à questão da evolução humana, a influência de Keith pode ser observada no trabalho de Louis Leakey, e também no do filho de Louis, Richard.[5] Os Leakey contribuíram mais do que quaisquer outros para a descoberta de fósseis humanos, e seu êxito em encontrar fósseis cada vez mais antigos foi, sem dúvida, pelo menos em parte, alimentado por sua convicção de que esses fósseis deviam datar de épocas muito mais remotas do que as que as demais pessoas nem sequer ousariam especular. Louis Leakey, em particular, estava preparado para levar a procura de fósseis humanos até o Mioceno. De fato, trabalhando no Quênia Ocidental, na década de 1960, ele descobriu o que afirmava serem ferramentas de pedra associadas a um macaco conhecido como *Kenyapithecus*. Isso fez com que ele viesse a afirmar que seria possível encontrar ancestrais dos humanos vivendo não apenas há dois milhões de anos, o que a maioria das pessoas considerava aceitável, mas há 14 milhões de anos, o que representava a perspectiva longa no seu auge. Essa tradição continuou ao longo das décadas de 1960 e 1970, quando surgiram polêmicas quanto a, por exemplo, se *Ramapithecus*[6] merecia ou não o *status* de hominídeo. Esses debates sobre fósseis específicos não passavam de continuação dos debates mais antigos.

Deve-se ressaltar que não foram apenas as crenças herdadas de Darwin que forneceram esse apoio à perspectiva longa e geraram interesse por ela. De forma clara, as contribuições da antropologia, da psicologia e da neurobiologia, que pareciam, todas elas, enfatizar as diferenças entre os humanos e os outros animais, pareciam corroborar a ideia da radical singularidade dos humanos. Foi a combinação dessa radical singularidade de estrutura e comportamento, associada à crença de que a evolução tem que ser gradual,

---
5   Lewin (1987).
6   Lewin (1987).

que, essencialmente, constituiu o ponto-chave da crença de que a evolução humana se processara por um tempo muito longo, e de que, desde um passado muito remoto, os homens diferiam dos animais "comuns". O fato de que essa visão era filosoficamente mais aceitável e mais compatível com as crenças religiosas pode bem ter sido um fator significativo na predominância da perspectiva longa.

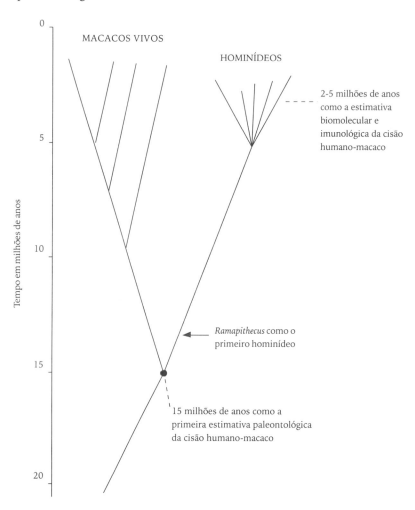

A escala de tempo estimada da evolução dos hominídeos à época do debate sobre o *Ramapithecus* (1960-70). Se o *Ramapithecus* foi um hominídeo, isso indica que a cisão entre os macacos e os hominídeos ocorreu há cerca de 15 milhões de anos. As primeiras estimativas moleculares e bioquímicas para a época desse acontecimento sugeriram uma data entre cinco e dois milhões de anos atrás.

No entanto, embora a perspectiva longa tenha preponderado durante os últimos cem anos, ela não dominou o campo por completo. Na verdade, praticamente todas as polêmicas ocorridas na história das descobertas de fósseis humanos, desde o *Australopithecus africanus* de Dart, até o "1470" de Richard Leakey, foram alimentadas pela contracrença de que os dados disponíveis não corroboravam a cronologia longa. Esses dados se apoiavam no trabalho de alguns anatomistas comparativos, que davam ênfase não às diferenças, mas às similaridades entre os humanos e os macacos. Na verdade, a tradição da perspectiva curta, como contrapeso para a perspectiva longa predominante, teve início com o principal partidário de Darwin nos debates sobre a evolução, T. H. Huxley. Huxley era, antes de tudo, um anatomista, e realizou as primeiras análises detalhadas da anatomia dos humanos e dos grandes macacos.[7] Esses estudos mostraram que, em relação à estrutura anatômica básica, as similaridades eram notáveis, e que, mesmo quanto ao cérebro, havia, na verdade, poucas diferenças realmente fundamentais entre humanos e macacos. Consequentemente, ele não se impressionou tanto com as diferenças e, de sua parte, estava preparado para aceitar que, embora a evolução tenha ocorrido de forma gradual, os períodos de tempo em questão não eram, necessariamente, tão vastos. Tem-se que admitir que Huxley não estava preparado para precisar a cronologia com algum grau de detalhe, mas, apesar disso, talvez lhe fosse possível reivindicar a condição de precursor da perspectiva curta, na forma em que ela foi desenvolvida durante este século.

Entre outros que talvez se encaixassem nesse padrão de pensamento estava Raymond Dart,[8] o descobridor dos primeiros australopitecinos, na África do Sul, em 1924, que estava disposto a aceitar essa espécie relativamente primitiva como um ancestral, apesar do fato de ela ser mais jovem que o Homem de Piltdown (mais tarde desmascarado como uma falsificação[9]). Isso traz para o primeiro plano a questão do que é aceitável como prova de que algo é humano. O que chama a atenção nos australopitecinos é que eles possuíam dentes e mandíbulas que pareciam relativamente modernos, mas tinham cérebros bastante pequenos, em total contraste com o Homem de Piltdown, que mostrava as características contrárias, um cérebro moderno e dentes primitivos. Isso não deve causar surpresa, uma vez que o crânio era, de fato, de um humano moderno, e a mandíbula pertencia a um orangotango.

---

7   Huxley (1863).
8   Dart (1925).
9   Spencer, F. (1990).

O que o Piltdown parecia sugerir, entretanto, era que a linha que levava aos humanos caracterizava-se por uma ampliação precoce do cérebro. Esperava-se que essa, a característica distintiva dos humanos, fosse o que primeiro se desenvolvera. No entanto, se os australopitecinos eram verdadeiramente ancestrais dos humanos, os cérebros grandes devem ter-se desenvolvido em época relativamente tardia e, por inferência, de maneira bastante rápida. Como tal, a descoberta de Dart foi rejeitada, ou pelo menos tratada de forma bastante crítica, em parte por ela contrariar as expectativas da cronologia longa.

Em tempos mais recentes, a cronologia curta vem assumindo importância cada vez maior. Que isso tenha ocorrido se deve quase que totalmente ao primatologista Sherwood Washburn,[10] que fez duas contribuições importantes. A primeira delas foi incentivar o estudo do comportamento dos primatas e da ecologia. Ele argumentava que os primatas vivos apresentavam características que não seriam inadequadas aos hominídeos primitivos. Mostrou que esses primatas viviam em grupos sociais complexos, com papéis individuais e relacionamentos bem definidos, e eram capazes de reações flexíveis e adaptáveis. Esses fatos sugeriam que as diferenças entre os humanos modernos e os macacos vivos não eram tão grandes quanto se pensara antes, não necessitando, portanto, de um tempo muito longo para evoluir. Uma relação próxima com os demais primatas implicava uma cronologia curta.

A segunda de suas grandes contribuições foi ter incentivado uma das primeiras tentativas detalhadas de especificar quando os humanos e os grandes macacos se separaram e, também, de estabelecer quem eram nossos parentes mais próximos. O método usado por Washburn foi o de incentivar pesquisas em bioquímica e em biologia molecular, e foi esse método, mais do que qualquer outro, que levou ao triunfo da cronologia mais curta da evolução humana, ocorrido em anos recentes.

Este, então, é o pano de fundo para o exame da questão "quando nos tornamos humanos?" Por um lado, pode-se afirmar que as diferenças entre os humanos e o restante do mundo biológico são vastas, implicando um longo período de tempo. Por outro lado, reconhecer que os chimpanzés são parentes próximos significa que procurar por um curto período de tempo desde a separação entre humanos e macacos é o bastante. A única maneira de resolver essas questões é examinar os detalhes do registro de fósseis e os indícios fornecidos pela biologia comparativa. No entanto, ao fazê-lo, o que fica claro é que a leitura do registro de fósseis depende, até certo ponto, de

---

10   Washburn (1983); Spencer, F. (1985).

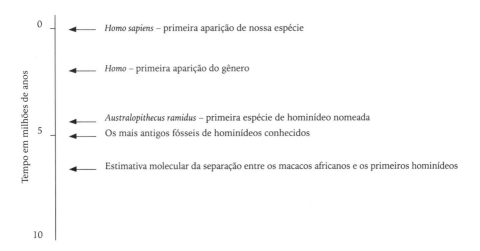

A escala da evolução humana com base nos indícios atuais. Comparada com o esquema de Keith, mostrado na página 76, temos aqui uma escala de tempo muito menor. Nada, na evolução dos hominídeos, pode datar de antes do Mioceno tardio, e as diferenças internas ao *Homo sapiens* são pequenas e recentes.

como é interpretada a importância das características observadas. O que esse contraste entre a perspectiva longa e a perspectiva curta nos mostra é que tem que haver algumas expectativas quanto à escala da evolução humana que dependem da observação dos humanos atuais e, em segundo lugar, que tem que haver critérios para testar se essas expectativas são ou não atendidas pelo registro de fósseis. No entanto, embora haja uma notável continuidade, e até mesmo um elemento invariável nos debates sobre paleoantropologia, há progressos também. Esses progressos talvez sejam mais marcantes no que diz respeito à aceitação geral da cronologia básica da evolução dos hominídeos e no reconhecimento de que, dentro do padrão geral, há problemas diferentes – as origens dos hominídeos são diferentes das origens do *Homo* que, por sua vez, são diferentes das origens de nossa própria espécie. É essa maior resolução que nos permite enfocar a importância do tempo e do lugar na evolução humana, indo além dos debates mais antigos.

O Caminho para a Humanidade

Sobre esse pano de fundo de ideias conflitantes a respeito da antiguidade dos humanos, a melhor maneira de abordar o problema talvez seja buscar os indícios que apontam para a época em que nos tornamos humanos. Isso é, pelo menos em princípio, basicamente uma questão de relações e ritmos evolucionários. A medida clássica da evolução é chamada de filogenia – a reconstrução das relações evolucionárias entre grupos, espécies e quantificação, o que significa tentar descobrir a sequência das separações ou ramificações ocorridas ao longo da evolução, uma vez que o processo evolucionário, em si, é a divergência de populações partindo de ancestrais primevos comuns. Uma vez descobertas as sequências das ramificações, a próxima tarefa é datar essas diversas ocorrências. Os padrões e os processos da evolução podem então ser reconstruídos com base nessa filogenia. Com relação à filogenia humana, a sequência de ramificações pode ser usada para localizar de forma precisa a época em que os humanos tiveram origem. Esses princípios podem ser usados para explorar não apenas a questão de quando nos tornamos humanos, mas também a escala da humanidade no contexto da vida como um todo.

Estima-se que a Terra tenha cerca de 4,6 bilhões de anos. A vida (geralmente definida como sistemas químicos capazes de se replicar) só apareceu há 3,5 bilhões de anos, e as plantas multicelulares e os animais há cerca de 750 milhões de anos. Os vertebrados fizeram sua aparição há 450 milhões de anos e, a partir de então, colonizaram a terra e o mar. Os primeiros dinossauros surgiram há cerca de duzentos milhões de anos, e dominaram a Terra até sua rápida desaparição, há cerca de 65 milhões de anos. Embora os mamíferos tenham tido sua origem há pelo menos 150 milhões de anos, eles só se disseminaram e diversificaram depois da extinção dos dinossauros, à mesma época da radiação das plantas floríferas ou angiospermas. Os primatas, a ordem biológica à qual os homens pertencem, só evoluíram durante os últimos sessenta milhões de anos, aproximadamente. Os mamíferos, os primatas e os humanos pertencem apenas aos acontecimentos evolucionários mais recentes e, na perspectiva mais ampla, são simples recém-chegados, tendo entrado em cena apenas nos últimos minutos e segundos do relógio evolucionário. Em outras palavras, há setenta milhões de anos, nenhuma das espécies primatas de hoje existia; há dez milhões de anos já havia, provavelmente, 50% das 180 espécies, e há um milhão de anos, 90% delas já haviam surgido. Entre os mamíferos, a expectativa média de vida das espécies é de cerca de um milhão de anos,[11] sendo de esperar, portanto, que a maioria das espécies hoje existentes, os humanos inclusive,

---

11   Stanley (1978).

apareceram somente em tempos bastante recentes. Há, no entanto, variação considerável, e embora o padrão evolucionário geral possa fornecer alguma ideia quanto à época em que os humanos evoluíram, é necessário examinar em detalhe os macacos em geral e o próprio registro de fósseis para que ela possa ser identificada com precisão.

A maneira mais simples de responder à pergunta "quando nos tornamos humanos?" é fazer a pergunta filogenética ainda mais simples – quando os ancestrais dos humanos divergiram de nossos parentes vivos mais próximos? É uma ideia muito atraente afirmar que os primeiros humanos foram aqueles que viviam quando uma linhagem passou a ter sua própria evolução independente, deixando de ser parte de um ramo ancestral em comum com os macacos. Isso, é claro, depende de sermos capazes de dizer qual é nosso parente mais próximo. Essa não é uma tarefa tão fácil quanto parece.

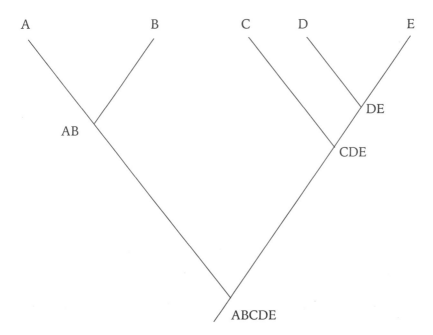

A evolução pode ser vista como uma série de acontecimentos de ramificação, à medida que as linhagens divergem e passam a evoluir independentemente. As espécies vivas (A, B, C, D e E, no diagrama acima), são subsequentemente unidas umas às outras (seus ancestrais comuns – AB, DE, CDE etc.) ao longo do tempo e das histórias evolucionárias mais antigas. As filogenias são essencialmente reconstruídas na ordem inversa na qual elas ocorreram na evolução.

Para que os biólogos se comuniquem uns com os outros, é necessário que estejam de acordo quanto aos nomes dados a cada um dos animais, e a como eles são agrupados. O sistema classificatório utilizado é conhecido como taxonomia lineana, que tomou seu nome de Karl Linnaeus, o naturalista do século XVIII que o desenvolveu. O sistema funciona por meio da classificação dos organismos em entidades cada vez menores, cada uma delas contida dentro de uma maior. Os animais e as plantas, portanto, podem ser descritos desde o grupo mais específico até o maior deles, ou táxon. O cavalo doméstico, por exemplo, é uma espécie distinta, mas é um dos diversos cavalos existentes. Considera-se uma espécie viva nos dias de hoje qualquer população de plantas ou animais que seja reprodutivamente isolada de outras populações – ou seja, incapaz de cruzamento que produza crias férteis com essas outras espécies. A hibridização é possível, mas ela não tem possibilidades a longo prazo. A espécie, portanto, é a unidade fundamental de mudança evolucionária. Os cavalos, como um todo, são agrupados dentro de um gênero, e cada espécie dentro desse gênero recebe seu nome distinto. O cavalo doméstico, portanto, é *Equus equus*, distinto da zebra comum, que é o *Equus burchelli*. Os cavalos vivos e extintos são agrupados numa unidade ainda maior (a família) que, no caso, são os équidas. Os équidas são, eles próprios, parte de um grupo maior, os perissodáctilos, que unifica todos os ungulados de dedos de número ímpar. Esse processo pode continuar em direção ascendente, até incluir todos os mamíferos, todos os vertebrados, todos os organismos multicelulares e, por fim, todo o mundo vivo. O sistema taxonômico lineano fornece uma notação taquigráfica para descrever os animais e suas relações. Ao querermos nos referir a todos os cavalos, podemos usar a palavra "equídeos", ao passo que se nos referirmos especificamente ao *Equus equus*, nos limitaremos à única espécie de cavalos hoje existente, deixando de fora os jumentos e as zebras.

O sistema lineano tem uma outra utilidade, incidental à sua função original, embora de extrema utilidade. Ao agrupar os animais em unidades cada vez maiores, o sistema replica o próprio processo evolucionário. Os animais agrupados em um único gênero são mais aparentados entre si que os animais agrupados numa família ou ordem. A hierarquia do sistema classificatório reflete a sequência das ocorrências de ramificação ou das divergências evolucionárias.

Voltando aos humanos, pertencemos a uma espécie conhecida como *Homo sapiens*. Por mero acaso, não existem outras espécies vivas pertencentes a esse gênero, embora haja várias já extintas. O *Homo sapiens*, em geral, é posto em um grupo mais amplo (uma superfamília) conhecido como os

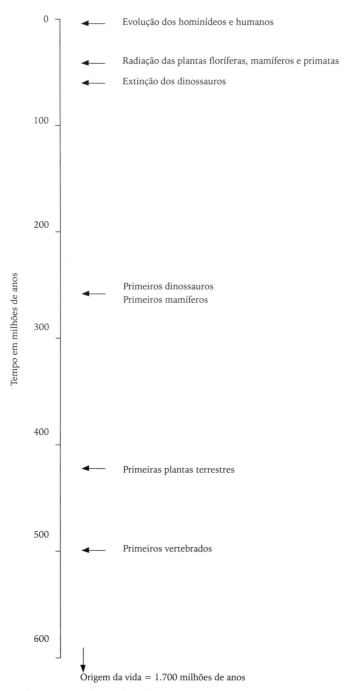

Escala cronológica da evolução da vida.

Hominoidea, ou hominídeos, que inclui todos os grandes macacos antropoides, bem como nós próprios, e é distinto do dos macacos comuns. Isso reflete nossa estreita relação evolucionária com os grandes macacos, afinidade essa reconhecida pelo próprio Darwin. Voltando à questão de determinar nosso parente mais próximo, ela se reduz a descobrir quando, como e de quem os ancestrais dos humanos divergiram.

Que tenha sido de um grande macaco – um dos chimpanzés, gorilas, orangotangos ou gibões – é fato amplamente aceito. Tradicionalmente, tem-se pensado que os hominídeos descendem dos grandes macacos (ou seja, após os gibões terem evoluído), mas antes desses terem se separado em suas atuais linhagens. Em outras palavras, àquela época, havia um grande ramo de grandes macacos, dos quais os humanos se separaram, e, posteriormente, os outros grandes macacos se separaram. Essa visão era bem característica da "perspectiva longa" discutida acima, uma visão que implicava que os humanos diferiam mais dos outros grandes macacos do que qualquer um destes diferia dos demais. Certamente havia um bom número de razões para essa crença. Todos os grandes macacos tinham em comum faces relativamente protuberantes, caninos grandes, cérebros pequenos (em comparação com os dos humanos) e a forma de movimentação relativamente quadrúpede. Os humanos, ao contrário, são relativamente desprovidos de pelos, são bípedes e têm faces pequenas e achatadas e cérebros grandes. Essa ampla distância morfológica parecia indicar uma distância evolucionária igualmente longa.

O novo e crescente campo da biologia molecular, entretanto, lançou certa confusão nessa visão ortodoxa. O estabelecimento de relações evolucionárias sempre tomou como base o princípio da anatomia comparativa. Animais e plantas que têm mais características em comum são parentes mais próximos uns dos outros. Em termos clássicos, chegou-se a essa conclusão comparando grandes traços anatômicos e físicos. Portanto, chimpanzés e gorilas estão ligados, por exemplo, por sua adaptação ao andar sobre as juntas das mãos e por toda uma série de outros traços esqueletais. Esse princípio funciona em qualquer nível, e se aplica também aos níveis da organização bioquímica e genética. À medida que as estruturas das proteínas, dos aminoácidos e, por fim, do próprio DNA foram sendo decodificadas, foi possível usar a morfologia das próprias moléculas para classificar as espécies e reconstruir suas relações evolucionárias. Assim, duas espécies que compartilham a mesma sequência de aminoácidos de uma proteína têm mais possibilidades de serem aparentadas uma com a outra do que com uma espécie que apresenta uma sequência diferente, e assim por diante, até a real sequência de bases numa cadeia de DNA.

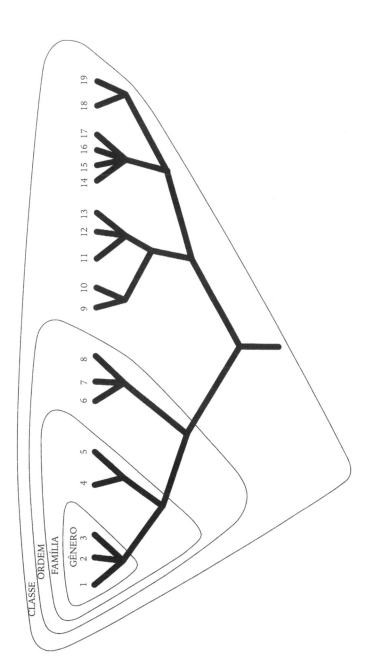

O sistema usado para classificar organismos é conhecido como sistema lineano. As dezenove espécies mostradas aqui (1,2,...19) são classificadas em entidades e categorias cada vez maiores. No exemplo hipotético mostrado, estas são gênero, família, ordem e classe. O termo hominídeo refere-se a uma família na qual há dois gêneros, *Homo* e *Australopithecus*. A família Hominidae inclui todas as espécies que evoluíram desde a separação dos chimpanzés, e que têm parentesco mais próximo com os humanos do que com os chimpanzés.

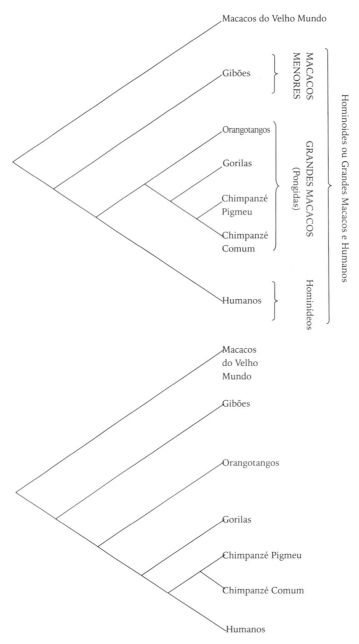

Duas visões da relação entre a evolução dos macacos e a dos humanos. A visão superior mostra o modelo tradicional, no qual os grandes macacos são parentes próximos uns dos outros, e os humanos, mais divergentes. A visão aceita atualmente, a inferior, mostra que os chimpanzés são parentes mais próximos dos humanos que dos demais grandes macacos.

Isso, é claro, não é de surpreender, uma vez que, na evolução, a separação dos organismos é um processo de divergência genética – é a divergência genética que leva ao isolamento reprodutivo subordinado à definição de espécie desde o início. O que talvez seja surpreendente é que a morfologia, no nível geral, e a estrutura genética, no nível molecular, nem sempre mostram os mesmos resultados. A aplicação de técnicas moleculares a um vasto espectro de organismos muitas vezes gerou situações nas quais espécies que são morfologicamente distintas apresentam uma sequência de genes quase idêntica, ao passo que espécies que são muito semelhantes no nível anatômico mostram-se geneticamente divergentes.[12]

Sabe-se hoje que o processo de evolução é muito mais complicado que a adição cumulativa de calombos e sulcos estranhos nos crânios e esqueletos. A filogenia dos hominoides é um desses casos. Em termos genéticos, os grandes macacos mostraram não ser tão aparentados quanto sua anatomia superficial parecia sugerir. Quer sejam comparados proteínas, aminoácidos, a distância imunológica, ou a própria sequência de genes, os resultados são os mesmos. A maior linha divisória entre os grandes macacos e os humanos não reside entre os humanos e os grandes macacos, mas entre os humanos e os macacos africanos em relação aos grandes macacos asiáticos, os orangotangos. Chimpanzés, gorilas e humanos são mais estreitamente aparentados entre si do que qualquer deles o é em relação aos orangotangos. Os grandes macacos não constituem o que é chamado um ramo ou clado verdadeiro ou natural na evolução. Isso significa que, ao contrário de os humanos terem divergido dos grandes macacos antes de estes terem se separado, os gibões e os orangotangos, pelo menos, já haviam passado por evolução independente. Os humanos são apenas um outro tipo de macaco africano.[13]

Essa descoberta foi estabelecida em bases firmes. Ela sugere que, no contexto da evolução hominoide como um todo, os humanos são uma linhagem relativamente recente, e não uma muito antiga. No entanto, há uma possibilidade ainda mais surpreendente. Quando as mesmas técnicas moleculares são aplicadas aos humanos e aos macacos africanos, torna-se muito difícil determinar a sequência de ramificações entre eles. Intuitivamente, o que se poderia esperar é que os humanos houvessem divergido antes, e depois os chimpanzés e gorilas um dos outros. A maior

---
12   Avise (1994).
13   Sarich & Wilson (1967).

parte dos indícios, entretanto, indica que não é possível discernir a sequência de maneira precisa.[14] Até o ponto em que é possível determinar a ordem da divergência, o que parece é que os gorilas se separaram primeiro do ancestral comum dos chimpanzés e dos humanos, e só posteriormente os humanos e os chimpanzés vieram a divergir.[15]

Os humanos, portanto, são especificamente macacos africanos e parecem ter parentesco próximo com os chimpanzés, um parentesco muito mais próximo, aliás, do que antes se acreditava possível. Apenas um pequeno número de genes separa essas duas espécies, apesar do enorme número de diferenças morfológicas. A pergunta sobre quem é o nosso parente mais próximo foi respondida. Embora a resposta seja os chimpanzés, o que não é de surpreender, é importante notar que se trata especificamente dos chimpanzés, e não dos grandes macacos como um todo. Essa é uma distinção importante, e voltaremos a ela nos capítulos seguintes. A pergunta que não foi respondida é *quando* essa divergência ocorreu. O certo é que ela não foi uma separação tão antiga quanto se poderia pensar, dado que tantos acontecimentos evolucionários – a divergência dos gorilas, dos orangotangos e dos gibões, por exemplo – já haviam ocorrido.

É claro que podemos examinar o registro dos fósseis para verificar se é possível calibrar esses acontecimentos. Isso, entretanto, seria prematuro, uma vez que o potencial da biologia molecular como fonte de informações evolucionárias ainda não se esgotou. As diferenças genéticas entre as espécies de fato contêm a semente do conhecimento sobre o ritmo das transformações evolucionárias.

As transformações evolucionárias podem ser vistas de duas maneiras. Uma delas, como o próprio Darwin pensou, são as transformações que resultam da adaptação dos animais a seus ambientes, como resultado de seleção natural. Os ritmos de mudança seriam portanto constantes, mas variariam segundo a intensidade da competição, ou do total das transformações ambientais, ou de inúmeros outros fatores. As transformações evolucionárias, entretanto, da maneira como elas são de fato medidas, não são nada além do ritmo das transformações genéticas, quaisquer que sejam as causas dessas transformações. Certamente, se o ritmo das transformações genéticas é uma resposta aleatória às transformações ambientais, com a alternância de períodos de transformações muito rápidas e de transformações muito

---

14 Hoelzer & Melnick (1994).
15 Sibley & Alquist (1984); Williams & Goodman (1989); Horai et al. (1992).

lentas, então a distância genética, por si só, não é capaz de fornecer informações sobre a data dos acontecimentos evolucionários. Se, entretanto, o ritmo das transformações genéticas é constante, o total da distância genética entre quaisquer duas ou mais espécies deveria indicar não apenas a sequência dos acontecimentos (sua relação positiva no tempo), mas também o exato momento de sua ocorrência (a posição absoluta no tempo).

Haverá algum fundamento para supor ou esperar que o ritmo das transformações genéticas seja constante? O fato de que, em alguns níveis, as transformações possam ser constantes consiste na base do relógio molecular.[16] A quantidade de DNA em cada organismo particular, quer seja ele uma ameba ou um humano, é vasta. No caso dos humanos, há cerca de trinta milhões de bases, ou cerca de cem mil genes. Isso é muito mais do que seria necessário, do ponto de vista da biologia desenvolvimentalista. O que parece é que há vastas quantidades de DNA para as quais não há função – muitas vezes chamado de DNA *junk* (refugo), que se caracteriza por não ter efeito observável no fenótipo à medida que este se desenvolve. Como tal, esse DNA é imune aos efeitos da seleção. Se ele se transforma, ele o faz não por mudanças de aptidão e seleção, como resposta às necessidades adaptativas e ao ambiente, mas de maneira puramente independente. As transformações existentes ocorrem por meio do processo de mutação – a ocorrência "aleatória" de erros no processo de replicação dos genes. Essa é a maneira pela qual aparece o novo material genético, a matéria-prima da evolução. As mutações, de modo geral, surgem num ritmo constante, e se os produtos dessa mutação não têm consequências seletivas, a acumulação de novos genes, ou seja, a acumulação das diferenças genéticas será um relógio preciso para medir o ritmo das transformações evolucionárias.

Quando esse princípio é aplicado aos hominoides, os resultados são intrigantes. O primeiro grande macaco vivo a divergir foi o orangotango, e as estimativas moleculares para esse acontecimento apontam a data de 12 milhões de anos atrás. Já ficou estabelecido que é virtualmente impossível distinguir com clareza a sequência exata dos acontecimentos entre os macacos africanos e os humanos, mas parece que essas três grandes linhagens se separaram em algum momento entre seis milhões e oito milhões de anos atrás, por volta do fim do Mioceno. Se os chimpanzés e os humanos divergiram mais tarde do que os gorilas, é mais provável que isso tenha ocorrido na extremidade mais recente desse período de tempo.

---

16   Avise (1994).

Os humanos, então, existem há cerca de seis milhões de anos. Isso poderia fornecer uma possível resposta à pergunta, uma vez que esse é o período de tempo no qual houve uma evolução independente, separada da dos chimpanzés. Como isso se encaixa nas expectativas de uma cronologia longa ou curta? Pelos padrões de qualquer pessoa, seis milhões de anos é um período de tempo bastante longo. No entanto, pelos padrões que dominam todo esse debate, esse é, na verdade, um período de tempo surpreendentemente curto. À época em que os resultados moleculares começavam a aparecer, a maioria dos paleontólogos adotou a opinião de que os hominídeos haviam divergido de (todos) os grandes macacos há pelo menos 15 milhões de anos e, segundo alguns especialistas, trinta milhões de anos era um total mais provável.[17] Além disso, todos os eventos na evolução dos antropoides receberam datações de grande antiguidade, e todos eles foram movidos para datas mais recentes. Àquela época, pensava-se que o fóssil conhecido como *Ramapithecus punjabicus*, dos Siwaliks, no Paquistão, datado de pelo menos dez milhões de anos, seria um hominídeo primitivo, corroborando assim a perspectiva longa. As datas moleculares lançaram dúvidas sobre essa interpretação, dúvidas essas que foram confirmadas quando espécimes mais completos foram descobertos, mostrando que, na verdade, o *Ramapithecus* era, mais provavelmente, um ancestral dos orangotangos, e não dos humanos. (De fato, na infindável reclassificação dos fósseis, o infeliz *Ramapithecus* não apenas perdeu seu *status* de primeiro hominídeo, como também desapareceu por completo como um táxon válido. Não são apenas os stalinistas que apagam todos os vestígios de seus erros passados.)

De modo geral, as descobertas dessa nova abordagem parecem indicar que os humanos são uma linhagem jovem, e não uma linhagem antiga. Da perspectiva geológica, a evolução independente dos humanos é recente. Essa conclusão, entretanto, tem que ser qualificada de uma série de maneiras. A primeira é que, embora os relógios moleculares pareçam ter considerável validade científica, eles não são tão simples quanto se chegou a pensar.[18] À medida que um número cada vez maior de genes é examinado, fica claro que há alguma variação no ritmo das transformações genéticas, e que nem a suposição de mutações constantes no genoma nem a suposição de uma neutralidade adaptativa conseguem se sustentar de todo. O que isso significa é que não há um único relógio, mas vários relógios tiquetaqueando em

---

17 Pilbeam (1967).
18 Avise (1994); Li & Grauer (1991).

ritmos diferentes, uns mais lentos, outros mais rápidos, alguns mantendo um ritmo mais constante que os demais. Embora os resultados da biologia molecular forneçam indicações robustas do *timing* dos acontecimentos evolucionários, eles não dão, necessariamente, uma resposta absolutamente precisa. Talvez seja útil examinar as descobertas de uma fonte mais tradicional de informações sobre o passado evolucionário: o registro dos fósseis.

A biologia molecular fornece uma série de expectativas sobre as origens humanas. Supondo-se que esses métodos sejam precisos, não haverá então sentido em procurar os primeiros humanos entre os dinossauros jurássicos, apesar das ideias fantasiosas dos produtores de Hollywood. Ao contrário, a suposição é de que os fósseis mais antigos a indicar o caminho para a humanidade devam ocorrer no Mioceno tardio – ou seja, entre dez e cinco milhões de anos atrás, dando margem à possibilidade de imprecisões nas estimativas moleculares. É possível ser ainda mais preciso, não tanto em tempo mas em geografia. A filogenia da genética dos grandes macacos indica que os humanos e os macacos africanos são os parentes mais próximos. Os chimpanzés e os gorilas são, de fato, relativamente restritos em sua distribuição, estando confinados às regiões centrais da África, espalhando-se de leste a oeste, mas não de norte a sul. Como o próprio Darwin apontou: "Em cada grande região do mundo, os mamíferos vivos são estreitamente aparentados às espécies extintas daquela mesma região. É portanto provável que a África tenha sido habitada anteriormente por grandes macacos extintos, proximamente aliados ao gorila e ao chimpanzé, e que estas duas espécies sejam hoje os aliados mais próximos do homem, e é um pouco mais provável que nossos progenitores mais remotos vivessem no continente africano do que em qualquer outra região"[19]. A biologia molecular aponta na mesma direção que, para Darwin, a anatomia comparativa tradicional apontava. Sua frase seguinte, contudo, é que "é inútil levar mais longe as especulações sobre esse assunto". No entanto, é possível testar a suposição de que os primeiros humanos estavam na África há cerca de seis ou sete milhões de anos.

Os fósseis humanos foram encontrados primeiramente na Europa e depois no Sudeste Asiático. Após algumas pistas falsas, foi apenas na década de 1960 que a África, desde o começo a favorita, começou a receber o reconhecimento devido. A história dessas descobertas já foi muitas vezes contada, e os detalhes históricos não são, aqui, de particular importância.[20]

---

19 Darwin (1871).
20 Lewin (1987); Reader (1988).

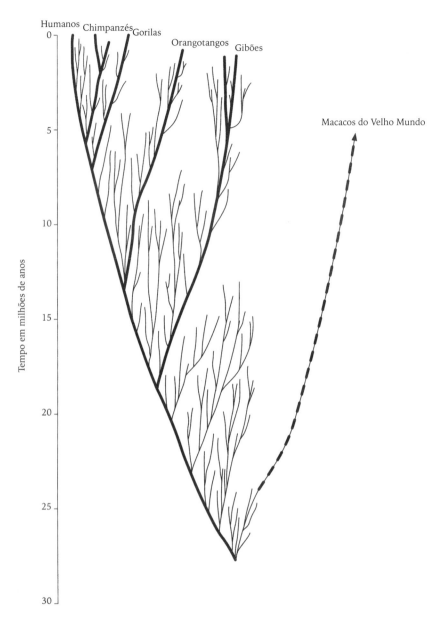

Uma cronologia molecular da evolução humana. As linhas grossas mostram as espécies vivas e seus ancestrais diretos. As linhas mais finas mostram as linhagens que evoluíram em diversas épocas, mas que foram extintas. A biologia molecular pode nos informar apenas sobre a história dos grupos vivos. A paleobiologia pode nos dar informações sobre os outros grupos, ou seja, aqueles que fornecem o contexto evolucionário no qual os hominídeos evoluíram.

O que é mais significativo é que cinquenta anos de pesquisas intensas, realizadas por um grande número de pessoas, produziram mais de três mil fósseis que podem ser considerados pertencentes à linhagem que conduziu aos humanos. E o mais significativo de tudo é que a grande maioria deles é mais antiga que qualquer fóssil encontrado em qualquer região do mundo. As cavernas de pedra calcária da região do Transvaal, na África do Sul, e o Vale de Rift, na África oriental, são as duas regiões das quais os fósseis provêm. Embora essas duas áreas talvez não sejam os verdadeiros locais de origem da humanidade, elas nos dão uma ideia aproximada, bem como a confirmação da origem africana. As datas são de importância crucial. Os primeiros fósseis incontestáveis vêm do sítio de Lothagam, uma localidade remota no norte do Quênia, a oeste do Lago Turkana. O lago e os depósitos que o cercam forneceram o que talvez seja o mais amplo e completo registro de fósseis, e Lothagam representa a parte mais remota desse registro.

O espécime, em si, é bastante insignificante: uma porção de mandíbula com dentes que são mais característicos dos humanos que dos grandes macacos. Se comparado aos achados mais espetaculares de outros sítios, ele não é muito emocionante, mas sua importância provém do fato de que ele, provavelmente, tem um pouco mais que cinco milhões de anos. Muito recentemente, novos achados feitos no Rio Awash, na Etiópia, que datam de 4,5 milhões de anos, confirmaram não apenas essa idade aproximada para a primeira linha a evoluir em direção aos humanos, mas também, na forma de uma nova espécie (*Australopithecus ramidus*), forneceram o hominídeo mais primitivo e mais semelhante aos grandes macacos até hoje encontrado.[21] Os indícios moleculares, deve ser lembrado, indicavam uma idade entre seis e oito milhões de anos, de modo que a existência de um primeiro hominídeo há cinco milhões de anos não era esperada. Dada a remota possibilidade de animais, que nesses estágios primitivos não eram tão numerosos, serem fossilizados, uma data mais recente em apenas um ou dois milhões de anos é reasseguradora tanto da perspectiva molecular quanto da perspectiva paleontológica. Há, de fato, alguns fósseis mais antigos, datando de cerca de seis ou sete milhões de anos, encontrados numa área ao sul do Lago Turkana, mas são ainda mais fragmentários, não podendo ser atribuídos com qualquer grau de certeza a linhagens humanas ou de grandes macacos.[22]

---

21 White et al. (1994); Wolde Gabriel et al. (1994); Wood (1994).
22 Hill & Ward (1988).

A partir de cinco milhões de anos atrás, os indícios fósseis relativos aos humanos aumentam consideravelmente. Sítios na Etiópia, com datações de quatro milhões de anos, e um sítio na região central do Quênia, Tabarin, com datação de um pouco menos de cinco milhões de anos, corroboram, todos eles, a existência, àquela época, de uma linhagem humana. A partir de três milhões de anos atrás, os fósseis se tornam tanto mais comuns como mais completos. Ao passo que Lothagam e Tabarin fornecem apenas indícios fragmentários de características humanas por meio de dentições, o material proveniente de Hadar, na Etiópia, é bem mais convincente. Em particular, um único espécime, conhecido coloquialmente como Lucy e, mais formalmente, como AL-288, encontrado por Don Johanson em 1974, consiste não apenas em fragmentos dentários e cranianos, mas em um esqueleto quase completo.[23] Cabeça, dentes, braços, espáduas, quadris e pernas estão todos presentes. O que esse espécime mostra é que, há três milhões de anos, existia um animal que, para todos os fins, era bípede. O andar ereto talvez seja a característica mais distintiva dos humanos e de Lucy, com seus membros inferiores alongados, sua pélvis larga e arredondada e o ângulo característico da cabeça do fêmur. Embora, se comparada com um humano totalmente moderno, as diferenças sejam claras, como os braços relativamente longos e as falanges curvas, resta pouca dúvida de que ela seja parte da linhagem humana. Há três milhões de anos, os hominídeos eram mais bípedes que qualquer outro grande macaco, talvez um claro indício de que, àquela época, algo havia se tornado humano, caso o bipedalismo seja aceito como uma característica-chave. De fato, o bipedalismo talvez fosse ainda mais antigo. Além dos próprios fósseis, há também indícios fornecidos por pegadas datadas em 3,7 milhões de anos. Num sítio na Tanzânia, chamado Laetoli, Mary Leakey descobriu certo número de pegadas feitas sobre cinzas ainda úmidas após uma erupção vulcânica.[24] Lado a lado com pegadas dos mais diversos animais típicos da savana, havia uma sequência de marcas que eram distintamente humanos – não havia mostras de que quatro membros estivessem sendo usados e o padrão de pisada era característico, com o calcanhar e a planta do pé claramente pronunciados. Aqui estava uma prova direta, mesmo que não seja possível dizer exatamente quem a fez, de uma espécie ereta e bípede.

Pode-se talvez dizer que a resposta à pergunta "quando nos tornamos humanos?" seja a seguinte: há cerca de seis ou sete milhões de anos, com

---

23 Johanson & Edey (1981).
24 Leakey & Hay (1979).

base nos indícios moleculares quanto à época em que a linhagem humana despediu-se da dos demais macacos africanos, ou cinco milhões de anos, com certeza, com base na primeira prova paleontológica, e com certo grau de certeza, há quatro milhões de anos, quando há indícios claros dessa característica claramente humana, o bipedalismo. Isso significa a existência da humanidade?

De Macacos Bípedes ao *Homo sapiens*

O problema, até este ponto, foi considerado por dois critérios: a filogenia e a estrutura anatômica geral. De acordo com uma das interpretações da filogenia, pode-se afirmar que um ramo humano distinto pode ser identificado há cinco milhões de anos ou mais. Com relação à estrutura anatômica geral, se o bipedalismo, mais do que qualquer outra característica, separa os humanos das demais espécies, então a humanidade data de mais de três milhões de anos atrás. No entanto, ambos esses critérios são passíveis de interpretações alternativas, e há ainda outros critérios a serem levados em conta.

A filogenia ocupa-se, basicamente, em determinar as ramificação ou divergências ocorridas ao longo da evolução. Apenas uma ocorrência desse tipo foi estabelecida até hoje: a ramificação de uma linha que levou aos humanos, partindo de uma linha que levou aos outros macacos africanos. Isso sugere que esse acontecimento foi, se não o único, pelo menos o de maior importância. Isso, no entanto, está longe de ser verdade. O registro de fósseis mostra provas da existência de muitos tipos de fósseis humanos, datando de no mínimo três milhões de anos até menos de quinhentos mil anos. A datação e a morfologia sugerem que esses fósseis não pertencem simplesmente a uma única linhagem em evolução, mas, ao contrário, representam diversas trajetórias evolucionárias distintas. A conclusão que deve ser tirada é que, longe de ser uma progressão linear simples, a linha que levou aos humanos é formada por diversas ocorrências de ramificação. Entre três milhões e um milhão de anos atrás, havia pelo menos duas linhas distintas de evolução – uma delas levando a algum tipo de megadôntico, que os especialistas conhecem como os australopitecinos robustos, e uma outra levando a formas de cérebros maiores, nosso próprio gênero, o *Homo*. Mesmo após um milhão de anos atrás, pode ter havido linhas separadas de desenvolvimento, uma na Europa e na África e outra na Ásia; e os neanderthalenses, um grupo especificamente europeu, podem representar uma linha separada de desenvolvimento, se comparada com os humanos anatomicamente modernos. Dada a possibilidade de ter havido diversas ocorrências de ramificação na evolução humana, levando a espécies distintas, das quais nem todas poderiam ter conduzido aos humanos modernos, enfocar o surgimento mais remoto da linhagem como um todo, então, talvez não seja a abordagem mais apropriada. É possível que o fato de importância crítica tenha sido o surgimento do gênero *Homo*, há cerca de dois milhões de anos, ou talvez o acontecimento crucial tenha sido o surgimento de nossa própria espécie, o *Homo sapiens*.

Para chegar a uma conclusão, é necessário examinar os padrões anatômicos, uma vez que eles podem dar uma ideia melhor de até que ponto esses grupos de fósseis eram mais ou menos semelhantes aos humanos modernos. Se esses diversos tipos de fósseis humanos são apenas superficialmente diferentes de nós mesmos, as ocorrências de ramificação, então, podem não ter real importância evolucionária. Para começar examinando o mais antigo deles, o *Australopithecus afarensis* até hoje foi visto apenas pelos traços que o ligam aos humanos modernos e o distinguem dos chimpanzés e dos gorilas. E aqui trata-se particularmente do bipedalismo. Este, entretanto, é apenas um dos aspectos do tornar-se humano, e pode-se chegar a uma ideia mais precisa de como era essa espécie primitiva levando em conta outras características, inclusive a própria natureza do bipedalismo. Embora a pélvis e os membros inferiores indiquem a capacidade de esse animal andar ereto, há algumas diferenças significativas se o comparamos a um humano totalmente moderno. As pernas eram relativamente curtas, as articulações dos joelhos, menos desenvolvidas, os pés, bastante largos. O movimento das pernas nas passadas provavelmente não atingia a extensão encontrada nos humanos modernos. O mais interessante, talvez, seja que os braços ainda eram longos, os ombros, mais móveis, e os dedos, longos e curvos. Isso tudo, somado, nos leva a concluir que essa criatura era bípede, mas movia-se de uma forma bípede diferente da nossa; em segundo lugar, que ela ainda era capaz de movimentar-se bastante bem nas árvores, usando seus membros superiores.

Embora mais bípede do que qualquer grande macaco, o *Australopithecus afarensis* não era uma réplica das espécies modernas. E o que é mais, foi apenas há cerca de 1,7 milhão de anos, com o surgimento do *Homo erectus*, que um tipo mais moderno de bipedalismo pôde ser estabelecido, mas, mesmo assim, há diferenças. Os neanderthalenses, uma forma de humanos primitivos cronológica e morfologicamente mais próxima aos humanos modernos, ainda exibiam algumas diferenças importantes em sua anatomia locomotora, se comparados conosco – suas articulações eram robustas, seus membros eram curtos, sua pélvis era muito mais larga e menos profunda do abdome até as costas, e o centro de gravidade era localizado mais atrás.

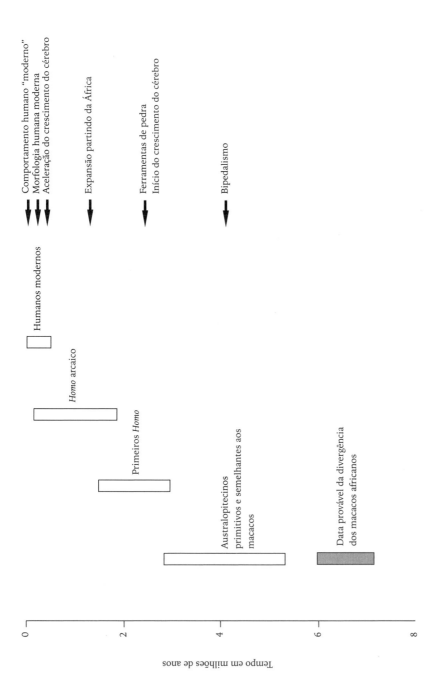

A escala da evolução dos hominídeos e a sequência temporal das principais ocorrências e tendências evolucionárias.

O mais importante é que o tamanho do cérebro dessa espécie ainda era aproximadamente o mesmo que o de um grande macaco moderno. Os cérebros dos chimpanzés pesam entre 350 e quatrocentos gramas. Os cérebros humanos modernos pesam entre 1.300 e 1.400 gramas. O *Australopithecus afarensis* tinha um cérebro que pesava cerca de quatrocentos gramas. Como iremos ver no capítulo 8, a comparação do tamanho dos cérebros não é uma questão simples, mas, para fins de estabelecimento de similaridades com os humanos, a evolução de cérebros maiores, novamente, parece ser uma característica que não ocorre em todos os grupos hominídeos fósseis. Aliás, é apenas com o gênero *Homo*, a partir de dois milhões de anos atrás, que ocorre um aumento perceptível do cérebro, e estes só se tornam realmente comparáveis aos dos humanos modernos relativamente tarde – há menos de meio milhão de anos. Embora durante a maior parte dos cinco milhões de anos, dos quais possuímos exemplares de fósseis humanos, seus cérebros apresentassem crescimento progressivo em relação aos dos chimpanzés, não se pode dizer que esses cérebros se parecessem com o do *Homo sapiens*.[25]

A anatomia parece sugerir, portanto, que embora o plano básico ereto dos humanos tenha sido estabelecido há três milhões de anos ou mais, outros sistemas anatômicos fortemente associados à condição de ser humano não ocorreram até muito mais tarde. É certo que, com base no tamanho do cérebro, o termo humano deve-se limitar ao gênero *Homo*, e talvez apenas ao próprio *Homo sapiens*.

Mas talvez a anatomia não seja o critério apropriado, já que, afinal, é o nosso comportamento que realmente distingue os humanos do restante do mundo animal. A tecnologia talvez seja o fator-chave, uma vez que, como vimos no capítulo 3, ela foi fortemente associada ao tornar-se humano. No entanto, apesar de sabermos que os chimpanzés são capazes do uso e da fabricação rudimentares de ferramentas, não há ferramentas associadas ao *Australopithecus afarensis*. Ao passo que os primeiros fósseis datam de quase cinco milhões de anos atrás, as primeiras ferramentas de pedra conhecidas só aparecem há pouco mais de dois milhões de anos.[26] Se a tecnologia é uma característica do ser humano, falta ao *Australopithecus afarensis* bípede, então, esse traço específico. O mesmo ocorre com muitas das espécies mais tardias de australopitecinos. Além disso, mesmo quando a tecnologia aparece, na forma de ferramentas simples de pedra lascada, ainda se verificam

---

25 Aiello & Dean (1990).
26 Schick & Toth (1993).

algumas discrepâncias. A primeira tecnologia, conhecida como oldovana, nome tirado do sítio Olduvai, na Tanzânia, onde ela foi descrita pela primeira vez, existiu durante mais de um milhão de anos. Sua sucessora, a acheulense, caracterizada por grandes machados desbastados nas duas faces, também se manteve estável por cerca de um milhão de anos. Mesmo as tecnologias mais tardias, associadas aos neanderthalenses e conhecidas como musterienses, consistindo sistematicamente em cernes de pedra lascados que haviam passado por preparação antes de serem desbastados, não sofreram grandes alterações durante bem mais de cem mil anos. Em contraste, a tecnologia lítica associada aos humanos modernos nunca perdurou por mais de cinco mil a dez mil anos, sendo, em geral, bastante mais efêmera. Além disso, o ritmo de mudanças tecnológicas entre os humanos modernos, que continua a ocorrer até hoje, apresenta aceleração constante.

O padrão espacial imita o padrão cronológico. As tecnologias humanas modernas variam de região para região de maneira relativamente rápida, mas a tecnologia dessas criaturas arcaicas era homogênea em continentes inteiros, e até mesmo entre continentes. A acheulense, por exemplo, embora com ligeiras alterações, é conhecida desde a Cidade do Cabo até Cardiff. A comparação dos humanos modernos com os antigos, em relação a suas tecnologias, mostra, portanto, um contraste importante. Em vez de transformações rápidas, flexibilidade e adaptabilidade local, há produção fixa e quase estereotipada, embora as formas possam ser tão sofisticadas quanto elegantes.[27] Além do mais, é apenas com os humanos anatomicamente modernos, há menos de quatrocentos mil anos, que características como a arte fazem sua aparição. Ao que nos parece hoje, com base nos registros arqueológicos, até mesmo comportamentos como a caça surgiram muito mais tarde do que se pensava originalmente.

Em termos comportamentais, portanto, parece haver uma diferença capital entre os humanos modernos e o restante dos tipos fósseis conhecidos. O comportamento mostra o mesmo padrão que a anatomia. Padrões de crescimento, dimorfismo sexual, tamanho da dentição e robustez também parecem mostrar o mesmo tipo de contraste. Há uma tendência progressiva levando aos humanos modernos, mas, mesmo assim, mesmo os mais próximos, em termos cronológicos, os neanderthalenses, são significativamente diferentes.[28] A conclusão inevitável é que o acontecimento da divergência dos macacos

---

27 Foley (1987b).
28 Foley (1995b).

africanos, o andar ereto e até mesmo a criação da tecnologia não fornecem, por si sós, indícios do surgimento dos humanos, no sentido que hoje damos a essa palavra – criaturas flexíveis, de maturação lenta, de conformação física leve e altamente inteligentes. Mesmo o padrão global do registro de fósseis, que mostra tendências as mais diversas, parece solapar a ideia de um antiquíssimo surgimento dos humanos. A conclusão a que se deve chegar é que tornar-se humano e ser humano são duas coisas completamente diferentes. E como fica então a pergunta "quando nos tornamos humanos?"

Macacos, Hominídeos e Humanos

Até aqui, o termo humano foi empregado de uma maneira relativamente frouxa, sendo aplicado de forma acrítica a qualquer coisa que se encontre no caminho evolucionário que liga a divergência dos macacos africanos à chegada dos humanos modernos. O que fica claro neste ponto, contudo, é que o que se encontra nesse caminho é um grupo muito variado de criaturas. O fato de que o caminho, em si, nada tem de reto, será tratado no próximo capítulo, mas da perspectiva cronológica, que aqui é de importância fundamental, mais de cinco milhões de anos ligam os grandes macacos aos humanos modernos, e essas ligações não são diretas. Até o ponto em que se pode afirmar com base no registro de fósseis, todos os tipos encontrados ao longo desse caminho são bípedes (com a possível exceção da espécie mais antiga, o *Australopithecus ramidus*), mas não de uma maneira que possa ser comparada de modo exato à forma de locomoção dos humanos modernos. O tamanho dos cérebros varia significativamente, como também a tecnologia, a flexibilidade comportamental e os padrões de crescimento. Em alguns casos, os vínculos são mais fortes com os grandes macacos, em outros, com os humanos. Como a evolução é um processo de modificações essencialmente contínuo, algumas tendências podem ser observadas, embora essas tendências costumem ser relativamente breves e restritas a grupos e linhagens específicos. Há poucas tendências que fluam de maneira ininterrupta desde a primeira separação dos macacos africanos até os humanos modernos. Contudo, em que ponto, entre essas tendências, devem ser situadas as verdadeiras origens do ser humano, dos próprios humanos?

Uma solução é evitar o problema aceitando, simplesmente, a continuidade ininterrupta da evolução. Cada ponto ao longo do caminho nem é nem deixa de ser humano, sendo simplesmente parte do processo de vir a tornar-se um. Para esse *continuum* é possível, se necessário, inventar toda uma

Indústrias de ferramentas de seixos (oldovanas): lascas simples retiradas de seixos, com talhadores e cutelos.

Indústria biface (acheulense): grandes lascas ou cernes de pedra esculpidos nas duas faces para produzir machados de mão.

Indústria de cernes de pedra preparados (Paleolítico Médio, Idade da Pedra Média): os cernes são preparados antes de serem desbastados e formados.

Indústrias de lascamento laminar (Paleolítico Superior): lascas longas e finas são retiradas e modelados em um grande número de ferramentas líticas.

Indústrias microlíticas: lascas muito pequenas e lâminas são produzidas e retocadas, e usadas em ferramentas compostas.

O desenvolvimento tecnológico na evolução dos hominídeos. As indústrias de ferramentas feitas de seixos caracterizam o gênero *Homo* primitivo. O *Homo erectus* desenvolveu as ferramentas bifaces, geralmente conhecidas como machados de mão. As tecnologias de cernes de pedra preparados são associadas às formas arcaicas e a algumas formas modernas do *Homo sapiens*, ao passo que a tecnologia laminar ocorre em algumas populações modernas mais tardias.

série de termos – elos perdidos, macacos-homens, homens-macacos, proto-humanos e assim por diante – na tentativa de exprimir o inexprimível. É improvável que quaisquer problemas práticos ou éticos venham a surgir dessa classificação, de maneira que, seja como for, isso não tem grande importância. Se um *Australopithecus afarensis* fosse descoberto em alguma região remota da África, talvez fossemos forçados a tomar algumas decisões difíceis, tais como se ele deveria ser colocado num zoológico ou mandado para a escola. Essa solução, entretanto, apresenta alguns outros problemas. Uma delas é que a pergunta continua sem resposta. Entre os primeiros humanos de cinco milhões de anos atrás e os primeiros humanos de anatomia indiscutivelmente moderna, de há cerca de cem mil anos, há um longo período de tempo, vasto o suficiente para que o problema seja nele enterrado. O mais importante, entretanto, é que é quase certo que a maioria dos tipos fósseis de humanos conhecidos não pertence, de forma direta, ao caminho que leva à humanidade, no sentido estritamente evolucionário. A maior parte deles pode bem não passar de ramos colaterais e de becos sem saída, que não deixaram vestígios no mundo moderno. Até que ponto, portanto, eles contribuíram para o processo de tornar-se humano? Além do mais, o quadro da evolução implícito nessa visão contínua e ininterrupta é de um constante vir-a-ser, nunca de um ser de fato. Os fósseis são vistos apenas no aspecto do que eles foram e no do que eles viriam a se tornar, nunca no do que eles de fato eram à época em que viviam. E, entretanto, é isso o que a biologia evolucionista realmente é: por que um animal faz o que faz num ponto específico do tempo e do espaço. Os objetivos finais e os caminhos evolucionários são de importância secundária a isso. Portanto, para entender por que os humanos modernos evoluíram, é necessário entender como eram essas formas antigas, por que elas evoluíram e o que aconteceu a elas. É necessário evitar tratá-las como parte do espectro que vai do macaco ao homem. Ao contrário, temos que nos propor a demarcá-las e a identificar cada uma delas em seu próprio contexto evolucionário. Em outras palavras, é necessário deixar de lado a continuidade da evolução, mesmo que temporariamente, para passar a categorizar de forma mais estrita as diferentes partes e os diferentes ramos encontrados no caminho para a humanidade.

Esse é um desafio para a terminologia normal, mas, felizmente, a taxonomia zoológica clássica pode nos oferecer uma base sólida para pelo menos reconhecer o problema, se não para resolvê-lo. O sistema lineano descrevia tipos mais antigos de animais em grupos cada vez menores. Esse princípio reforça a ideia de que abordar a questão de o que é um humano e de quando nos tornamos humanos é muito grosseira. Não se trata de uma questão de macacos e anjos, ou mesmo de macacos e humanos, mas de níveis distintos de diferenciação. Os humanos e os macacos compartilham um nível de relação evolucionária que os une como integrantes da Hominoidea – os hominoides. Os humanos são hominoides da mesma forma que os chimpanzés e os gorilas também o são. Essa ligação se dá no nível da superfamília. O nível inferior a seguir é o da família. É aceito, em geral, que todas as espécies que se encontram no caminho que separa os humanos dos macacos pertencem à mesma família – os Hominidae. O *Australopithecus afarensis*, em virtude de seu bipedalismo e de outras características, é claramente um hominídeo, mas, nem por isso, é um ser humano, ou humano. Pela definição de seu nome, ele é colocado, na verdade, numa espécie e num gênero separados. Essa separação hierárquica dos vários grupos de fósseis fornece uma saída para o dilema de quando os humanos de fato evoluíram.

Tornamo-nos hominídeos – distintos dos demais grandes macacos – quando um ancestral divergiu dos chimpanzés e dos gorilas, caracterizando-se, com maior probabilidade, pela postura ereta. Isso ocorreu há pouco mais de cinco milhões de anos. Tornamo-nos humanos, entretanto, quando alcançamos os padrões distintivos de estrutura anatômica e comportamento que ainda podem ser encontrados hoje. Isso se deu em algum momento entre 150 mil e cem mil anos atrás, e foi apenas então que a nossa espécie – o *Homo sapiens* – surgiu. O que fica a meio caminho, entretanto, é uma multidão de populações, grupos e espécies que são nitidamente hominídeos – nem macacos nem anjos. Alguns deles talvez sejam ancestrais, a maioria provavelmente não o é. Sua importância, entretanto, não reside em eles serem ou não ancestrais, nem em se eles eram ou não verdadeiramente humanos, mas no fato de eles serem "hominídeos" – ou seja, os nossos parentes evolucionários mais próximos. Como tal, eles nos fornecem as melhores pistas de por que e como um tipo específico de hominídeo veio a evoluir – os humanos. Eles eram os "humanos" de antes da humanidade – embora a conclusão deste capítulo tenha que ser a de que eles não eram verdadeiramente humanos. São esses hominídeos, suas características distintivas, seus padrões de evolução, suas adaptações, comportamentos e capacidades que fornecem os indícios mais importantes quanto ao processo de evolução de hominoide a humano. O fato de que eles todos se extinguiram talvez seja uma desvantagem, mas a tarefa que temos pela frente é deslindar a história desses hominídeos, e descobrir de que maneira eles indicam tanto o que existe no espaço evolucionário entre nós e as demais espécies animais como também as razões pelas quais uma delas veio a se tornar humana.

5

A Evolução Humana foi Progressiva?

A conclusão a que se chegou no capítulo anterior foi de que a evolução dos hominídeos é demasiado complexa para ser reduzida a um acontecimento evolucionário único e a uma única tendência direcional. No grupo para o qual a melhor denominação que temos é a de hominídeos, encontramos diversidade considerável em forma e comportamento. Além do mais, os humanos modernos representam apenas a última fração (até agora) do quadro geral. Os "humanos" anteriores à humanidade representam mais que o simples processo de tornar-se humano. Contudo, o que será que eles representam, e o que eles significam para as origens de nossa própria espécie e para o processo de evolução em si? Essa pergunta, e particularmente a questão de se a evolução humana exibe tendências progressivas, será o assunto deste capítulo.

O Padrão da Evolução dos Hominídeos

É chegado o momento de examinar em maior grau de detalhe o padrão geral da evolução dos hominídeos, tal como mostrada pelo registro de fósseis. Como vimos, os fósseis mais antigos provêm de alguns sítios datados de cerca de cinco milhões de anos, especialmente dos sítios a leste do Vale de Rift. Até três milhões de anos atrás, esses fósseis eram relativamente uniformes, e até muito pouco tempo foram considerados, todos, pertencentes a uma única espécie – o *Australopithecus afarensis* – nome cunhado por Johanson e White para descrever os espécimes encontrados em Laetoli, na

Tanzânia, e em Hadar, na Etiópia.[1] Esses fósseis mostram postura ereta, mas são relativamente primitivos em outros aspectos: suas mandíbulas são protuberantes, como o são suas faces como um todo (prognatismo); seus dentes são grandes, com incisivos espatulares e caninos relativamente grandes, que ainda sobressaem da linha dos demais dentes. Os molares são mais caracteristicamente humanos, embora maiores que as formas modernas. A testa é baixa e inclinada, e o crânio é pequeno, com fortes marcas de músculos, notadamente na região da nuca.

Esse padrão, com variações menores, caracteriza todo um gênero – os australopitecinos (*Australopithecus*) – e o *Australopithecus afarensis* representa uma manifestação primitiva deles. Se comparado aos humanos modernos, ele é o hominídeo mais semelhante ao macaco e, provavelmente, é um elo perdido tão bom quanto qualquer outro que possa vir a ser encontrado. Do pescoço para cima ele é muito parecido com um macaco, e do pescoço para baixo ele se parece muito mais com um humano.

No entanto, a coleção de material que recebeu o nome de *Australopithecus afarensis* é, em si, bastante variada. As amostras que são de longe as maiores vêm da localidade de Hadar, no sudeste da Etiópia, e datam de 2,9 milhões de anos. Os muitos espécimes que foram descobertos, todos eles, claramente fazem parte desse grau primitivo de hominídeos, embora haja também algumas diferenças entre eles. Essas diferenças em parte se devem ao tamanho. Henry McHenry[2] calculou que os maiores entre deles pesavam oitenta quilos, ao passo que os menores, inclusive a famosa "Lucy", talvez não passassem de trinta quilos (alguns deles talvez sendo machos, e, além disso, não muito parecidos com Lucy).[3] Alguns afirmaram que essa faixa de variação, que excede a do gorila, é grande demais para se tratar de dimorfismo sexual (as diferenças em razão do sexo, com os machos em geral maiores que as fêmeas), e que, portanto, mais de uma espécie deve estar representada. O que isso quer dizer, essencialmente, é que, na Etiópia, há três milhões de anos, viviam um hominídeo grande e outro pequeno.

Também essa visão foi contestada por Brigette Senud.[4] Ela propôs que, mais do que simples diferenças de tamanho, o que há, nesses espécimes, são diferenças significativas de estrutura de braços e pernas, uns sendo mais claramente bípedes que os outros. Esse fato talvez indique que as duas es-

---

1 Johanson & White (1978).
2 McHenry (1992).
3 Martin (comunicação pessoal).
4 Senut & Tardieu (1985).

pécies tinham modos de vida diferentes, e que uma, talvez, fosse mais bípede que a outra. É possível que essa opinião se veja corroborada pela comparação entre o pé de Lucy e as pegadas de Laetoli. As pegadas parecem mostrar um padrão de passada muito semelhante ao do homem moderno, ao passo que o pé de Lucy ainda possui uma sola relativamente chata e um dedo maior ligeiramente divergente, como se verifica com os demais primatas. Tudo isso parece sugerir que há três milhões de anos já havia uma divergência de tipos hominídeos. Johanson e White, contudo, continuaram defendendo incansavelmente sua designação de uma espécie única, argumentando que os fósseis, sendo originários de períodos de tempo muito maiores que os exemplares comparativamente modernos, em geral exibem mais variação e que, portanto, os *Australopithecus afarensis* são sem dúvida uma espécie única, e os melhores candidatos à posição basal na linhagem dos hominídeos.[5]

Em tempos recentes, a situação da porção primitiva do registro de fósseis hominídeos complicou-se ainda um pouco mais com o anúncio de novas espécies de hominídeos africanos,[6] o *Australopithecus ramidus* e o *A. anamensis*. (White e seus colaboradores, aliás, chegaram a propor um novo gênero, o *Ardipithecus*, mas esse termo, para fins de simplificação, não será utilizado aqui.) Ambos datam de quatro a 4,5 milhões de anos, sendo portanto mais antigos que o clássico *A. afarensis*, embora sobrepondo-se aos fragmentos que, em geral, se acredita serem parte deste último táxon. O *A. ramidus* é pequeno e semelhante ao macaco em sua dentição e sua anatomia craniana, sugerindo vínculos estreitos com os chimpanzés. Além disso, **diferentemente** dos demais hominídeos, ele possui, nos dentes, apenas **uma fina camada** de esmalte, característica compartilhada com os grandes **macacos africanos**. Esse fato levou à sugestão de que o *A. ramidus*, seria a "espécie raiz" (a palavra *ramidus* significa raiz, na língua local), e que o *A. afarensis* e o *A. anamensis* seriam espécies derivadas. De fato, as diferenças existentes entre o *A. ramidus*, o *A. anamensis* e o *A. afarensis* são excelentes provas de que a divergência das formas hominídeas já havia começado há mais de três milhões de anos.

É claro que, a partir de três milhões de anos em diante, o registro dos fósseis hominídeos se torna mais diversificado, tanto no aspecto geográfico como no aspecto morfológico. Anteriormente a essa data todos os fósseis vêm da África oriental, mas a partir de então eles são encontrados tanto na África oriental quanto na meridional. Os sítios sul-africanos localizados no

---
5   White et al. (1993).
6   White et al. (1994); Leakey, M. et al. (1995).

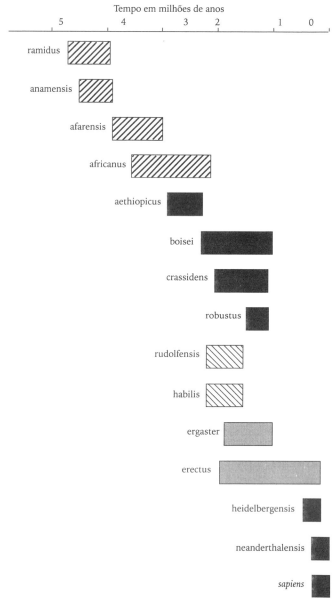

A família dos hominídeos. O diagrama mostra os principais tipos de hominídeos (cada um dos quais pode ser visto como uma espécie) conhecidos com base no registro de fósseis, com a época de sua ocorrência. Durante a maior parte da evolução dos hominídeos houve ocorrências múltiplas, e a situação atual, na qual há apenas uma espécie, é de origem recente. Esses fósseis e hominídeos extintos podem ser vistos como as espécies que preenchem o espaço evolucionário entre os humanos atuais e nossos parentes vivos mais próximos, os grandes macacos antropoides.

Transvaal foram descobertos por Raymond Dart e Robert Broom nas décadas de 1920 e 1930, mas, desde então, vêm sendo trabalhados de forma sistemática, tendo hoje fornecido centenas de fósseis. De modo amplo, esses fósseis se encaixam em dois grupos. Há os que são bastante semelhantes ao *Australopithecus afarensis*, por possuírem faces relativamente prognatas e crânios pequenos e leves. De maneira geral são esbeltos, com ossos cranianos finos e ossatura delgada nos membros; pesariam cerca de cinquenta quilos. Esses foram os primeiros hominídeos africanos primitivos a ser encontrados, e receberam, de Dart, o nome *Australopithecus africanus*. Embora tenha sido sugerido que essa espécie ocorreu também na África oriental, aceita-se, em geral, que se trata de uma forma especificamente sul-africana.[7]

O outro tipo de hominídeo encontrado na África do Sul é nitidamente diferente. Bem mais recente em termos cronológicos, datando de dois a um milhão de anos, esse tipo caracteriza-se por uma constituição de músculos mais pesados, especialmente em volta da mandíbula e do crânio. As mandíbulas são maciças, com molares e pré-molares enormemente ampliados. Os incisivos e os caninos, ao contrário, são pequenos e apertados. O crânio é baixo, com testa inclinada e cabeça pronunciadamente redonda. O mais característico é a saliência ao longo do topo do crânio, correndo da frente até atrás, a crista sagital, que indica os músculos maciços necessários para mover o grande sistema mastigatório. Essas criaturas, conhecidas como australopitecinos robustos (*Australopithecus robustus*, ou *Paranthropus robustus* para alguns) possuem dentes grandes e cérebros pequenos, e o total de sua anatomia indica especializações relativas à mastigação pesada, mais provavelmente de plantas grosseiras e fibrosas.[8]

Esse tipo de hominídeo é também encontrado na África oriental, nos famosos sítios de Olduvai e Koobi Fora, e, por incrível que pareça, aqui eles são ainda mais megadônticos. Geralmente são reconhecidos como outra espécie, o *Australopithecus boisei*, mas datam também de cerca de dois milhões de anos. Recentemente, outro espécime foi descoberto por Richard Leakey e Alan Walker, a oeste do Lago Turkana, no norte do Quênia (o Crânio Negro, ou WT17000), que não apenas era mais antigo (cerca de 2,7 milhões de anos), mas que também possuía a maior crista sagital e o menor cérebro de todos os australopitecinos robustos.[9] Alguns especialistas são

---

7   White et al. (1983); Tobias (1980).
8   Grine (1989).
9   Walker et al. (1986).

de opinião que se trata apenas de uma versão mais primitiva dos australopitecinos robustos, ao passo que outros o reconhecem como uma espécie distinta – o *Australopithecus aethiopicus*). De modo geral, os australopitecinos robustos ou parantropinos são um grupo não uniforme, uma vez que há razões para crer que, mesmo na África do Sul, o material, que vem de dois sítios – Swartkrans e Kromdraai – representa, na verdade, duas espécies distintas – o *Australopithecus robustus* e o *Australopithecus crassidens*.

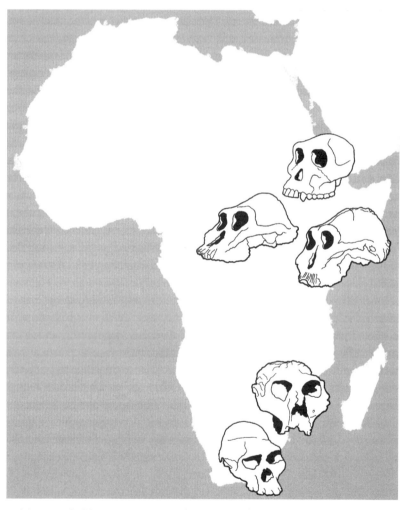

A espécie *Australopithecus*. De cima para baixo, o *A. afarensis*, o *A. aethiopicus*, e o *A. boisei*, na África oriental, e o *A. robustus* e o *A. africanus*, na África do Sul.

Os australopitecinos robustos contrastam nitidamente tanto com os australopitecinos mais antigos e esbeltos como com um outro tipo de hominídeo que surgiu aproximadamente na mesma época: os hominídeos de cérebros maiores. A estes falta a especialização dentária dos parantropinos, possuindo mandíbulas muito menores e mais parabólicas, com dentes de tamanho mais uniforme, e suas caixas cranianas são também maiores e mais longas. Ao passo que todos os australopitecinos têm capacidade craniana de cerca de quatrocentos, quinhentos centímetros cúbicos, estes, do tipo novo, têm mais de seiscentos, e muitas vezes mais de setecentos centímetros cúbicos. Suas faces são pequenas e menos prognatas que as dos demais tipos de hominídeos, e lhes falta grande parte da superestrutura craniana associada à musculatura pesada encontrada nos australopitecinos robustos. Estes são os primeiros representantes do gênero *Homo*, e são, em geral, colocados numa espécie única, o *Homo habilis*. Os primeiros exemplares dessa espécie foram encontrados por Louis e Mary Leakey, em Olduvai, mas há hoje outros exemplares, provenientes dos arredores do Lago Turkana, ao norte do Quênia.[10]

Logo que o *Homo habilis* foi encontrado, foi mencionado que não havia espaço suficiente na árvore evolucionária humana para uma outra espécie, e a questão de ele consistir ou não numa espécie separada foi objeto de fortes polêmicas. Ironicamente, agora que sua identidade separada foi aceita, o que vem sendo discutido é se os exemplares conhecidos como *Homo habilis*, todos eles, podem de fato ser encaixados numa única espécie. Bernard Wood, por exemplo, afirmou que se tomarmos dois exemplos de *Homo habilis*, como o KNM-ER 1813 e o KNM-ER 1470, verificaremos que há variação demais entre eles. Além disso, o padrão de variação não é do tipo geralmente encontrado entre macho e fêmea, de modo que, ao que parece, não se trata de uma espécie sexualmente dimórfica. Ele afirmaria que temos aqui não uma, mas duas espécies. Além do *Homo habilis*, há uma outra espécie que, provavelmente, deveria se chamar *Homo rudolfensis*.[11] Além disso, há pouco mais de dois milhões de anos, outros tipos de *Homo* – de cérebros maiores e proporções corporais mais humanas – estavam presentes, certamente na África (*Homo ergaster*) e possivelmente também no Sudeste Asiático.[12]

A história dos hominídeos está se complicando. Tomando apenas a primeira parte do registro de fósseis, datada de 4,5 a 1,5 milhão de anos,

---

10 Leakey et al. (1964); Tobias (1991).
11 Wood (1991).
12 Swisher et al. (1994).

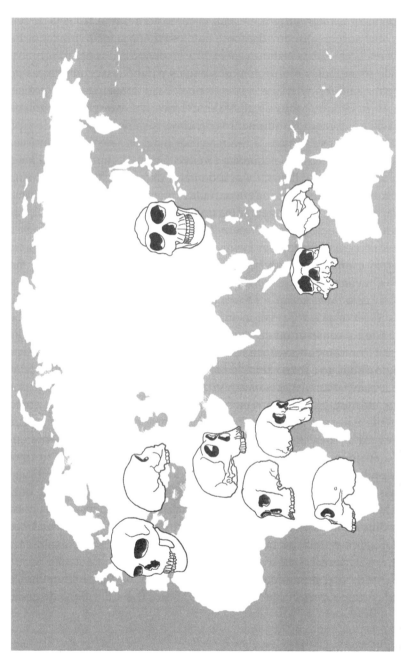

Os primeiros *Homo*. As primeiras espécies africanas incluem o *H. habilis*, o *H. rudolfensis* e o *H. ergaster*. O *H. erectus* e seus descendentes são encontrados no Extremo Oriente e no Sudeste Asiático, ao passo que formas arcaicas de *Homo* são encontradas na Europa (neanderthalenses, *H. heidelbergensis*) e na África.

a lista inclui uma antiga forma primitiva que pode ou não ter sido bípede (o *Australopithecus ramidus*), duas outras formas relativamente semelhantes aos macacos (o *Australopithecus anamensis* e o *Australopithecus afarensis*) e uma forma sobreposta, mas em geral mais tardia, o *Australopithecus africanus*. É possível que os dois últimos ainda contenham subdivisões em espécies separadas.[13] Por volta de 2,5 milhões de anos atrás, e se sobrepondo em termos temporais com o *Australopithecus africanus*, há os australopitecinos robustos, os quais, por si sós, talvez se constituam em quatro espécies separadas. E, aparecendo aproximadamente à mesma época que os australopitecinos robustos, há o gênero *Homo*, que talvez consista em três ou quatro espécies. A maior parte dessas ocorrências são específicas da África oriental ou meridional e não há hominídeos conhecidos datando daquela época em qualquer outra região do continente ou do mundo.

As implicações desse fato são notáveis. É óbvio que, ao contrário de evoluir progressivamente e em linha direta partindo de um elo perdido até os humanos modernos (o que é conhecido como anagênese), os hominídeos se ramificaram e divergiram em espécies separadas durante os primeiros tempos de sua evolução. A ideia defendida no último capítulo, de que nem todos os hominídeos eram humanos, torna-se mais óbvia quando nos recordamos que todas essas espécies não podem ser ancestrais dos humanos de hoje, nem sequer pertencer à linha que leva aos humanos anatomicamente modernos. Os primórdios da evolução dos hominídeos apresentam um padrão complexo de diversificação, e os humanos anteriores à humanidade, abusando um pouco do termo, são claramente um grupo bem interessante de animais – tão próximos e, contudo, tão distantes.

No entanto, talvez a história se torne mais simples ao nos aproximarmos do presente. Essa análise do registro de fósseis parou há cerca de 1,6 milhão de anos, época na qual havia, provavelmente, cinco ou seis espécies em existência. Há cerca de um milhão de anos esse número se viu reduzido, à medida que a maior parte delas se extinguia.[14] O sobrevivente conhecido foi o *Homo erectus*. Ao contrário dos demais hominídeos, essa espécie era, provavelmente, maior e com proporções esqueletais gerais muito mais semelhantes às dos humanos modernos. No capítulo 4 foi citado que embora todos os hominídeos fossem de alguma forma bípedes, foi apenas há cerca de 1,6 milhão de anos, com a chegada do *Homo erectus*, que ocorreu um tipo

---

13 Clarke (1985).
14 Klein (1989).

de bipedalismo essencialmente semelhante ao dos humanos modernos. Havia ainda algumas diferenças, e o *Homo erectus* tinha ossos muito mais robustos e uma morfologia dos membros inferiores ligeiramente diferente dos encontrados no *Homo sapiens*. As diferenças em estrutura craniana seriam mais pronunciadas. É certo que o tamanho do cérebro do *Homo erectus* devia ser maior que os das formas mais primitivas de *Homo*, com cerca de oitocentos centímetros cúbicos. Consequentemente, a caixa craniana era muito mais longa, e o *Homo erectus* possuía um crânio caracteristicamente longo e baixo. Os ângulos superciliares eram notáveis e proeminentes e o rosto era ainda muito maior que o dos humanos modernos. De maneira geral, embora lhe faltasse a formação em crista dos australopitecinos robustos, o *Homo erectus* tinha ainda uma constituição bastante pesada, mostrando uma poderosa musculatura craniana, com fortes marcas.[15]

Esse, então, é o principal, se não o único representante dos hominídeos existente há cerca de um milhão de anos, as demais espécies tendo se extinguido ou evoluído para o *Homo erectus*. O *Homo erectus* primitivo, ou o *Homo ergastus*, como alguns preferem chamá-lo, era encontrado, como os demais hominídeos, apenas na África oriental e na África meridional, mas há cerca de um milhão de anos formas semelhantes, portando os ângulos superciliares característicos, podem ser encontradas em pontos distantes, como China e Java. Datações recentes, realizadas tanto em Java como na Geórgia, sugerem que essa dispersão da África para a Ásia pode ter ocorrido há dois milhões, e não há um milhão de anos.[16] Além do mais, a mesma forma básica persistiu até menos de meio milhão de anos atrás, tendo provavelmente existido na Ásia, na África e na Europa (embora nenhum espécime indiscutível tenha sido encontrado na Europa). Eles são sucedidos por formas que compartilham com eles as mesmas características básicas, mas sem o formato de cabeça longo e baixo e os cumes superciliares contínuos. Estes últimos são geralmente chamados "*Homo sapiens* arcaico" – ou seja, membros de nossa própria espécie (*Homo sapiens*), mas ainda ligeiramente diferentes. Eles são agrupados juntamente com o *Homo sapiens* em razão de seus cérebros relativamente grandes – de mil a 1.300 centímetros cúbicos, um número bastante próximo ao encontrado entre os humanos modernos – mas ainda diferem destes pelo fato de terem constituição robusta e faces relativamente grandes, ângulos superciliares proeminentes e outras características que ainda fazem

---

15 Walker & Leaky (1993); Rightmire (1990).
16 Swisher et al. (1994); Gabunia & Vekua (1995).

lembrar o *Homo erectus*. Aqui, talvez, tenhamos um exemplo clássico de anagênese, a evolução gradual e contínua de uma única linhagem, partindo do *Homo erectus*, passando pelas formas arcaicas do *Homo sapiens* até chegar ao *Homo sapiens sapiens* moderno. Os humanos modernos propriamente ditos fazem sua aparição há cerca de cem mil anos, mas sua evolução gradual pode ser traçada, em algumas regiões do mundo, desde os grandes macacos arcaicos.[17]

Pareceria, portanto, que embora um grande número de espécies seja encontrado na parte mais antiga do registro de fósseis de hominídeos, a parte mais recente é bem mais simples e progressiva. É como se os primeiros hominídeos fizessem parte de uma fase evolucionária de tentativa e erro, mas que, ao ser encontrada a fórmula vencedora – cérebros grandes são melhores que dentes grandes –, o caminho para a humanidade tornou-se direto. No entanto, talvez não seja assim tão simples. Embora seja possível detectar continuidade, há também padrões mais discrepantes. Peter Andrews[18] apontou que todo o material que recebe o nome de *Homo erectus*, encontrado na África e na Ásia, cobrindo o período que vai de 1,5 milhão a menos de meio milhão de anos atrás, é, na verdade, bastante variado. As formas asiáticas, em especial, diferem das formas africanas. O que não é de surpreender, dadas as distâncias e o tempo em questão. O que é surpreendente, entretanto, é que, segundo Andrews e outros, as características encontradas unicamente entre os *Homo erectus* asiáticos não são encontradas em quaisquer dos hominídeos posteriores.

A evolução trabalha por meio do acúmulo e da perda de traços, e as relações evolucionárias são mensuradas pela avaliação das características em comum e das características singulares. Uma série de razões pode causar a existência de traços em comum, e nem todos eles têm a mesma utilidade para a determinação das relações exatas. Por exemplo, ao comparar chimpanzés e humanos pode-se observar que ambos possuem espinhas dorsais, mas isso não ajuda a determinar a proximidade do parentesco dessas duas espécies com, digamos, os macacos comuns, uma vez que espinhas dorsais são comuns a todos os vertebrados. Isso é o que é conhecido como uma condição ancestral ou, no jargão, uma simplesiomorfia. Por outro lado, nem os humanos nem os chimpanzés possuem rabos, ao passo que os macacos comuns os possuem, juntamente com todos os demais primatas. Ter rabo é a condição ancestral, de modo que duas espécies que têm em comum a característica de não tê-lo exibem um padrão distintivo. Elas possuem

---

17   Bilsborough (1991).
18   Wood (1984); Andrews (1984).

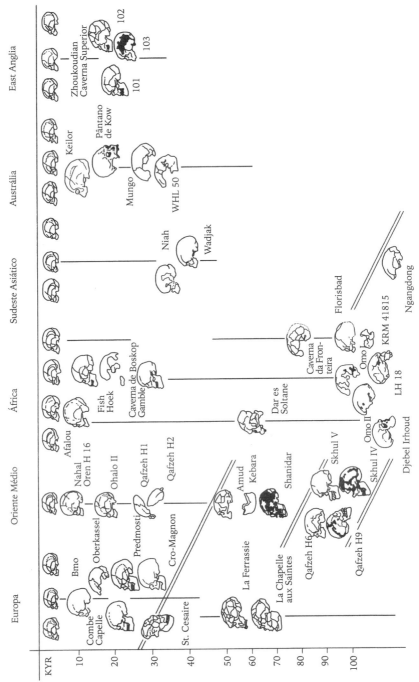

Os indícios fósseis relativos à evolução humana tardia e a evolução da diversidade humana moderna

uma característica derivada em comum, ou anapomorfia. Neste caso, pela condição de "ausência de rabo" ser algo novo, essa característica tem algo a dizer sobre as relações evolucionárias.

São esses diferentes padrões que podem ser encontrados entre os hominídeos do Pleistoceno. Aquilo que foi denominado *Homo erectus*, encontrado tanto na África como na Ásia, certamente compartilha determinadas características, mas são apenas os asiáticos que possuem traços derivados únicos. Além disso, nenhum desses traços derivados, que dizem respeito aos detalhes da morfologia craniana, podem ser encontrados nos hominídeos posteriores, os pertencentes aos chamados *Homo sapiens* arcaico e *Homo sapiens* moderno. A conclusão inevitável a ser tirada é que o caminho que leva do *Homo erectus* ao *Homo sapiens* não é tão direto quanto parecia ser.

Ao que tudo indica, as populações primitivas de *Homo erectus* da África podem ser vinculadas aos hominídeos arcaicos mais tardios tanto da África como da Europa e, talvez, também de determinadas regiões da Ásia, por meio desses traços anapomórficos. Por outro lado, os traços únicos ou apomorfias do verdadeiro *Homo erectus* asiático desaparecem. Além disso, quando aparecem os humanos plenamente modernos, estes retêm as características africanas, e não as asiáticas. O que isso significa é que o período intermediário da evolução do *Homo* consistiu em pelo menos duas linhas. Após surgir na África, o *Homo erectus* se dispersou, atingindo a Ásia e talvez também a Europa. A linha asiática, que perdurou por mais de um milhão de anos, se extinguiu. A linha afro-europeia, entretanto, divergiu em diversas populações regionais, uma das quais desenvolveu os humanos modernos.

O que isto sugere é que, longe de ser um processo simples e linear, a evolução dos hominídeos mais tardios consiste no mesmo padrão de divergência (embora menos pronunciado) que marcou a primeira etapa desse processo. O *Homo erectus* ancestral se disseminou partindo da África, formando dois grupos separados, um na África e na Europa e um outro na Ásia. É possível que também a linha asiática, em certa medida, tenha se subdividido geograficamente, criando populações distintas no Sudeste e no Nordeste Asiático. Da mesma forma, a linha afro-europeia, ao que parece, se subdividiu em duas populações, uma na Europa, que veio a ser conhecida como os neanderthalenses, e outra na África.

O que parece ter acontecido é que a evolução dos hominídeos não consistiu em uma única linha evolutiva. Há cerca de duzentos mil anos, é provável que houvesse populações distintas, cada uma delas com sua própria trajetória evolucionária, em cada um dos principais continentes do Velho Mundo. Elas talvez não fossem espécies, no sentido pleno do termo, mas o

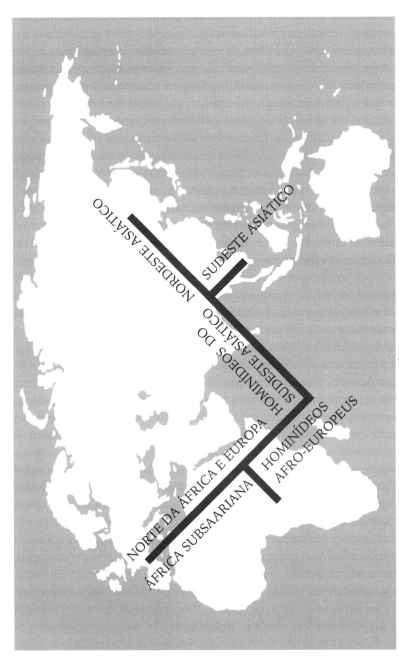

Uma filogenia do *Homo*, sobreposta ao mapa do Velho Mundo. À medida que as populações se disseminaram geograficamente, divergiram em evolução. Desse modo, é de esperar que haja alguma conformidade geográfica nas relações evolucionárias dos hominídeos, como de fato acontece.

contato entre elas parece ter sido restrito. A mensagem simples é que o mundo dos hominídeos arcaicos era complicado, o que, é claro, torna espinhosa a tarefa de distinguir as relações evolucionárias.

Hominídeos Demais

No que consiste, então, o registro de fósseis da evolução humana? No nível mais amplo, há uma única família, ou espécie, ligada entre si por uma série de traços, o bipedalismo em particular. Eles são os hominídeos, ou Hominidae, e incluem todas as espécies que pertencem ao ramo que divergiu dos demais grandes macacos antropoides africanos há mais de cinco milhões de anos. Eles, contudo, não consistem numa linhagem única.

No nível a seguir aparecem dois gêneros – ou seja, grupos que são suficientemente diferentes em seus modos de vida, a ponto de merecerem ser reconhecidos como gêneros distintos. Os mais antigos são os australopitecinos (*Australopithecus*), que são divididos em formas mais antigas e de constituição relativamente leve, e o tipo mais recente de *Australopithecus*, mais robusto, caracterizado por grandes dentes mastigatórios e por musculatura pesada. O outro grupo são os *Homo*, com cérebros relativamente grandes. Esses são os três tipos principais de hominídeos ou, colocado de outra forma, as três coisas que possivelmente eram bípedes.

No entanto, mesmo dentro desses grupos havia variações, como já vimos anteriormente. Os *Australopithecus* talvez consistam em até quatro espécies diferentes, distinguíveis pelos vários graus de prognatismo ou pelo tamanho corporal. É possível que os australopitecinos robustos também consistam em quatro espécies, duas na África oriental e duas na África do Sul, todas elas, exceto uma (o *Australopithecus aethiopicus*) basicamente contemporâneas entre si. Já o grupo *Homo* é bem mais complicado de separar em subgrupos. É provável que haja duas formas primitivas, com cérebros relativamente pequenos, mas variando em tamanho e forma facial. Há então o que foi chamado de *Homo erectus*, que talvez também deva ser dividido em dois grupos separados, um asiático e outro africano. Após estas, vêm todas as formas conhecidas como "*Homo sapiens* arcaico". É geralmente aceito que todas elas pertencem à mesma espécie politípica que a nossa, embora Ian Tattersall[19] e Clark Howell[20] tenham recentemente

---

19   Tattersall (1986).
20   Howell (1991).

sugerido que elas devam, na verdade, ser aceitas como espécies separadas, com base no fato de elas possuírem características únicas, serem radicalmente diferentes dos humanos modernos e parecerem ter evoluído de forma independente. O número exato é difícil de determinar. Muitos, certamente, reconhecem o *Homo neanderthalensis* como um grupo distinto de hominídeos que viveu na Europa e em certas regiões do Oriente Médio durante os últimos cem mil anos. Seus precursores, os primeiros europeus, datando de meio milhão a duzentos mil anos atrás (*Homo heidelbergensis*), seriam espécies separadas, como também o seriam os "arcaicos" africanos e asiáticos. Estes últimos parecem ser os que mais se parecem com os humanos modernos (problema esse a ser explorado em maior detalhe no próximo capítulo), e foi afirmado que eles são o único grupo de "arcaicos" que de fato pertence à linha que conduziu aos humanos modernos. Por fim, os humanos modernos, de acordo com este esquema, não seriam mais o *Homo sapiens sapiens* (isto é, uma subespécie), mas sim o *Homo sapiens*, uma espécie separada.[21]

Como pode ser visto, mesmo a esse nível simples, a contabilidade da diversidade dos hominídeos não é fácil. Uma visão minimalista seria que há pelo menos oito espécies, mas, no outro extremo, 17 espécies seriam reconhecidas, caso fossem aceitas todas as distinções aqui discutidas. Wood fez uma boa defesa da existência de 13 espécies, o que se encaixa bastante bem com as expectativas teóricas.[22] Nunca chegaremos a conhecer o número preciso e, de qualquer modo, é quase certo que o conceito de espécie entre em colapso quando a variação temporal for levada em conta. Por um lado, podemos argumentar que o registro de fósseis é incompleto e, portanto, que há ainda outras espécies esperando ser descobertas. Por outro, pode-se dizer que as minúcias anatômicas sofreram interpretações excessivas, resultando em muitas distinções espúrias, e que o número total provavelmente seria mais próximo da cifra menor, de oito. No entanto, seja qual for o caso, o fato é que continuamos tendo que nos haver com um problema e com um desafio. O problema é que a árvore evolucionária humana não pode ser reconstruída como uma linha simples – uma espécie de conífera evolucionária. O que fica claro é que ela é um mato esgalhado, jogando ramos por toda parte. Isso significa que determinar quem de fato tem parentesco mais próximo com quem, e quem é ancestral de quem, é um problema técnico

---

21 Foley (1989a).
22 Foley (1991).

de grande magnitude. Aqui, este problema será explorado apenas de forma breve. O desafio ainda maior é passar a pensar a evolução humana de forma diferente. Em vez de uma escada com os humanos no topo, há um matagal, com os humanos sendo apenas um dos pequenos galhos. E o que ainda é mais surpreendente é que o galhinho dos humanos modernos, em diversos sentidos, é bastante diferente do restante dos hominídeos, e ele tendo surgido somente em tempos relativamente recentes, como foi mostrado no último capítulo. Qual o significado da singularidade humana, quando há tamanha pletora de hominídeos?

A Escada Evolucionária e a Falácia do Progresso

A abundância de tipos hominídeos surpreendeu a muitos. Essa surpresa talvez deixe à mostra as suposições ocultas quanto a como a evolução funciona. Desde Darwin, o modelo geral tem sido o da *scala naturae*, a escala da natureza. Esse modelo mostra os animais como uma série de desenvolvimentos progressivos, um substituindo o outro à medida que escalam novas alturas evolucionárias. Os organismos multicelulares representam uma progressão em relação aos unicelulares, os vertebrados são uma progressão em relação aos invertebrados, os animais de sangue quente são uma progressão em relação aos de sangue frio. Naturalmente, nessa progressão, os humanos – ou, de forma mais objetiva, os seres sociais inteligentes – são uma progressão em relação aos seres solitários e não inteligentes. Os humanos representam o próximo ou o mais recente dos estágios da progressão evolucionária. É natural, dada a complexidade do mundo humano, que eles sejam colocados no topo da escala evolucionária, e que a evolução seja vista como uma escada que nos leva, encarapitados, embora de forma precária, no último degrau.

O problema é que, embora possa haver tendências direcionais na evolução, as quais podemos observar contando com a vantagem da perspectiva histórica, há um erro de lógica na inferência, com base nesses fatos, de que o mecanismo de transformação também seja progressivo. As espécies surgem e então são substituídas – por exemplo, os dinossauros pelos mamíferos –, e inferimos desse fato que um é a progressão do outro. A tendência da evolução de apagar por completo a maior parte de suas criações por meio da extinção dá sustentação a essa ideia. No entanto, o verdadeiro padrão da evolução, na pequena escala, é muito diferente, e o processo é bem o oposto da ideia da escada.

Essa visão fica clara ao examinarmos um outro grupo de animais. Os Bovidae, ou bovídeos, são os ruminantes de dois dedos que têm chifres.[23] Eles incluem o antílope, o waterbuck e o reedbuck, o elã, o búfalo e até mesmo a vaca doméstica. Embora sua distribuição seja predominantemente africana, eles podem ser encontrados espalhados por todos os continentes, exceto a Austrália. A primeira observação a ser feita é que eles apresentam grande diversidade – há muitos gêneros e muitas espécies, indo do pequeníssimo dikdik até o imenso búfalo africano. Eles se vinculam entre si, em termos evolucionários, por certo número de características (como os chifres, diferentes das armações da família dos veados, os Cervidae). No entanto, se tivéssemos que olhar para eles e ver sua evolução como uma escada progressiva levando de um grupo a outro, nos veríamos em apuros. Estariam os waterbucks na parte mais inferior e os elãs no topo? Ou talvez fosse preferível dizer que o búfalo, corpulento e pesadão, é o mais primitivo, e as graciosas gazelas são as mais avançadas? É claro que não há nenhum fundamento para uma decisão como essa, e precisamos apenas olhar para suas características para nos darmos conta de o quão inadequado é abordar a evolução dessa maneira. O elã e o búfalo são diferentes porque eles fazem coisas diferentes e vivem em ambientes diferentes. O búfalo é um grande apascentador não seletivo, ao passo que o elã se alimenta, nas florestas pouco cerradas, de uma mistura de capim e folhas. O órix é especialista em viver em condições muito secas e desérticas, podendo sobreviver quase que sem água nenhuma, ao passo que o waterbuck é altamente dependente de água, alimentando-se de capim suculento. Um dos Reduncinae, o grupo ao qual pertence o waterbuck, é o puku, que tem uma especialização nos pés, que são achatados, o que lhe permite caminhar em terrenos alagados e pantanosos. As características dos bovídeos são marcas não de uma evolução progressiva, mas do processo de adaptação às necessidades de uma grande variedade de hábitats e de tipos de alimento.

Não há nada de surpreendente nisso tudo e, no registro dos fósseis, podemos detectar o surgimento e a diversificação desses muitos grupos. A evolução entre os bovídeos, como também entre os hominídeos, não consiste numa linha única, mas numa forma que se abre em leque, como um arbusto esgalhado, contendo todas as variedades que vemos hoje e, a meio caminho, todas as que já desapareceram. Como não queremos classificar os bovídeos de forma hierárquica e progressiva, nos contentamos em permitir que eles se

---

23   Kingdon (1984).

Uma versão caricatural da *scala naturae* – a ideia de que a evolução é um processo progressivo levando, ao fim, aos humanos. A interpretação correta, como o próprio Darwin percebeu, é a divergência e a singularidade adaptativa, e não as tendências progressivas.

diversifiquem numa gama de tipos semelhantes. Já com os humanos e com os macacos antropoides, não fazemos o mesmo. Em vez de ver o bipedalismo como uma alternativa ao quadrupedalismo, as pessoas preferem vê-lo como um avanço. Em vez de perguntar por que o tamanho do cérebro seria uma maneira de se adaptar a hábitats diferentes, é mais fácil construir um sistema hierárquico, indo do menor e mais primitivo ao maior e mais avançado. Da mesma forma, os fósseis da família total, os Hominidae, são vistos como marcos dessa progressão. O que surpreende, no registro de fósseis, é que não é isso que acontece. O *Australopithecus robustus*, com seu cérebro relativamente pequeno, foi contemporâneo, se é que não um pouco posterior ao *Homo*, com seu cérebro maior. Os neanderthalenses, que são no mínimo contemporâneos dos humanos modernos, têm cérebros igualmente grandes. O que o registro de fósseis prova, de forma direta, é que a progressão é imposta por nós, em retrospectiva. No entanto, não foi assim que a evolução funcionou.

A surpresa, então, reflete o preconceito, ou talvez a ignorância, dos paleoantropólogos em relação à evolução dos demais grupos. A maioria dos grupos mostra um padrão de diversificação, particularmente nos primórdios de sua história evolucionária, e não há qualquer razão para que, no caso da evolução humana, as coisas tenham se dado de forma diferente do que acontece com a maior parte das outras espécies. A evolução não é uma escada, para usar as palavras de Gould, mas um arbusto.[24] Nossa tarefa não é mapear a progressão, mas examinar a forma desse arbusto para verificar onde ele é espesso, onde ele é ralo, onde ele se torna um emaranhado confuso, e daí tirar inferências quanto à gama de adaptações aí representadas. As diferentes espécies são respostas alternativas às múltiplas condições ambientais. O real interesse, no estudo da evolução humana, consiste em examinar quais seriam essas condições, e tentar entender não por que os hominídeos antigos evoluíram ou deixaram de evoluir em homens modernos, mas sim por que razão eles tomaram a forma que tomaram. Esse "humanos anteriores à humanidade" são o arbusto, e os humanos modernos são apenas uma entre muitas pontas de galhos potenciais e atuais. Além do mais, em alguns casos, eles não são apenas os humanos anteriores à humanidade, mas sim os hominídeos que existiram lado a lado com a humanidade.

As Radiações Hominídeas

A história da evolução dos hominídeos pode ser contada de várias maneiras. A mais tradicional é a de certo número de estágios. Já vimos que, de maneira geral, essa maneira não é adequada, uma vez que o que o quadro mostra não são apenas transformações sucessivas. Entretanto, o fato é que há mais que um elemento de verdade na visão de que a evolução significa a criação de novas formas. Coisas novas de fato aparecem de vez em quando, e ignorar esse fato seria equivocado. Ainda somos capazes de mapear o surgimento de características, mas devemos ter o cuidado de não tentar construir árvores evolucionárias com base nessa estrutura. Quando tudo isso é encarado

---

24   Gould (1989).

como apenas uma série de traços, podemos então reconhecer os diversos acontecimentos que se sucedem no tempo – as tendências evolucionárias.

A primeira delas é a adoção do bipedalismo, provavelmente em algum momento há mais de quatro milhões de anos. Os primeiros três ou quatro milhões de anos da existência dos hominídeos provavelmente foram caracterizados por diversas espécies desses bípedes essencialmente semelhantes aos grandes macacos. Há cerca de dois milhões de anos, outras especializações começaram a surgir, embora mostrando duas tendências, e não uma única, apenas. Uma delas foi o aparecimento dos especialistas dentários, as criaturas de faces e dentes grandes e poderosos músculos mastigatórios. A outra tendência foi representada pelo *Homo*, que apresentava ampliação do cérebro, e não dos dentes. Associadas a essa característica, pode ter havido diversas transformações comportamentais marcantes, incluindo a incorporação de mais carne na dieta e a intensificação do uso e da manufatura de ferramentas. O *Homo*, além disso, foi o primeiro hominídeo a ser mais do que simplesmente parte da fauna africana. O grande acontecimento final foi o surgimento dos humanos anatomicamente modernos, caracterizados

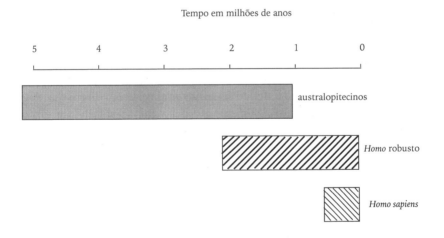

Graus da evolução dos hominídeos. Embora a evolução trate, em grande parte, das divergências, tendências adaptativas de fato ocorrem, de modo que é possível afirmar que certos grupos de espécies compartilham o mesmo nível de organização e de adaptação. Na evolução dos hominídeos, é provável que os australopitecinos representem um grau que poderia ser mais bem descrito como grandes macacos bípedes, o *Homo* primitivo mais encefalizado, mas com uma arquitetura esqueletal robusta, e os humanos modernos exibindo uma tendência a maior esbeltez esqueletal e a maior flexibilidade comportamental.

por esqueletos de constituição mais leve, crânios mais altos e arredondados, faces menores e toda uma série de novos comportamentos, muitas vezes indistinguíveis dos encontrados hoje em dia. Para os que procuram as tendências progressivas da evolução dos hominídeos, aí estão elas.

Uma outra maneira de encarar a evolução dos hominídeos é a filogenética, a reconstrução das relações evolucionárias precisas. Esta, provavelmente, é a mais técnica de todas as perspectivas possíveis, tratando-se de casar a miríade de características anatômicas, pesando cada uma delas e discernindo relações cronológicas e estratigráficas. Os detalhes finos desses procedimentos dariam, por si sós, um livro inteiro, e não é intenção deste volume explorá-los. Uma árvore evolucionária pode ser construída vinculando os diversos grupos de fósseis uns aos outros, seguindo as implicações da taxonomia apresentada anteriormente.

Na raiz dessa árvore, posterior à separação dos grandes macacos africanos, encontram-se os australopitecinos. Eles são os que morfologicamente mais se assemelham aos macacos e os mais próximos a estes, em termos cronológicos. O *Australopithecus ramidus*, atualmente, é o candidato mais forte a ser o ramo-irmão de todos os hominídeos posteriores. Ele provavelmente deu origem a diversas formas, das quais o *Australopithecus anamensis* e o *Australopithecus afarensis* são as formas que ocorreram na África oriental, e o *Australopithecus africanus*, a forma que ocorreu mais para o sul, em tempos ligeiramente mais recentes. É também possível que o *Australopithecus afarensis* tenha continuado a existir após a separação do *Australopithecus africanus*.

O acontecimento filogenético seguinte ainda está em discussão. Alguns afirmariam que foi o *Australopithecus africanus* que se subdividiu em duas linhagens, uma levando aos australopitecinos robustos e a outra ao *Homo*. A natureza relativamente generalizada do *Australopithecus africanus* parece dar margem a essa conclusão. No entanto, alguns cientistas são de opinião que o *Australopithecus africanus* já é demasiadamente especializado, em termos dentários, para que possa ser o ancestral do *Homo*, que ele é posterior à cisão das linhagens, sendo o ancestral apenas dos australopitecinos robustos. Outros afirmam que ele é por demais tardio para ser o ancestral destes, tendo em vista a data muito remota de um deles (2,6 milhões de anos), o *Australopithecus aethiopicus*. De fato, chegou a ser sugerido que o *Australopithecus aethiopicus* não é sequer um parente próximo dos demais australopitecinos robustos, mas que ele representa uma tendência evolucionária anterior e paralela.[25]

---

25   Skelton & McHenry (1992).

A solução dessa questão é carregada de dificuldades. Basta dizer que o *Australopithecus africanus*, o hominídeo africano conhecido há mais tempo, continua sendo um tópico tanto de importância crítica quanto polêmico.

Quer o último ancestral em comum do *Homo* e dos australopitecinos robustos seja o *Australopithecus afarensis* ou o *Australopithecus africanus*, parece estar claro que essas duas linhagens são contemporâneas, representando caminhos alternativos da evolução dos hominídeos. Cada uma delas ainda sofreu diversificação posterior. Os australopitecinos robustos, ao que tudo indica, se separaram em linhas geográficas, com o *Australopithecus robustus* na África do Sul e o *Australopithecus boisei* na África oriental.[26] O *Homo* também tem uma história complexa. Aceitando-se que haja duas formas primitivas, o *Homo habilis* e o *Homo rudolfensis*,[27] ambos encontrados na África oriental entre dois milhões e 1,5 milhão de anos atrás, apenas um deles pode ter dado origem ao *Homo* posterior, e qual deles o fez ainda é uma questão polêmica. No entanto, as formas africanas *ergaster/erectus* são o acontecimento filogenético seguinte.

Há duas interpretações para a filogenia hominídea subsequente ou posterior, como vimos na última seção. Uma delas considera o *Homo erectus* um ramo amplo e em evolução gradual de todos os hominídeos pertencentes ao período que vai de 1,5 a meio milhão de anos atrás, que, por sua vez, daria origem a um *Homo sapiens* igualmente amplo e variado. No entanto, o que já discutimos até aqui sugere que essa interpretação é excessivamente simplista. O mais adequado é considerar o *Homo erectus* uma forma basicamente asiática de hominídeo e, nesse caso, precisaríamos de um novo nome para a forma africana. O nome proposto por Wood[28] foi o de *Homo ergaster*, dado por Groves e Mazak[29] a alguns espécimes encontrados na África oriental. A filogenia do *Homo*, então, seria o *Homo ergaster* se diversificando internamente à África e, por um lado, dando origem ao *Homo erectus*, que rapidamente se disseminou até a Ásia e, por outro, continuando a habitar a África. O *Homo erectus* asiático seria um ramo evolucionário colateral em relação aos humanos modernos. O *Homo ergaster* e seus descendentes africanos deram origem a duas outras linhagens. Uma delas foi a linhagem que, na Europa, começa com uma forma de hominídeos bastante generalizada, mas de cérebros grandes, e que acaba por evoluir até os neanderthalenses europeus, ao passo que

---

26   Grine (1989).
27   Wood (1991).
28   Wood (1991).
29   Groves & Mazak (1975); Groves (1989).

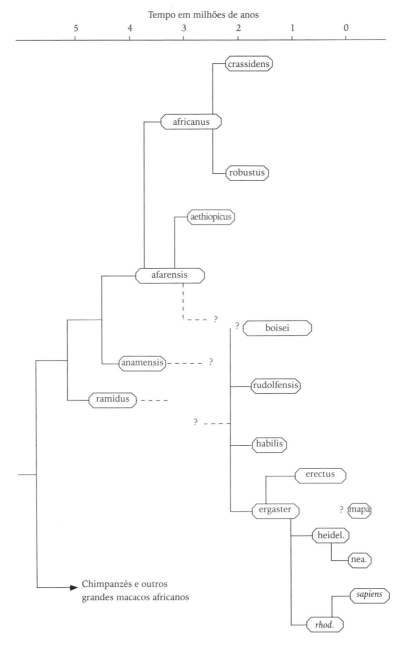

Não há assunto mais polêmico que a reconstrução das relações evolucionárias dos hominídeos, e a aqui apresentada talvez seja uma das muitas igualmente plausíveis. Poucas reconstruções filogenéticas sobrevivem durante muito tempo. Esta foi selecionada por dar ênfase aos múltiplos acontecimentos da evolução dos hominídeos, bem como à sua base biogeográfica.

a outra representa a evolução, na África, primeiramente das formas arcaicas de *Homo sapiens* e, então, de um *Homo sapiens* plenamente moderno. Como veremos nos capítulos seguintes, embora essa visão seja mais complexa e mais polêmica, é possível defender a ideia de que essa espécie africana, então, se dispersou por todo o mundo, substituindo, com algum grau de cruzamento, as outras formas mais arcaicas de hominídeos.[30]

Essas reconstruções filogenéticas podem ser mais ou menos específicas. Além disso, a melhor maneira de vê-las é na forma diagramática, que deixa clara a sequência de ramificações e a natureza das ocorrências evolucionárias. É apenas a reconstrução filogenética que mostra o caminho de um ancestral direto até os humanos modernos. Esse caminho de fato existe, mas a mensagem deste capítulo é que ele é apenas um entre os muitos caminhos evolucionários tomados pelos hominídeos.

Há ainda uma outra maneira de ver a evolução dos hominídeos, que se relaciona à ideia de que há diversos hominídeos cronologicamente sobrepostos. O exemplo dos bovídeos mostra que, ao contrário de se elevar progressivamente numa única direção evolucionária, eles se irradiaram para diferentes nichos ecológicos. É essa a forma típica de evolução das linhagens. O termo usado na biologia evolucionária para uma ocorrência dessa natureza é radiação adaptativa. O conceito implícito nesse termo é o de que as espécies que têm parentesco próximo umas com as outras – ou seja, que têm um ancestral em comum –, mesmo assim exibem diferenças entre si. Essas diferenças, contudo, tomam sempre a forma de variações em torno de um tema. Uma radiação adaptativa, na evolução, é a diversificação de grupos de plantas ou animais que mostram essas variações, que têm por base um traço ancestral comum. Por exemplo, os bovídeos são uma radiação adaptativa. Eles se vinculam não apenas por um ancestral comum, mas também por uma série de características adaptativas comuns – no caso, a capacidade de processar um grande número de alimentos vegetais, graças a seu estômago ruminante. A variação aparece quando examinamos os diferentes contextos nos quais os bovídeos se adaptaram ao uso dessa capacidade básica. Há os pequenos dikdiks e os cetafolos rajados, como especialistas no hábitat das florestas; há o puku, que possui a capacidade de empregar essa estratégia nos pântanos da África. Há o órix no deserto, o oreotrago nas rochas da Tanzânia e o búfalo, como a máquina capinadeira mais generalizada de todas. Todos eles são variantes adaptativos do tema básico dos ruminantes tropicais.

---

30   Stringer & Gamble (1993).

Os gatos são um exemplo ainda mais claro. Todos os gatos têm um ancestral comum, e o que todos eles herdaram desse ancestral comum foi a capacidade de espreitar e emboscar a presa. Isso contrasta com os cachorros, por exemplo, que alcançam a presa na corrida e a dominam de assalto. A estratégia espreita/emboscada, com a série de adaptações anatômicas e comportamentais que a acompanha, liga todos os gatos entre si, tendo fornecido a base para a radiação maciça em quatro continentes; em tamanho corporal, do leão ao gato selvagem da Escócia; em hábitat, das florestas amazônicas ao subártico; e em presas, do gnu aos pequenos roedores. Cada espécie é uma variante adaptativa da estratégia básica, evoluindo até encaixar-se nas condições específicas e aproveitar novas oportunidades.

Esse conceito pode ser utilizado para entender a evolução dos hominídeos. Todos os hominídeos têm em comum um ancestral único, do qual divergiram. O registro dos fósseis parece sugerir que o que esse ancestral comum tinha, e que é a característica comum a todos os hominídeos, era o bipedalismo. Ao que parece, os hominídeos são os macacos que passaram a andar eretos. No entanto, em vez de conduzir a uma direção única, o bipedalismo parece ter aberto oportunidades em diversas direções, havendo, consequentemente, radiação adaptativa desses macacos bípedes, cada um deles empregando a estratégia do bipedalismo em diferentes contextos ecológicos. Um desses caminhos é de fato representado pelo gênero *Homo*, com sua variante de cérebros grandes; um outro foram os australipitecinos robustos, com sua especialização megadôntica, ao passo que os demais australopitecinos parecem ter sido formas mais primitivas e generalizadas.

A evolução dos hominídeos, portanto, pode também, e de forma mais apropriada, ser vista, não como uma escada, nem como um arbusto de ramos filogenéticos, mas como uma série de radiações adaptativas ocorridas ao longo dos últimos cinco milhões de anos. A primeira delas diz respeito aos macacos bípedes básicos, confinados às partes mais secas da África, por sua vez dando origem a mais duas radiações adaptativas – o *Homo* e os australopitecinos robustos. Cada uma dessas radiações adaptativas tem seu próprio tema adaptativo específico – cérebros e dentes, respectivamente. A faixa de amplitude morfológica entre os parantropinos é vasta, mas a variação adaptativa entre eles, provavelmente, é relativamente pequena. Em contraste, o *Homo* irradiou-se menos, em termos morfológicos, mas enormemente em termos ecológicos, ao se dispersar, partindo da África, para dar origem a populações geográficas distintas.

Esse florescimento dos tipos hominídeos é a matéria-prima da evolução. Caso tivéssemos estado lá àquela época, muito provavelmente teríamos grande

OS HUMANOS ANTES DA HUMANIDADE 133

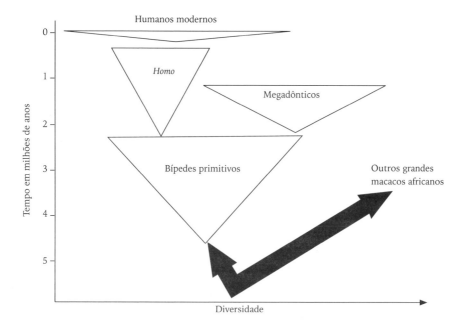

A evolução dos hominídeos vista como uma série de radiações adaptativas. A primeira é a radiação dos primeiros grandes macacos bípedes (australopitecinos). A segunda é a especialização de alguns destes em alimentos vegetais de textura grossa, resultando em adaptações megadônticas. A terceira é o *Homo* se tornando mais encefalizado, se diversificando e se disseminando para além da África. A última é a dispersão dos humanos modernos. Esta última apresenta separação geográfica, sem maior divergência evolucionária.

dificuldade em determinar quais viriam a ter êxito e quais estavam fadados à extinção, uma vez que cada um deles estava se adaptando a condições locais, algumas das quais possibilitavam novas oportunidades e outras atuavam como obstáculos de monta à evolução subsequente. Esse é o verdadeiro processo da evolução – uma incessante produção de novas maneiras de fazer as coisas, explorando alternativas, testando novas estratégias, à medida que as próprias condições mudam e se alteram, tudo isso alimentado pela seleção natural. Os antolhos da visão retrospectiva nos tentam a ler esse quadro como um padrão de progresso, uma seta única atravessando o tempo. Se, por outro lado, virmos as ocorrências da evolução dos hominídeos como uma série de radiações adaptativas, torna-se possível não apenas rastrear a história dos ancestrais diretos, mas também obter uma compreensão tanto de seus contemporâneos como das condições que produziram todos eles.

Repensando a Singularidade

Este capítulo começou com a ideia da evolução como um processo de transformações graduais ao longo do tempo, com diferentes linhagens evoluindo em direções específicas. Termina, pelo contrário, com o modelo do arbusto. Esses arbustos podem ser examinados num foco mais definido, a fim de determinar as relações evolucionárias precisas, ou, por outro lado, podem ser encarados de uma perspectiva mais distante, enfocando a forma do arbusto, e não seus detalhes. Ambas as formas de abordar a evolução são válidas, dependendo do tipo de pergunta colocada. A questão do progresso na evolução foi examinada, sendo sugerido que, embora seja possível rastrear o surgimento progressivo de novas características, isso não constitui, no contexto das demais ocorrências, uma mudança progressiva simples. O tema central da evolução não é o progresso, mas a diversificação. Nesse contexto, os hominídeos, na sua evolução, aparecem como apenas mais um mamífero comum, começando como um galho fino, para então se irradiar em diversos ramos distintos, que são as radiações adaptativas da evolução dos hominídeos.

Podemos, contudo, colocar mais uma pergunta a respeito desse padrão – onde fica a singularidade humana? Os capítulos anteriores mostraram que é a singularidade dos humanos em relação aos macacos antropoides e aos macacos comuns existentes hoje em dia que representa uma barreira à comparação entre os humanos e o restante do mundo biológico. Parece haver, em outras palavras, uma distância evolucionária grande demais entre nós e os grandes macacos. Mas talvez mais importante que tudo o mais seja que o registro dos fósseis mostra que esse espaço evolucionário, no passado, não era vazio, mas sim preenchido por diversos outros hominídeos – talvez até 17 deles, embora não simultaneamente. O fato de eles não mais existirem é produto de outros fatores ecológicos e evolucionários relativos à extinção – não se trata de um abismo inerente e intransponível. Caso os australopitecinos robustos tivessem sobrevivido em algum bolsão da África oriental, ou se os neanderthalenses tivessem continuado na Sibéria, ou o *Homo erectus* em Java, a diferença entre os humanos e os chimpanzés não nos surpreenderia tanto, uma vez que poderíamos então ver outras espécies de hominídeos preenchendo essa lacuna. Além do mais, hoje se sabe que eles preencheram essa lacuna não apenas como degraus temporários no caminho do vir a ser humano, mas como espécies viáveis em si mesmas, algumas das quais perduraram por um milhão de anos. No mínimo, o registro de fósseis, por sua incrível diversidade, mostra que a singularidade dos humanos resulta não do processo evolucionário da especiação, mas daquele outro, o da extinção.

O problema da extinção é um dos mais fascinantes e menos compreendidos da biologia evolucionista humana. No entanto, uma outra pergunta vem forçando caminho, ao longo de todo este capítulo. Em todos os momentos, a África esteve no centro dessas discussões. A persistência da África como centro das novidades evolucionárias é, certamente, uma questão interessante.

6

Por que a África?

A evolução é sempre associada ao tempo. Afinal, a evolução é um processo que ocorre ao longo do tempo, e são os extraordinariamente longos períodos de tempo em questão que despertam nossa imaginação. Dinossauros que existiram por cem milhões de anos ou hominídeos que evoluíram ao longo de cinco milhões de anos, são essas as coisas que tornam a evolução diferente dos demais ramos da ciência ou da vida cotidiana. A pergunta sobre se haveria períodos de tempo geológico mais interessantes que outros ocorre com facilidade. É de supor que um tal período contivesse um grande número de ocorrências evolucionárias – o surgimento de novas espécies ou extinções em massa, por exemplo, e para qualquer um, exceto o mais dedicado dos paleontólogos, um período como esse seria mais interessante do que uma era na qual tudo tenha permanecido na mesma (nem é preciso dizer que isso é bastante injusto, já que do ponto de vista estritamente científico explicar por que não houve mudanças é tão importante quanto explicar por que as mudanças ocorreram, mas a pesquisa humana não é necessariamente justa). Já vimos, no capítulo 3, que o exame da evolução dos hominídeos ao longo do tempo nos oferece alguns padrões interessantes e algumas percepções surpreendentes quanto à questão de quando, exatamente, nos tornamos humanos.

No entanto, o tempo não é a única dimensão na qual a evolução ocorre. Todos os organismos têm que estar em algum lugar, e sua localização geográfica é um elemento importante de seu contexto evolutivo. De modo geral, os acontecimentos evolucionários não ocorrem em áreas muito vastas, embora as consequências desses acontecimentos possam se espalhar a grandes distâncias. Ao contrário, a evolução ocorre em bolsões geográficos pequenos ou específicos. Essa observação dá margem a uma série de perguntas que são tanto de interesse geral quanto de particular importância para os problemas da evolução humana. Da mesma forma que os acontecimentos evolucionários não se distribuem uniformemente ao longo do tempo, eles também não se distribuem uniformemente por todo o planeta. Não há um grande sistema darwiniano de cotas que garanta que a Grã-Bretanha ou a América recebam uma porção justa de novas espécies, ou não sejam escolhidas para uma proporção excessiva de extinções. Ao contrário, o que parece existir são "pontos quentes" evolucionários, locais onde os acontecimentos evolucionários tendem a ocorrer com relativa frequência. Ao examinar a evolução dos hominídeos, vemos que o continente africano aparece a toda hora como o lugar onde as coisas acontecem. Essa observação simples pode ser usada como trampolim para o exame dos padrões geográficos da evolução humana, e para nos perguntarmos não apenas por que a África é tão importante, mas também por que razão a evolução humana apresentaria um padrão geográfico.

Essa é uma pergunta que já foi feita de um ponto de vista bastante diferente. Louis Leakey,[1] talvez o maior dos defensores da "perspectiva africana", preocupava-se particularmente com essa questão. Sendo ele próprio africano, ao contrário da maioria de seus contemporâneos estava convencido de que a África era o berço da humanidade. Alguns outros, como Weidenreich[2] e Koeningswald,[3] viam a Ásia como uma terra natal mais provável para os humanos, tanto por razões climáticas não poderia haver progressos em climas muito quentes; quanto por razões históricas – a Ásia era o continente que apresentava as maiores e mais antigas civilizações. Já outros preferiam a Europa, por razões basicamente chauvinistas. Os franceses ficavam felizes ao ver os neanderthalenses e a gloriosa arte das cavernas de Dordogne como prova natural de que os franceses sempre haviam liderado o caminho; ao passo que os ingleses, os orgulhosos possuidores do homem de Piltdown (infelizmente apenas uma fraude), viam como muito aceitável o fato de as origens da humanidade se localizarem não apenas na Inglaterra, mas nos Condados Home, o hábitat natural de todas as coisas boas e progressistas.

Leakey aceitou o desafio a favor da África. Num ambiente intelectual que via a Europa como o continente avançado e a África como o retardatário,

---
[1] Leakey, L. S. B. (1961).
[2] Weidenreich (1943).
[3] Von Koeningswald & Weidenreich (1939).

ele se dispôs a mostrar que não havia sido sempre assim. A África, como ele queria demonstrar, havia, em tempos anteriores, ocupado a vanguarda, mesmo que ela agora estivesse tendo um merecido descanso, após dois milhões de anos de liderança. Essa visão da evolução como estando indissoluvelmente ligada ao desenvolvimento histórico, consistindo numa corrida em sentido único, era de aceitação geral, assim como o era também a visão de que a África era a perdedora. Visto em retrospectiva, o que é interessante na postura assumida por Leakey é que ele, obviamente, aceitava a opinião geral, diferindo dela apenas quanto à sua interpretação da classificação dos corredores e da duração da corrida. Ele não rejeitava por completo a ideia de que algumas regiões do mundo eram líderes e outras retardatárias.

No entanto, o que foi aprendido até agora, ao longo dos capítulos anteriores, é que a evolução não é unidirecional e não consiste numa corrida global. Os acontecimentos evolucionários ocorrem por causa das condições nas quais os organismos se encontram, em termos locais. Eles não estão "indo a parte alguma", mas apenas se adaptando e, entre os hominídeos, esse parece ter sido um processo diversificado e complexo. A pergunta "por que a África?", portanto, não diz respeito ao porquê de a África ter sido a primeira (ou, aliás, a última, se esse for o caso), mas ao porquê de diferentes ocorrências acontecerem em lugares específicos, e também em épocas específicas. Certamente que nos interessa perguntar "onde nos tornamos humanos?", mas não com a finalidade de distribuir medalhas. Como, na grande escala, a evolução dos hominídeos não foi progressiva, procurar uma progressão não é uma maneira apropriada de abordar a questão. Pelo contrário, a pergunta adequada seria que tipo de condições evolucionárias promove ou inibe, ou simplesmente afeta o funcionamento dos mecanismos evolucionários.

Apenas um Macaco Africano?

Os humanos são macacos africanos. Jared Diamond,[4] num livro recente, chegou a ponto de descrever o homem como "o terceiro chimpanzé", colocando os humanos no mesmo gênero que o chimpanzé comum e o chimpanzé pigmeu. Essa opinião, com toda a certeza, não se justifica, uma vez que os gêneros normalmente implicam uma base adaptativa comum, e já vimos que os hominídeos, com seu andar distintamente bípede, eram significativamente

---

4 Diamond (1991).

diferentes dos chimpanzés. Mesmo assim, a ideia não é má. Como vimos no capítulo 3, os humanos vinculam-se especificamente aos grandes macacos antropoides africanos, e não aos grandes macacos antropoides como um todo. Em termos genéticos, as similaridades mais estreitas a serem encontradas entre os grandes macacos se verificam entre os humanos e os chimpanzés. Esses dois grupos, portanto, podem ser vistos como formando o que, no jargão, se chama de clados ou ramos-irmãos. Eles possuem um ancestral comum único e bastante recente. Esse ancestral comum, por sua vez, possui um clado-irmão, o gorila, o outro grande macaco antropoide africano. É esse padrão de parentesco que serve de base à afirmativa que os humanos são grandes macacos africanos, já que eles representam um grupo distinto, com relação ao outro grande macaco antropoide, o orangotango asiático. Estudos de biologia molecular parecem indicar que a geografia, e não a morfologia superficial, é o fator-chave dos parentescos evolucionários entre os grandes macacos e, assim sendo, pertencemos à porção africana destes.

Como discutido anteriormente, essa foi a opinião sustentada pelo próprio Charles Darwin,[5] embora a maior parte dos especialistas no assunto que vieram depois dele pensasse de forma diferente. Darwin usou os animais vivos que via como representando o "ancestral" mais provável da linhagem humana, ao passo que outros autores colocavam mais ênfase nos padrões geográficos das ocorrências subsequentes, e não das antecedentes. O registro dos fósseis, examinado em detalhe no capítulo anterior, parece corroborar essa opinião. Todas as espécies conhecidas de hominídeos datando de mais de dois milhões de anos atrás são unicamente africanas (e, mais especificamente, subsaarianas). Os australopitecinos não ocorrem fora da África, nem tampouco três das espécies de *Homo*. Além do mais, se aceitarmos as múltiplas espécies de hominídeos descritas no capítulo 5, dos 17 tipos de hominídeos conhecidos, então 12 tiveram origem na África, três na Ásia e duas na Europa. Visto de outro ângulo, houve, provavelmente, pelo menos duas e talvez três grandes irradiações geográficas na evolução dos hominídeos. A primeira delas ocorreu entre dois e um milhão de anos atrás, da África para a Europa e para a Ásia, e a segunda, provavelmente, ocorreu há menos de cem mil anos, partindo novamente da África com destino à Eurásia, à Austrália e ao Novo Mundo. É bem possível que tenha havido outras dispersões, como as dos neanderthalenses europeus para o Oriente Médio e para o norte da África, ou a dos hominídeos saindo da Europa para

---

5   Darwin (1871).

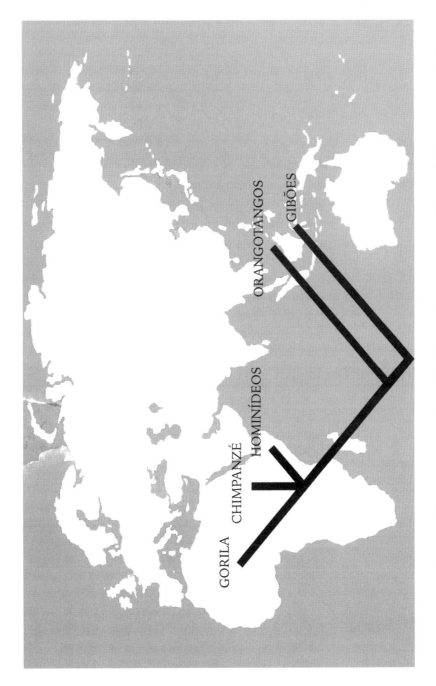

A evolução recapitula a geografia: o parentesco evolucionário dos grandes macacos mostrado em relação a um mapa-múndi.

a Ásia há cerca de meio milhão de anos, mas o padrão básico é sempre "partindo da África".[6]

Claramente, seria justificável afirmar que a evolução dos hominídeos é um caso africano, no qual os demais continentes desempenham apenas curtos papéis coadjuvantes. A África é a doadora original das novidades, a Europa, a Ásia e, mais tarde, a Austrália e as Américas sendo as receptoras. Embora isso possa causar arrepios de orgulho ou de desespero chauvinista, o problema, da perspectiva da biologia evolucionista, é como explicar esse estado de coisas. Haveria algo de especial na África, ou trata-se apenas de coincidência? Se há fatores especiais em operação na África, estariam eles relacionados ao clima ou ao meio ambiente, ou tudo seria uma questão dos tipos de primatas que por acaso lá existiam? Em se tratando de evolução, seria possível falar em centros e periferias e, caso afirmativo, quais as implicações evolucionárias de se estar situado no meio ou nas margens? Ou, em termos mais drásticos ainda, talvez tudo não passe de um acidente geológico? Não é tanto que a África seja um bom lugar para os hominídeos evoluírem, mas sim que ela é um bom lugar para eles morrerem e serem então fossilizados. Há elementos de todos esses fatores na africanidade da espécie humana.

Acidentes Geológicos e "Pontos Quentes" Evolucionários

Quando examinamos os indícios fósseis da evolução dos hominídeos, não encontramos uma distribuição uniforme que abranja todo o planeta. Continentes como as Américas, a Austrália e a Antártica fornecem ou espécime nenhum ou apenas espécimes muito recentes (em termos evolucionários). Isso seria de esperar, uma vez que esses continentes se localizam a grandes distâncias das regiões onde os humanos evoluíram, só vindo a ser colonizados nas fases tardias da pré-história. Embora as datas variem consideravelmente, as áreas do "Velho Mundo" – África, Europa e Ásia –, todas elas, possuem um registro de fósseis humanos que data de um milhão de anos atrás e, é claro, no caso da África, de mais de cinco milhões de anos. Essa distribuição continental, entretanto, pode ser enganosa. Quando examinamos em detalhe os indícios fósseis, não encontramos hominídeos espalhados por toda a África. Ao contrário, eles ocorrem em pequenos

---

6   Foley (1987a, 1989a).

bolsões situados na África oriental e meridional. Mais precisamente, esses sítios se localizam em dois tipos distintos de conformação geológica.

O primeiro e mais espetacular deles é o Grande Vale Africano de Rift, que é uma das maravilhas geológicas do mundo. Essencialmente, trata-se de uma linha de tensão tectônica – isto é, local onde duas placas de matéria continental estão se separando – que corre do vale de Luangwa, no Zâmbia, através da Tanzânia, do Quênia e da Etiópia, alcançando o Mar Vermelho, onde ela se divide e continua, de um lado até o Oceano Índico e, de outro, ao longo do Mar Vermelho, penetrando no Vale do Jordão. Durante os últimos vinte milhões de anos, mais ou menos, as áreas situadas de ambos os lados dessa linha de falha vêm se separando e as terras situadas no meio vêm afundando, formando um vale. Na verdade, não se trata de um vale único, mas de uma massa de falhas escarpadas menores, onde o terreno subiu e desceu. Foi assim criada uma paisagem complexa, de escarpas e bacias lacustres, pontilhada de vulcões. Ela está entre as paisagens terrestres mais ativas de todo o mundo. É em meio a essas bacias lacustres que se encontra a melhor coleção de fósseis hominídeos. Os fósseis são encontrados nos sedimentos lacustres e fluviais que se formaram. Por causa dos extensos movimentos tectônicos, estes formaram altas pilhas, tendo, subsequentemente, sido expostos por mais movimentos da terra. A suave formação dos lagos, dentro dos quais os animais foram enterrados e preservados, é ideal para a fossilização, e a constante movimentação dos estratos facilita o trabalho do paleontólogo que mais tarde os encontrará, aparecendo, como resultado da erosão, em meio às escarpas.[7] Entre esses fósseis estão os hominídeos dos últimos cinco milhões de anos.

A outra região rica em fósseis é o Transvaal, na África do Sul.[8] Aqui temos um contexto geológico muito diferente, consistindo em antiquíssimas pedras calcárias que datam do Mesozoico. Essas pedras calcárias, em alguns trechos, dissolveram-se em cavernas subterrâneas, algumas das quais foram expostas pela erosão. Dentro dessas cavernas e orifícios, acumularam-se os detritos de milênios – pedras, lama e ossos de animais e de hominídeos.

O que queremos mostrar aqui é que essas não são, necessariamente, áreas boas para viver e evoluir, mas sim boas para morrer (quer dizer, boas se você pretende se tornar um fóssil). Sabe-se muito sobre o passado dessas regiões, não necessariamente por elas terem sido mais ricas em hominídeos

---

7   Behrensmeyer & Hill (1980).
8   Brain (1981).

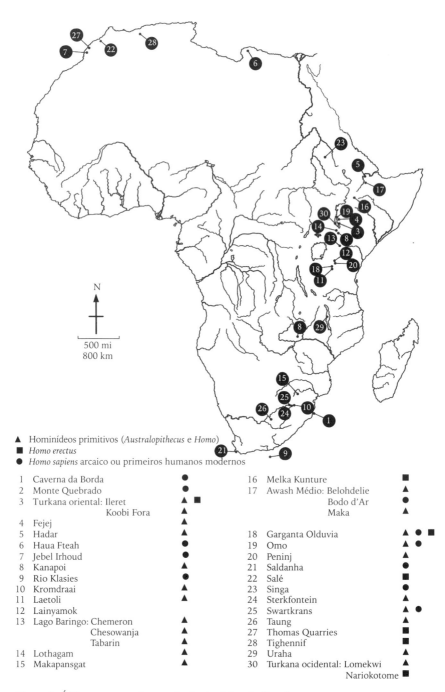

Mapa da África, mostrando os principais sítios de fósseis.

e em outros animais primitivos, mas por elas terem nos preservado de maneiras que não aconteciam nos desertos mais ao norte, ou nas florestas tropicais mais a oeste. Nestas últimas áreas, comunidades inteiras poderiam evoluir e se extinguir sem que ninguém ficasse sabendo o que quer que fosse sobre elas, pelo simples fato de elas terem vivido em ambientes que oferecem aos fósseis poucas chances de sobrevivência.

O conhecimento sobre a evolução humana, portanto, é determinado não pela realidade evolucionária, mas por acidentes geológicos. Ele é distorcido pela probabilidade de sobrevivência após a morte, e não pela sobrevivência dos mais aptos em seu tempo de vida. Talvez, então, a história africana que contamos não passe de uma ilusão. É possível que os hominídeos tenham percorrido seu caminho, ao longo de suas vidas evolucionárias, de maneiras bem diversas e num sem-número de outras áreas, e os hominídeos africanos que conhecemos talvez não fossem mais que personagens periféricos, com papéis de pouca importância.

Em certa medida, é pouco provável que tenha sido exatamente assim. As informações oferecidas pela biologia molecular parecem indicar o papel central da África, mesmo que as áreas que forneceram os fósseis não tenham sido as únicas nas quais os hominídeos viveram. Os chimpanzés e os gorilas, o mais provável dos ramos-irmãos dos hominídeos ancestrais, vivem, ainda hoje, numa faixa que vai da África central à África ocidental. Um rápido olhar sobre a distribuição dos fósseis hominídeos mostra que estes estendem essa distribuição em direção a leste, entrando pelo Vale de Rift. Os hominídeos são, portanto, o ramo oriental dos demais grandes macacos africanos. Essa extensão os leva não apenas mais para o leste, mas também para ambientes mais áridos, mais para longe das florestas tropicais de estações menos marcadas, entrando pelos bosques e pelos capinzais das savanas. Na época em questão – um pouco menos de um milhão de anos atrás – estas estavam em via de tomar sua forma atual. A formação de fendas provavelmente fez parte desse processo, juntamente com uma deterioração geral do clima. Esse ambiente em formação foi o que, provavelmente, teria imposto pressões seletivas inteiramente novas sobre esses macacos orientais, pressões essas que teriam tornado mais vantajoso um modo de vida mais terrestre – daí, portanto, a evolução do bipedalismo. Geograficamente, a distribuição dos fósseis mais antigos, embora sendo produto de um acidente geológico, explica também os padrões evolucionários.[9]

---

9   Foley (1993).

Talvez essa seja mais que uma questão de mera contiguidade geográfica. O Vale de Rift é marcantemente diferente, em fisiografia e ecologia, do restante da África. As constantes sublevações tectônicas, as erupções vulcânicas e o depósito de grandes camadas de lava e cinzas tiveram como efeito recortar a paisagem numa série de bacias lacustres relativamente isoladas. Durante os últimos dez milhões de anos, essa pode bem ter sido uma paisagem extremamente dinâmica. E o que talvez seja mais importante, a estrutura lacustre não apenas teria oferecido um interessante conjunto de circunstâncias ecológicas a esses macacos bípedes exploratórios, mas também os teria separado em populações isoladas. É fato sabido, na biologia evolucionária, que é nas populações pequenas que as novas características têm maiores probabilidades de ser promovidas e preservadas. Nas grandes populações, as novidades serão afogadas e perdidas, por serem incapazes de vencer a inércia genética. As pequenas populações tornam possível a sobrevivência das novidades. Os ambientes fragmentários do Vale de Rift, assim, talvez tenham criado "pontos quentes" para a evolução não apenas dos hominídeos, mas também de outras espécies. Em meio aos lagos e às cinzas, a diversidade pôde florescer, e talvez não seja mera coincidência o fato de encontrarmos ali o primeiro desvio radical partindo da morfologia dos grandes macacos, na forma do bipedalismo, bem como o maior número de formas de hominídeos e, já num nível mais especulativo, o surgimento dos humanos modernos.

Quando se trata do registro de fósseis, o ceticismo é sempre uma atitude saudável, e muita cautela é decerto necessária quanto à visão de que a área que melhor preserva os fósseis deveria também ser a área que cria as melhores condições para a especiação. Mesmo assim, somos tentados a concluir que as regiões mais orientais da África foram, para os hominídeos pelo menos, não apenas um bom lugar para morrer mas também um bom lugar para evoluir. Da mesma forma que há épocas em que a evolução parece se acelerar, há também lugares onde as mudanças evolucionárias e a especiação têm maiores probabilidades de ocorrer. O dinamismo do Vale de Rift, que cria boas condições para a fossilização, parece criar também a diversidade de hábitats e, em última análise, das formas evolucionárias.

A Comunidade Africana

Talvez possamos compreender esses fatos com mais segurança se nos lembrarmos que esses hominídeos não viviam e evoluíam isoladamente. Não é como se os ancestrais do homem tivessem passado a evoluir apenas quando tudo o mais já houvesse terminado sua evolução. Longe disso. À época em que, na África, os hominídeos apresentavam tamanho dinamismo evolucionário, um batalhão de outros animais estava também passando por rápidas transformações evolucionárias. Essa talvez seja a melhor prova de que dispomos quanto a que as ocorrências evolucionárias não se distribuem aleatoriamente ao longo do espaço e do tempo, mas sim que elas ocorrem como resposta a condições e contextos específicos.

A comunidade ecológica africana é o contexto da evolução dos hominídeos.[10] À época em que os hominídeos apresentavam sua maior diversidade – ou seja, quando havia o maior número de espécies vivendo simultaneamente –, muitos outros tipos de mamíferos também estavam se irradiando em formas diferentes. Hoje há apenas três tipos de porcos na África (o javali africano, o porco-do-mato e o porco gigante da floresta africana). Há dois milhões de anos, talvez houvesse mais de vinte espécies. O leão e a hiena são, atualmente, os únicos carnívoros capazes de caçar presas de grande porte. Há dois milhões de anos, é provável que houvesse dez espécies de carnívoros de grande porte, algumas delas muito maiores que os leões. O mesmo padrão se verifica em muitos outros animais – antílopes, elefantes, rinocerontes, bem como em parentes mais próximos, como os babuínos.[11] Todos esses grupos atingiram sua diversidade evolucionária máxima mais ou menos à mesma época.

Nada havia, necessariamente, de especificamente africano nesses grupos – alguns deles, como os leões, migraram da Ásia para a África. Outros, entretanto, eram nativos. O que todos eles tinham em comum era o oportunismo evolucionário. Os climas do mundo tropical, há cerca de dez milhões de anos, passaram a apresentar mudanças marcantes. Mais especificamente, eles estavam se tornando mais secos, mais áridos e de estações mais marcadas. As grandes extensões de florestas tropicais de clima constante, que anteriormente haviam se espalhado como uma grande coberta por sobre todo o continente, passaram a se fragmentar, separando-se em unidades menores e sendo substituídas por bosques e savanas mais abertos. Essa mudança climática foi um desastre ecológico para muitas espécies – para a maioria dos grandes macacos, inclusive –, para os quais as florestas tropicais eram o lar natural. Mas o que é desastre para uma espécie é oportunidade para outra. Para cada espécie levada à extinção por essas mudanças, uma outra provavelmente evoluiu, como resposta a alguma nova situação ambiental. Os hominídeos

---

10   Foley (1984, 1987).
11   Vrba (1985); Maglio & Cooke (1978); Turner & Wood (1993).

não eram nada de muito especial, e, na verdade, a África não era nada de muito especial em termos evolucionários. Simplesmente aconteceu que, à época em que alguns macacos estavam se tornando mais terrestres, os ambientes aos quais eles vinham se adaptando estavam se tornando mais comuns. A gama de hominídeos africanos refletia uma resposta evolucionária, que era compartilhada também por toda a comunidade mamífera. Num certo sentido, nada havia de muito especial na comunidade africana, exceto o fato de que, por acaso, era ali que os hominídeos viviam.

Há, entretanto, um outro sentido no qual o fato de a África ser nossa terra natal não é apenas mero acidente. É óbvio que essas mudanças climáticas vinham ocorrendo por todo o mundo. Nas latitudes mais altas, as quedas de temperatura, que iriam culminar nas idades glaciais, estavam apenas começando, e essas regiões estavam deixando de ser sistemas subtropicais para se tornarem sistemas temperados. Por que razão não foi nelas que os hominídeos surgiram? Há dois fatores que assumem importância, ao tentarmos responder a essa pergunta.

As Limitações do Passado

O primeiro desses fatores relaciona-se à natureza do próprio processo evolucionário. Pensamos na seleção natural como dando forma a organismos, de modo a que eles se adaptem a seus ambientes e, nesse sentido, há a ideia de que as plantas e os animais são projetados – embora de forma cega – para se adequarem às circunstâncias nas quais vivem. É fácil encarar isso como se fosse um engenheiro projetando uma máquina, ou um artesão produzindo uma peça de mobiliário. O resultado final, em ambos os casos, é algo que funciona num determinado contexto.

Há, contudo, uma diferença fundamental. O engenheiro, ao desenhar seu engenho, começa do nada, constrói sua máquina com base num projeto que não sofre qualquer limitação, exceto quanto aos princípios da engenharia e à disponibilidade de recursos. O projeto evolucionário é bem diferente. No projeto evolucionário não há engenheiro e, como vimos antes, não há um resultado final a ser atingido, não há intencionalidade. Essas são diferenças filosóficas amplas, mas há também uma diferença prática. Um engenheiro pode começar do zero e construir sua máquina usando peças inteiramente novas, o projeto evolucionário só pode usar o material existente. É como se você tivesse que construir um avião usando nada além dos pedaços que foram usados na construção de um avião já existente, talvez com uma ou duas peças novas. As mudanças, no contexto evolucionário, sofrem limitações muito maiores. A história de um organismo é, em si, uma limitação de grandes proporções para o futuro daquele organismo. François Jacob se referiu a esse fato como "a evolução, a remendeira".[12] Todos os passos evolucionários têm que consistir em modificações de órgãos e comportamentos já existentes. Não é possível apagar o que havia antes e começar tudo de novo. Nesse sentido, a evolução, na realidade, é um sistema muito imperfeito, constantemente juntando pedaços para criar uma solução "colcha de retalhos", uma engenhoca desengonçada, e não um elegante sistema informatizado de projeto.

Quando essa ideia geral é aplicada ao problema específico em pauta – por que os hominídeos teriam surgido na África? –, a questão considerada é apenas por que razão as condições nas quais esses ancestrais remotos viviam na África teriam possibilitado o aparecimento de tais novidades evolucionárias. Decerto que algumas das respostas relativas aos padrões de mudanças ambientais e à diversidade de meio ambientes são importantes. Mas igualmente importante, contudo, é a própria natureza dos organismos que lá viviam. Os animais que se tornaram humanos não consistiam apenas numa seleção aleatória de espécies confrontadas com um problema ambiental específico. Ao contrário, o que aconteceu foi a singular combinação de um conjunto particular de problemas ambientais e de um tipo específico de animal. Isso pode ser observado com toda a clareza quando examinamos a evolução da postura ereta.

Todos os hominídeos se caracterizam pelo bipedalismo, pela postura ereta habitual e pelo andar verificado nos humanos. Essa é uma diferença fundamental em relação à estrutura e ao comportamento dos demais primatas, representando, sem dúvida, uma adaptação a um modo de vida quase que exclusivamente terrestre, e não mais arbóreo. De fato, esta é provavelmente a base de tudo o que nos torna humanos. Também é fácil perceber de que maneira esse traço fundamental se vincula aos padrões de mudanças ambientais que ocorreram na África à época em que os hominídeos estavam em evolução. As florestas estavam encolhendo e as savanas, se expandindo. Essas savanas eram o lugar, por excelência, para um primata de olho na sobrevivência, e a precondição exigida era uma maneira de se movimentar livre e eficientemente no chão, e não mais nas árvores. "Desçam das árvores" seria uma palavra de ordem bastante precisa para a evolução humana.

Essa visão enfatiza a ideia básica de que o meio ambiente dá forma à evolução. E onde, em tudo isso, ficam as limitações impostas pela história?

---

12   Jacob (1982).

Os babuínos são o outro grupo de primatas que se adaptou amplamente a ambientes abertos e terrestres.

A resposta a essa pergunta não se encontra entre os hominídeos, mas sim em outras espécies de primatas. Os hominídeos não foram o único grupo de primatas a se ver confrontado com o problema das florestas que minguavam, nem o único a tirar partido das oportunidades criadas pelas novas savanas. Um grupo de macacos em especial, os babuínos, representa a outra grande linhagem de habitantes primatas das savanas. Babuíno é um termo muito genérico para todo um grupo de espécies endêmicas a grandes partes da África, que são primariamente terrestres e habitam as savanas e, como seus colegas humanos, são extremamente bem-sucedidas. São poucos os hábitats abertos, na África, que não são explorados pelos babuínos, que se espalham, também, pelas periferias urbanas e pelas áreas agrícolas. No passado, havia uma diversidade ainda maior deles e, por sinal, eles foram um dos grupos animais que atingiram um pico de diversidade há cerca de dois milhões de anos, à mesma época em que os hominídeos. Sua história, de muitas maneiras, é semelhante à da nossa própria linhagem.

E, no entanto, eles não são bípedes. Aqui temos uma espécie primata, que faz exatamente o mesmo que fazem os hominídeos, colonizando novos ambientes terrestres à mesma época que os hominídeos, adotando, contudo, um modo de vida completamente diferente. Eles são plenamente quadrúpedes. Aqui parece haver uma refutação da adaptação darwiniana clássica – o ambiente moldando os organismos. Por que razão o mesmo ambiente transformaria os ancestrais hominídeos em bípedes e os babuínos em quadrúpedes?

Uma resposta possível é o mero acaso. Afinal, em alguns sentidos, a evolução é um processo randômico. Talvez as mutações adequadas simplesmente não tenham surgido e, com o tempo, elas venham a surgir. Explicações como essas nunca são inteiramente satisfatórias e, por certo, não são passíveis de teste. Há, contudo, uma alternativa, que é a mão firme da história. A evolução de um organismo é plasmada não apenas por seu ambiente, mas também pelo que esse organismo já é, por seu passado evolucionário. Na realidade, a interação entre passado e presente é a verdadeira essência da evolução.

Os babuínos são macacos comuns e descendem de macacos comuns que habitavam as árvores, e que talvez não fossem muito diferentes dos guenons africanos de hoje. Os hominídeos eram grandes macacos antropoides, descendendo de outros grandes macacos antropoides, que talvez fossem semelhantes aos grandes macacos que ainda vivem na África. Ambas as linhagens abandonaram seus hábitats ancestrais para se tornarem mais terrestres. No entanto, seus pontos de partida e suas histórias evolucionárias eram muito diferentes. Embora ambas fossem arbóreas, seus ancestrais movimentavam-se nas árvores de maneiras bastante diferentes. Os macacos ancestrais eram quadrúpedes arbóreos – eles se movimentavam entre as árvores usando os quatro membros para correr por sobre os galhos, e pulando de forma quadrúpede de uma árvore a outra, ou de um galho a outro. Os grandes macacos, por outro lado, tendiam a se movimentar pendurando-se dos galhos, ou trepando nas árvores com o corpo em posição vertical. Essa diferença viria a ter consequências da maior importância.[13]

Quando ambos os grupos começaram a se transferir para uma vida mais terrestre, eles levaram consigo sua bagagem evolucionária. Para um macaco, o

---

13   Aiello (1981); Foley (1987a); Fleagle (1988).

caminho mais rápido para uma vida terrestre bem-sucedida era simplesmente adaptar seu quadrupedalismo ao solo, movimentando-se da maneira que podemos observar em tantos animais terrestres. Os macacos antropoides terrestres, contudo, enfrentaram um problema bem diverso. Já tendo uma postura vertical, e braços e pernas desproporcionadamente longos, o quadrupedalismo, para eles, teria exigido uma reorientação radical de todo seu comportamento e de toda sua anatomia. Para eles, o bipedalismo aparecia como o caminho mais provável para o êxito em seu futuro evolucionário terrestre.

A evolução do bipedalismo forneceu uma nova percepção do processo evolução. A evolução não consiste num sistema de engenharia maravilhosamente ajustado, mas num modificador de curto prazo das formas já existentes. Os ambientes, por meio da seleção natural, desempenham papel de primeira importância na evolução, não sendo, contudo, o único fator em operação. O passado evolucionário restringe e molda o futuro evolucionário. A evolução é o resultado do passado e das adaptações passadas, em interação com o meio ambiente atual e com as pressões seletivas. Assim, quando a África é vista como a terra natal da espécie humana, o que está em questão não são apenas os ambientes e a ecologia daquele continente. Sua história é igualmente importante, uma vez que ela forneceu a matéria-prima biológica para a bricolagem evolucionária que veio em seguida. Na Europa, ou nas Américas, ou na Austrália (que não possuíam qualquer tipo de primata), ou mesmo na Ásia, simplesmente não existiam tipos de primatas para os quais o bipedalismo seria uma solução adaptativa apropriada para os problemas colocados pelas transformações ambientais. Já na África esses primatas existiam. E é obviamente por essa razão que as perguntas sobre a evolução tendem a nos levar a um passado cada vez mais distante, já que com cada resposta vem uma nova pergunta – por exemplo, por que os macacos antropoides e os macacos comuns vieram a desenvolver posturas tão diferentes? Mas dar uma resposta a essa pergunta é uma tentação à qual devemos resistir, porque ela acabará nos conduzindo ao pântano primevo, ao passo que, aqui, temos que seguir a história dos humanos em sentido progressivo, e não retroativo.

A História e as Leis da Evolução

Até o momento, venho respondendo à pergunta "por que a África?" em termos históricos – a história dos grandes macacos, a história de seus ambientes e até mesmo a história da interação entre ambos. Isso oferece uma visão da evolução na qual as particularidades do passado determinam as particularidades do futuro. Aqui, pouco encontramos das leis gerais da evolução que seriam de esperar no campo da ciência. Eu disse, entretanto, que havia duas respostas possíveis, e a segunda, relativa à ecologia dos regimes climáticos específicos, nos leva de volta a alguns princípios mais gerais.

Quando vimos o Vale de Rift como uma paisagem na qual as espécies tendiam a se isolar e, portanto, a desenvolver novidades evolucionárias e também a se extinguir, foi introduzida a ideia de que algumas áreas, mais que outras, apresentam maiores probabilidades de promover a especiação. Neste caso, as diferenças locais internas a uma região ou a um continente eram de importância. Há, contudo, um quadro mais amplo. Se olharmos a Terra como um todo, verificaremos a existência de um nítido padrão, na distribuição das espécies. Quer se trate de plantas ou de animais de uma série de níveis taxonômicos, em geral o número de espécies é maior nas áreas mais próximas ao equador que nas mais próximas dos polos.[14] Para ser mais preciso, há uma gradação, indo dos trópicos ao Ártico, com o declínio gradual do número de espécies. Os trópicos apresentam maior diversidade que as latitudes intermediárias, que por sua vez apresentam maior diversidade que as latitudes altas. Por exemplo, os mamíferos terrestres apresentam vinte espécies a 66 °C e 160 espécies a 8 °C. As orquídeas talvez sejam o gradiente mais expressivo, com 2.500 espécies no equador e apenas 15 a 66 °C.[15] Esse padrão vale para todas as formas de vida, e tem implicações relativas à compreensão da evolução da espécie humana.

Diversas explicações foram apresentadas para a razão de ser desse padrão.[16] A mais óbvia entre elas diz respeito à energia. O equador recebe energia em quantidades muito maiores que o Ártico, o que cria muito mais oportunidades para a vida. Com mais energia, há mais vida vegetal, o que por sua vez cria mais oportunidades para os herbívoros, e onde há herbívoros há mais oportunidade para os carnívoros. Nos ambientes tropicais, ricos em energia, ecossistemas complexos evoluíram. Esse fato pode ser facilmente ilustrado pelas florestas tropicais da África e da Amazônia, onde o número das espécies existentes apenas numa pequena área excede o número total das espécies encontradas nas tundras e nas estepes. Como a maior parte dessas espécies evoluiu no local, seria de esperar que houvesse muito mais novidades evolucionárias na África, na América e em partes da Ásia que nas demais regiões.

---

14   Eisenberg (1981).
15   Myers & Giller (1988).
16   MacArthur & Wilson (1967); Brown (1981); Wright (1983).

Essa explicação, em termos amplos, é sem dúvida correta, embora ela possa ser refinada de várias maneiras, de modo a levar em conta outros fatores. Por exemplo, as altas latitudes sofreram com rigor muito maior os efeitos devastadores das mudanças climáticas, em particular das glaciações ocorridas nos últimos milhões de anos, tendo, portanto, apresentado níveis maiores de extinção. O meio ambiente dos trópicos permaneceu mais estável e, portanto, houve um acúmulo de novas espécies naquelas regiões. Isso, por sua vez, se vincula à ideia de que a diversidade cria mais diversidade. As espécies reagem à disponibilidade de nichos ecológicos e, na verdade, são classicamente definidas por eles. Se há muitos nichos, haverá muitas espécies, mas então, consequentemente, essas espécies se tornam nichos para outras espécies. Uma única árvore tropical pode se tornar um nicho para um grande número de formigas e, assim sendo, o aumento da diversidade se transforma num processo autoperpetuador.

Qualquer que seja a razão subjacente, a relação entre a diversidade evolucionária e os trópicos significa que, de modo geral, seria de esperar que a maior parte das espécies tivesse pelo menos sua origem evolucionária num lugar próximo ao equador, mesmo que, posteriormente, elas tenham se expandido para outras regiões. Por essa simples razão seria de surpreender se os hominídeos não houvessem se originado nos trópicos. É interessante refletir sobre o fato de que, nas discussões que tiveram lugar nos primeiros anos do século XX, sobre as prováveis localizações das origens humanas, essas considerações ecológicas tenham desempenhado um papel tão pequeno. Darwin utilizou-se de relações filogenéticas para defender a causa da África, ao passo que outros usaram a antiguidade das civilizações para defender uma origem asiática, e o nacionalismo puro foi a razão da preferência por uma origem francesa, britânica ou europeia de modo geral. Considerações dessa natureza tinham poucas probabilidades de apontar para a África, ou parte dela, embora a distribuição essencialmente tropical dos primatas e a diversidade evolucionária e ecológica dos trópicos devessem ter sugerido que as partes mais quentes do mundo provavelmente seriam um bom local para a busca das origens de nossa linhagem.

Essa vem a ser uma regra evolucionária ampla, com poder prognóstico geral. Por si só, ela é incapaz de prever acontecimentos específicos, mas quando é colocada a pergunta sobre onde estariam situadas as origens do hominídeos, a resposta final acaba por encapsular a natureza de uma explicação evolucionária. Por um lado, ela contém elementos de particularismos históricos e geográficos – a distribuição das espécies existentes e o padrão das alterações ambientais –, mas estas são embasadas num conjunto de padrões e princípios gerais, que fornecem a base para a compreensão desses acontecimentos específicos e explicam sua distribuição no tempo e no espaço. Nesse sentido, a tentativa de localização das origens dos hominídeos fornece um exemplo, tão bom quanto qualquer outro, da natureza da biologia evolucionária. Esta é uma ciência que busca leis e princípios gerais, mas, muitas vezes, as condições nas quais essas leis e esses princípios ocorrem são tão condicionadas por fatores históricos que as leis e os princípios talvez se vejam obscurecidos. No estudo da história da evolução humana, as particularidades vêm preponderando, sem dúvida em razão da natureza singular dos humanos, mas nós aprenderemos muito mais se, ao final, retornarmos aos princípios gerais, uma vez que estes nos fornecem o arcabouço para a compreensão dessa singular história.

Os Hominídeos como Forasteiros

A herança africana na evolução humana talvez tenha sido levada até o ponto em que seria legítimo fazê-lo, mas mesmo assim, se virarmos a questão pelo avesso, ainda conseguiremos extrair mais uma percepção. Até aqui, centramo-nos na questão da magnitude do papel desempenhado pela África, mas talvez a observação mais óbvia que possa ser feita sobre os humanos, e até mesmo sobre muitos dos fósseis de hominídeos, seja o fato de que eles não ocorrem apenas na África. De fato, uma excelente medida do sucesso evolucionário humano é o fato de que, hoje, os humanos podem ser encontrados praticamente por toda parte, e até mesmo as espécies arcaicas distribuíam-se por amplas extensões de território. Isso está em nítido contraste com a distribuição de muitas outras espécies, que são específicas de determinados continentes, regiões e até mesmo localidades.

Ao darmos ênfase à África como o centro das origens evolucionárias, as demais regiões foram relegadas à periferia, o que implica que elas foram incorporadas ao cenário da evolução dos hominídeos por meio de um processo de colonização e dispersão. Na maioria dos casos, essa hipótese, provavelmente, é verdadeira. Ao que parece, os hominídeos eram particularmente adeptos a se expandir e a se adaptar a novos ambientes, embora em intensidades que variaram consideravelmente ao longo do tempo.[17] Durante os primórdios de sua evolução, os hominídeos viveram unicamente

---

17 Gamble (1994).

na África, e o mais provável é que apenas nas regiões mais secas. A partir de um milhão de anos atrás, eles passaram a se expandir por toda a Europa e a Ásia, atingindo, gradualmente, as regiões mais setentrionais. Há pelo menos cinquenta mil anos, eles deram início ao processo de expansão global, que resultou na colonização explosiva da Austrália, das Américas e da maior parte das ilhas oceânicas. É quase certo que essa expansão não tenha sido uma ocorrência única e contínua e, sem dúvida, foi marcada por numerosos retrocessos e extinções, seguidos de recolonizações, especialmente nos períodos iniciais. Mesmo assim, a conclusão é de que os hominídeos foram intrusos extremamente bem-sucedidos.

Esse padrão nos traz muitas informações sobre a natureza dos hominídeos. Eles, claramente, eram flexíveis e adaptáveis em seu comportamento, toleravam uma grande diversidade de condições ecológicas e climáticas e eram capazes de expansão demográfica. Essa é a clássica história de sucesso ecológico, embora, muitas vezes, tenha havido um preço a ser pago pelo aumento da pressão sobre os recursos. Esse padrão talvez mostre também que a dispersão por novas regiões, e não o aumento da densidade populacional por meio da intensificação de comportamentos forrageadores, foi a marca distintiva dos hominídeos durante a maior parte de sua história.[18] Entretanto, há ainda um outro aspecto intrigante.

A adaptação costuma ser vista como a seleção natural moldando os organismos às exigências do meio ambiente, e daí conclui-se que as espécies locais adaptam-se melhor aos ambientes nos quais elas evoluíram. Há, na cabeça das pessoas, a ideia clássica da teia perfeita da natureza, cada espécie ocupando seu lugar e desempenhando seu "papel" no meio ambiente. As espécies forasteiras deveriam ter mais dificuldade de se adaptar e, no caso de confrontação competitiva entre uma espécie exógena e a espécie nativa, seria de esperar que a nativa triunfasse sobre os recém-chegados.

Muitos são os exemplos em que essa expectativa se mostra verdadeira, e a história recente está repleta de episódios de europeus, particularmente, tentando introduzir suas próprias lavouras e animais em ambientes estranhos, para depois desistir, passando a se adaptar às formas locais. O Dia de Ação de Graças, nos Estados Unidos, talvez seja a única festividade que celebre esse processo ecológico, visto que é a rememoração do tempo em que os primeiros colonos europeus no Novo Mundo viram fracassar suas lavouras e seu gado trazidos do Velho Mundo, tendo sobrevivido apenas

---

18   Foley (1987a).

graças à generosidade dos indígenas americanos, que forneceram a eles perus, milho e abóboras nativos.

No entanto, o mesmo processo de colonização caracteriza-se também pelas notáveis e geralmente não intencionais explosões de novas espécies em novos ambientes.[19] Grandes partes da África e do Mediterrâneo estão hoje tomadas por eucaliptos, que são nativos da Austrália. No sentido inverso, o coelho europeu disseminou-se de forma rápida e bem-sucedida por toda a Austrália. Cavalos no Novo Mundo, veados-vermelhos na Nova Zelândia, bodes em muitas ilhas remotas, são, todos eles, prova dessa notável capacidade que muitas espécies têm de prosperar em ambientes alienígenas sem qualquer auxílio humano, exceto a própria introdução da espécie. Em muitos casos, esse sucesso associa-se a enormes mudanças nos hábitats locais, que vêm a ocorrer em seguida, e à extinção de espécies nativas.

Até certo ponto, essas introduções bem-sucedidas podem ser explicadas pelo êxito de espécies que teriam se saído bem em quaisquer circunstâncias, mas que, antes, simplesmente não tiveram acesso a essas novas regiões. Nesses casos, os intrusos passaram a usar o meio ambiente de formas inteiramente novas, e não havia competidores locais capazes de fazer face à introdução. Os bodes deixados nas ilhas do hemisfério sul por marinheiros, como estoque potencial de carne para viagens futuras, são um exemplo extremo, e o triunfo dos mamíferos placentários sobre os marsupiais, na Austrália, talvez seja outro exemplo. Mas há também outros exemplos, dos quais o esquilo-cinzento, na Europa, talvez seja o mais famoso, onde não apenas os hábitats já eram explorados por espécies nativas, mas, também, essas espécies eram proximamente aparentadas ao recém-chegado. Mesmo assim, o intruso obteve êxito.

Esquilos-cinzentos e eucaliptos talvez pareçam muito distantes dos ancestrais hominídeos que tão audaciosamente se aventuraram onde antes ninguém havia ido, mas algumas conexões são passíveis de ser estabelecidas. É bem possível que a distinção entre as áreas onde a evolução ocorreu e as áreas de dispersão seja importante, e não apenas em razão de essas áreas serem melhores ou piores, ou mais ou menos interessantes do ponto de vista da caça aos fósseis. Regiões diferentes colocavam problemas diferentes para as populações primevas, e o estudo, digamos, dos primeiros humanos modernos da Europa não se torna menos interessante pelo fato de que não foi lá que eles evoluíram. Na verdade, o espetacular sucesso que eles

---

19   Lodge (1993); Crosby (9186); Goves & Burdon (1983).

alcançaram ao sobrepujar os neanderthalenses nativos talvez se deva exatamente ao fato de eles serem intrusos. Como aconteceu com os coelhos na Austrália, eles foram capazes de se expandir rapidamente e de vencer a competição com as populações locais. Uma adaptação de longo prazo a um determinado local, o profundo conhecimento do ambiente circundante e uma relação íntima com esse ambiente nem sempre são garantia de sucesso. Assim, as diferentes regiões do mundo, se vistas da perspectiva do paleontólogo, não devem ser encaradas como áreas que competem pela posse dos fósseis mais antigos, mas como paisagens variadas, onde duas ocorrências evolucionárias contrastantes são repetidamente encenadas – uma delas sendo as mudanças e as inovações evolucionárias, e a outra, os movimentos, a expansão, as migrações, a substituição, a competição e a extinção das populações. Como Mayr[20] apontou há muitos anos, no processo evolucionário, estar situado no centro ou na periferia são coisas muito diferentes. De fato, muitos dos padrões contrastantes da evolução dos hominídeos examinados por nós, neste capítulo e nos precedentes, provavelmente devem suas origens a essa tão importante distinção.

A conclusão a ser tirada é que os indícios fornecidos pelos fósseis nos fazem lembrar que a evolução, na verdade, não acontece ao longo do tempo, ela acontece no espaço, em lugares específicos, e o tempo é apenas a dimensão que escolhemos para mensurá-la. Nas especificidades da evolução dos hominídeos, cada continente desempenha um papel diferente, de doador ou de receptor. Todos são igualmente importantes no quadro final e global. Da perspectiva da evolução humana, a África situa-se no centro, e os demais continentes irradiam-se partindo dela. Embora as dispersões levando de volta à África tenham sido frequentes, a tendência geral é rumo ao norte, ao leste e ao oeste.

A Eva Africana – a Insignificante Mãe

Os africanos talvez tenham boas razões para se orgulhar do papel desempenhado por seu continente na evolução dos hominídeos, mas, como vimos ao início do presente capítulo, a ideia da evolução como uma corrida na qual os continentes competem pela honra da colocação é equivocada e, como acabamos de discutir, os acontecimentos evolucionários nativos e exógenos colocam problemas de natureza contrastante, que não podem ser listados

---

20   Mayr (1963).

em ordem classificatória. Em anos recentes, contudo, o foco sobre a África vem se tornando mais pronunciado, não apenas como a terra natal dos hominídeos, mas também como o local onde nasceu a nossa própria espécie – o *Homo sapiens*.[21] E isso não é tudo: chegamos à opinião de que a mãe de todos os seres humanos era africana. A Eva africana, nome com que a mãe de toda a raça humana ficou conhecida, tocou uma corda profunda em nossa visão do passado, e uma vez que a questão se baseia em dados genéticos, adquiriu uma força que falta à natureza bastante aleatória do registro de fósseis. No entanto, o que à primeira vista pode ser encarado como a glória máxima da origem africana, na verdade não passa de ilusão, e não devemos permitir que ela obscureça a história africana, tal como a vimos contando até agora.

A Eva africana não se relaciona às origens primevas dos hominídeos, ocorridas há cerca de cinco milhões de anos, mas às origens de nossa própria espécie, o *Homo sapiens*, por volta de cem mil anos atrás. Como vimos no capítulo 4, foi novamente a África que forneceu os primeiros fósseis. Os humanos modernos – o *Homo sapiens* – são de fato bem diferentes. Eles mostram uma inovação drástica em estrutura esqueletal. Ao passo que os hominídeos mais arcaicos têm crânios longos e baixos (embora com cérebros bastante grandes), os humanos modernos possuem crânios altos e arredondados. As faces dos arcaicos são grandes e muitas vezes protuberantes. Se comparado a eles, até mesmo um humano moderno que possua um rosto de dimensões maciças parecerá miúdo, com sua face bem alinhada sob o crânio. Os ossos dos arcaicos são grossos e robustos, ao passo que os do *Homo sapiens* são geralmente mais finos e delgados. Consequentemente, eles não apenas parecem ser uma inovação relativamente original, em direção evolucionária, como também são facilmente distinguíveis dos demais fósseis hominídeos.

O que chama a atenção é a maneira como eles surgiram no registro de fósseis. Na Europa, o lar continental dos neanderthalenses, os *Homo sapiens* surgem, de repente, entre cerca de quarenta mil e trinta mil anos atrás.[22] No Sudeste Asiático e no Extremo Oriente eles aparecem aproximadamente à mesma época, ou ligeiramente mais tarde.[23] Na Austrália, os hominídeos aparecem pela primeira vez em forma já caracteristicamente moderna. Em todos esses casos parece não haver continuidade entre as populações nativas arcaicas e as formas modernas. Na África, ao contrário, os *Homo sapiens*

---

21 Cann et al. (1987).
22 Mellars & Stringer (1989).
23 Lahr & Foley (1994).

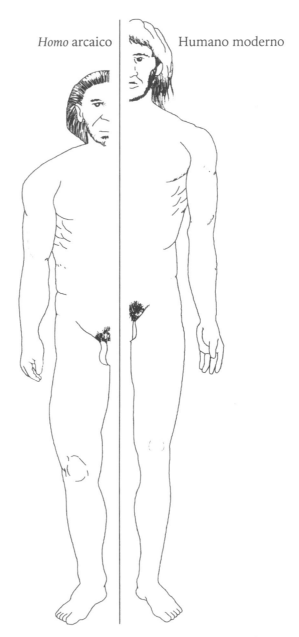

Comparação entre um *Homo* arcaico e outro moderno. Os humanos modernos são mais esbeltos; as formas arcaicas tendem a ser mais robustas, com musculatura pesada. O contraste, entretanto, não é total, uma vez que as primeiras formas modernas são pesadamente robustas.

são encontrados a partir de pelo menos 110 mil anos atrás, e talvez 140 mil.[24] Em outras palavras, é possível que os humanos modernos tenham surgido na África até cem mil anos antes de terem aparecido nas outras regiões do mundo. Os humanos modernos da África, aliás, parecem ser mais antigos que os neanderthalenses da Europa. E isso não é tudo: ao passo que na Ásia e na Europa há uma ausência generalizada de formas transicionais, na África, em sítios como Omo Kibbish, na Etiópia, e Ngaloba, na Tanzânia, foram encontrados fósseis que, ao que parece, exibem uma mistura de traços modernos e arcaicos.[25]

Esse fato pareceria indicar que os humanos modernos, da mesma forma que seus antepassados distantes, o *Homo erectus*, e como os próprios hominídeos primitivos, tiveram suas origens na África, e talvez até mesmo na África oriental. É desnecessário dizer que essa história simples tem seus problemas, para não falar de seus críticos.[26] É possível que haja vínculos entre os fósseis arcaicos de Java e as populações modernas que hoje habitam a Austrália. É certo que tenha havido, no Oriente Médio, humanos anatomicamente modernos em tempos muito remotos, talvez tão antigos quanto os africanos, e que eles, ao que parece, viviam lado a lado com uma variante dos neanderthalenses. O que é óbvio é que o mundo hominídeo de cem mil anos atrás era muito complexo. De fato, atualmente temos uma única espécie de hominídeo espalhada por todo o mundo; àquela época é possível que houvesse até três delas.[27]

O que teria acontecido nesse ponto da evolução humana? Ao que parece, a evolução dos humanos modernos, na África, acabou por resultar na perda das formas arcaicas por todo o mundo, embora todo esse processo tenha levado um tempo considerável. Duas possibilidades se apresentam. Uma delas é que os humanos modernos evoluíram na África, e possuíam características que os tornavam competitivamente superiores a todos os demais hominídeos. Eles, assim, espalharam-se por todo o globo, suplantando os habitantes nativos que, de forma ignominiosa, foram minguando até a extinção. Uma ocorrência de substituição, em termos evolucionários. A outra alternativa possível é que a disseminação dos humanos modernos não se deu no nível das populações, mas sim no dos genes, que gradualmente sobrepujaram as populações arcaicas.

---

24 Stringer & Andrews (1988).
25 Brauer (1992).
26 Frayer et al. (1993).
27 Tattersall (1986).

O registro dos fósseis sugere que, genericamente falando, a primeira hipótese é a mais provável. Contudo, não se trata de um único ponto de origem, e de uma única onda de expansão e colonização, mas de mudanças evolucionárias contínuas que ocorreram ao longo de um período de até cem mil anos, e de múltiplas e sucessivas dispersões.[28] Isso não elimina a possibilidade de ter havido algum fluxo de genes, e a absorção dos hominídeos arcaicos da Europa e da Ásia no *gene pool* dos humanos modernos, embora a situação mais provável é que tenha havido pouco ou nenhum fluxo de genes nos contatos com as populações mais extremas. O mais importante é que a disseminação das populações humanas por todo o mundo, partindo da África, não foi um acontecimento único, nem foi efetuado por uma população indiferenciada. É nesse contexto que a Eva africana assume importância.

A ideia de uma Eva é antiquíssima, de origem bíblica, e, embora a Eva africana seja um conceito genético atual, a ideia básica é a mesma. Eva é a mãe original, ou, em outras palavras, a mãe de todos os humanos que vivem hoje. Num certo sentido, a busca pelas origens humanas é, por definição, a busca por figuras do tipo de Adão e Eva, embora nada realmente indique que qualquer desses fósseis fossem ancestrais de todas as populações mais tardias. A Eva genética, entretanto, o é – ou assim se acredita.

Em toda a matéria viva há genes dentro do núcleo de cada célula. São esses genes que são replicados durante a reprodução, resultando na herança de características de uma geração a outra. Esses genes, além disso, formam a base sobre a qual se dá o crescimento e o desenvolvimento de qualquer organismo, bem como a forma corporal que ele virá a tomar – seu fenótipo. Esses genes são conhecidos como os genes nucleares. Fora do núcleo da célula, contudo, situa-se um outro conjunto de genes, conhecidos como mitocôndrias, ou DNA mitocondrial (DNAmt). Ao contrário do DNA nuclear, o DNAmt não tem nenhuma participação no desenvolvimento do fenótipo, mas funciona de forma independente durante a produção de energia, internamente à célula. Em certos sentidos, seria melhor ver o DNAmt como uma forma benigna e essencial de parasita genético, vivendo e se reproduzindo de modo independente dentro de cada célula.

Além de ter funções diferentes, o DNAmt apresenta uma série de características distintivas. Em primeiro lugar, comparado ao DNA nuclear, há pouca quantidade dele – em termos técnicos, seu comprimento é de apenas 16.541 bases, contra os trinta milhões de bases dos genes nucleares. Isto

---

28   Foley & Lahr (1992); Lahr & Foley (1994).

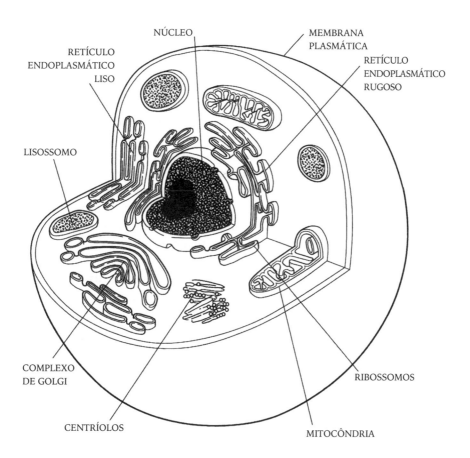

A estrutura de uma célula. O DNA nuclear que forma a base do desenvolvimento situa-se no núcleo da célula. A mitocôndria situa-se fora do núcleo, e existem organelos separados que atuam no metabolismo das células.

o torna relativamente fácil de estudar e de comparar, nos aspectos de sua ocorrência em indivíduos, populações e espécies. Em segundo lugar, e o que é mais importante, ele é herdado apenas da linha feminina – isto é, os machos não passam adiante seu DNAmt, e tanto machos como fêmeas herdam seu DNAmt de suas mães. Em terceiro lugar, partes do DNAmt mudam com relativa rapidez, o que o torna uma ferramenta adequada para a investigação da história evolucionária recente.[29]

---

29   Stoneking (1993); Melnick & Hoelzer (1993).

O ponto-chave, contudo, é a hereditariedade feminina. Ao traçar a origem dos genes nucleares, que podem ser herdados tanto da mãe como do pai, o caminho ao longo do qual um gene é passado divergirá constantemente. Por exemplo, um indivíduo poderá herdar a cor dos olhos de qualquer um dos genitores, que por sua vez poderão tê-la herdado de qualquer um dos genitores e assim por diante, de modo que, ao chegarmos à geração dos bisavós, há 16 ancestrais em potencial para cada traço. Com o DNAmt, contudo, isso não acontece. Como a herança se dá apenas por parte da mãe, o padrão de hereditariedade tem que passar por uma única linhagem e, assim, a ancestralidade do DNAmt de todos os indivíduos irá convergir, e não divergir.

Essa característica do DNAmt o torna de extrema utilidade para rastrear as relações evolucionárias. As variantes do DNA, causadas por mutações e conhecidas como linhagens, podem ser rastreadas até um ancestral único – uma Eva. Essa é uma consequência simples e lógica do padrão de hereditariedade, e foi explorada pelos geneticistas evolucionários para traçar a evolução dos humanos modernos.

Dois outros fatos importantes a respeito do DNAmt devem ser entendidos. O primeiro é que as partes do sistema genético sendo estudadas aparentemente não têm função – ou seja, as sequências específicas de DNAmt em exame não servem a qualquer fim, mas, simplesmente, "estão lá". Isso significa que elas não estão sujeitas a seleção, o que, por sua vez, quer dizer que o ritmo das mudanças será, simplesmente, função do ritmo da mutação, que geralmente é tomado como constante. O segundo ponto é que é possível, por meio do exame detalhado das sequências, calcular a proximidade da relação entre quaisquer duas linhagens ou tipos de DNAmt, e assim construir uma árvore evolucionária.

Esses vários atributos foram empregados para construir a história genética da espécie humana. Wilson, Cann e Stoneking,[30] entre outros, foram pioneiros nesse tipo de análise, e foi com base em seu trabalho que surgiu a ideia da Eva africana. Em essência, o que eles fizeram foi examinar o padrão de variação verificado no DNAmt em todo o mundo, região por região e população por população. O que eles descobriram tem dois aspectos. Primeiramente, parecia haver mais variação no DNAmt entre os africanos do que em qualquer outra região do mundo e, além disso, todas as "árvores" de parentescos entre as populações humanas mostravam uma cisão importante entre os africanos e as demais populações. Em segundo lugar, usando as

---

30   Cann et al. (1987).

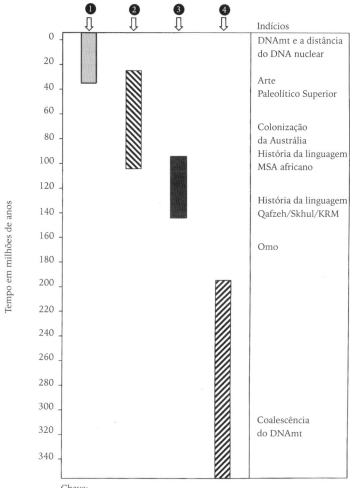

Chave:
Faixa de estimativas para:
1 diversidade das populações mais modernas
2 antiguidade das capacidades comportamentais modernas
3 surgimento dos humanos anatomicamente modernos
4 o último ancestral comum (DNAmt) das populações vivas

Ocorrências-chave na evolução dos humanos modernos. Longe de ser um acontecimento único, os dados disponíveis sobre a origem e a diversificação dos humanos modernos estendem-se por um período de tempo considerável. Os indícios relativos ao DNAmt dizem respeito à divergência das populações que são e que não são ancestrais dos humanos modernos, fato esse que provavelmente ocorreu há mais de duzentos mil anos. Os indícios relativos à transição anatômica em direção aos humanos modernos têm apenas entre 120 mil e 150 mil anos. Indícios relativos a mudanças comportamentais que levam às capacidades plenamente características dos humanos modernos raramente têm mais de cinquenta mil anos, ao passo que a maior parte dos indícios genéticos relativos à diversidade humana sugere que mudanças consideráveis ocorreram nos últimos vinte mil anos.

estimativas da extensão de tempo necessária para que ocorram mudanças no DNAmt, eles calcularam que o último ancestral comum de todos os tipos de DNAmt encontrados atualmente viveu há aproximadamente duzentos mil anos. Como o DNAmt é herdado por parte de mãe, esse indivíduo teria que ser uma mulher. Como há mais variação na África que em qualquer outra região, pode-se concluir que os descendentes dessa Eva viveram mais tempo na África do que em qualquer outro lugar do mundo, e também que ela tem que ter vivido na África. Essa é a fundamentação da Eva africana.

Esse trabalho contém uma série de implicações importantes para a interpretação do registro de fósseis e das origens dos humanos modernos. De modo geral, seja como for, os fósseis apontam para uma origem africana, mas os detalhes são significativos. Em termos amplos, o DNAmt sugere que das alternativas esboçadas acima – movimentos de população ou fluxo de genes –, a primeira é a mais provável e mais consistente com os dados genéticos. Os hominídeos arcaicos que, naquela época, viviam em outras partes do mundo, não poderiam ser descendentes da Eva. E o que talvez seja mais significativo, a quantidade de diversidade genética sugere que os humanos são uma espécie muito jovem, como já foi mencionado no capítulo 4. Tudo isso é perfeitamente razoável, embora haja uma série de razões para tratar esses resultados com uma certa dose de cautela.[31] O que nos interessa, aqui, é a natureza dessa Eva africana, supondo-se que os geneticistas estejam corretos.

Pode parecer que ela reforce a ideia da herança africana, e que, mais que isso, ela a personifique. Ela foi o primeiro humano moderno e foi dela que herdamos tudo o que nos torna humanos. Ela, além disso, era africana. No entanto, em função dos processos evolucionários e ecológicos significativos que vêm sendo o objeto central deste capítulo, ela tem surpreendentemente pouca importância. A principal razão para essa afirmação é que, o que quer que ela tenha sido além disso, provavelmente em nada diferia dos milhares de fêmeas que viveram antes e depois dela. Como foi discutido acima, entre trezentos mil e duzentos mil anos atrás, ela viveu numa época muito anterior àquela em que começaram a surgir indícios da existência de humanos anatomicamente modernos, ou indícios de transformações comportamentais. Nos termos reais do que significa ser um humano, em oposição a ser um hominídeo arcaico, a Eva africana nada tem a nos dizer. Ela nada mais é além de um marco genético útil para uma linhagem que, posteriormente, veio a sofrer algumas mudanças evolucionárias de grande

---

31   Templeton (1993).

importância, cujas consequências foram, sem dúvida, altamente significativas. Ela talvez seja também um marco que aponta, por exclusão, para o destino das demais populações e, nesse sentido, nos fornece informações sobre o que aconteceu no passado. No entanto, devemos ter em mente quanto essas informações são limitadas, uma vez que já estabelecemos que o DNAmt não tem, neste caso, nenhuma função ou efeito sobre o fenótipo. Os padrões de hereditariedade dos genes nucleares são muito mais complexos e, ademais, há o fato de que a história de nossa espécie, tal como escrita nos genes nucleares, é muito mais complexa ainda.

A Eva mitocondrial foi uma mãe real – a natureza da hereditariedade do DNAmt determina que tem que ter sido assim. Ela tem que ter estado situada em algum lugar, em alguma época. Embora dados recentes sugiram que talvez haja alguns problemas com a interpretação original, mesmo assim as informações de que dispomos apontam, de modo geral, para uma localização africana, embora sua data possa estar situada há até trezentos mil anos. A localização da Eva africana pode nos informar sobre a escala ampla da evolução do *Homo sapiens* e, de fato, os indícios fornecidos pelo DNA nuclear, em geral, dão apoio a essa ideia,[32] mas, ironicamente, essa figura, de cuja existência estamos bastante seguros – a mãe mitocondrial –, talvez tenha menos a nos dizer sobre a real natureza da herança africana do que todas as demais linhas de indícios examinadas neste capítulo. A razão para tal é que ela é incapaz de nos dar qualquer informação sobre o que os hominídeos faziam no passado, e muito menos sobre por que eles o faziam. Para tanto, é necessário voltar àqueles humanos anteriores à humanidade e perguntar por que razão eles tinham a aparência que tinham. Para entender por que a evolução dos hominídeos é, em grande parte, resultado dessa herança africana, uma pergunta muito simples deve ser colocada – de que modo as características que fazem com que um hominídeo seja um hominídeo conferem vantagem na evolução?

---

32   Cavalli-Sforza et al. (1988); Mountain et al. (1993)

7

A Evolução Humana é Adaptativa?

Até este ponto, vimos descrevendo a evolução humana como populações passivas sendo atiradas de um lado para o outro por vicissitudes climáticas e geográficas. As espécies apareceram e desapareceram com regularidade monótona, vítimas do cruel mundo da seleção natural. É como se a evolução dos hominídeos consistisse em bolas de bilhar biológicas – ou talvez bolas de sinuca, já que eles eram tantos – jogadas de lá para cá na mesa da evolução, até serem encaçapadas na extinção. A analogia da bola de sinuca faz sentido, porque essas espécies não têm nenhuma característica própria e são uniformes, com superfícies lisas, nas quais muito pouco pode ser discernido. Se descrita dessa forma, a evolução não apresenta textura.

Essa maneira de retratar o passado evolucionário não é inteiramente injustificada, uma vez que, até aqui, estivemos examinando o padrão total, o quadro completo. Os calombos e caroços dos fósseis vêm sendo tratados apenas como marcos da passagem do tempo e da divergência das espécies, e não como traços interessantes em si mesmos. Até aqui, não foi dada grande importância a como essas espécies viviam e, provavelmente, não teria tido grande importância, quer estivéssemos tratando da evolução dos humanos ou dos beija-flores. Esse, talvez, tenha sido um dos principais pontos a ficar claramente estabelecidos – o padrão da evolução humana, em termos esquemáticos, não difere em nada do padrão da evolução de qualquer outro grupo de animais.

E, no entanto, os seres humanos possuem características especialíssimas, como qualquer espécie as possui. Na evolução real, as bolas de sinuca não apenas têm cores diferentes mas também formas diferentes. E são essas formas diferentes que fazem delas o que elas são. E o que é mais, elas não são apenas jogadas para lá e para cá, na mesa da evolução, por algum *deus ex machina*, mas desempenham papel ativo em seu próprio destino. Para ir além do padrão global da evolução é preciso examinar os humanos anteriores à humanidade e os próprios humanos também, não como espécies e populações anônimas, mas como indivíduos dotados de padrões de comportamento que lhes conferem seu caráter único. Nos humanos, há muitas características estranhas que pedem explicação – sua postura ereta, sua intensa sociabilidade, sua inteligência e sua capacidade para comportamentos complexos. São essas as características que nos tornam humanos, e são elas que têm que ser colocadas num esquema evolucionário. Desse modo, talvez seja possível chegarmos mais perto de uma resposta à grande pergunta feita no começo deste livro – por que os seres humanos existem? Essa pergunta, aliás, pode ser formulada de forma mais precisa: se os humanos representam algo novo e especial na evolução, por que razão eles tomaram a forma específica que eles têm hoje? Por que teria sido um macaco africano, pelado e bípede, quem iria se embrenhar pelos territórios antes desconhecidos da evolução? Essa postura e essa forma de locomoção singulares representam um caminho para ingressarmos no problema de por que a evolução humana tomou o curso que tomou.

Estratégias de Sobrevivência

As espécies são a moeda corrente da evolução. São as espécies que vêm e vão, e são as espécies que evoluem. Nos capítulos anteriores, a evolução humana foi descrita com as espécies, e o padrão foi medido por meio do exame de suas origens e de sua extinção. As origens evolucionárias, como problema científico, são, essencialmente, um problema de origens das espécies. Especiação, extinção e diversidade são os tópicos clássicos da biologia evolucionária.

No entanto, apesar do poder e da elegância do conceito de espécie, alguma coisa fica faltando. Quando pensamos nos humanos, não pensamos na espécie como um todo, pensamos no indivíduo. O que queremos entender talvez seja um indivíduo específico, com características particulares – por que ele é tão agressivo, por que eu sou tão altruísta? –, ou talvez seja o indivíduo como símbolo da humanidade – o homem, o animal político; ou o homem, o animal dos trópicos. É o indivíduo que traz o selo da humanidade, não o conceito amorfo de espécie.

Mas as características de uma espécie são as características dos membros individuais daquela espécie, e seu êxito depende desses indivíduos. O sucesso evolucionário é a soma alcançada por suas partes constituintes.

Como muitos biólogos evolucionistas já apontaram, apesar de a evolução ser um processo que se desenrola ao longo de vastas extensões de tempo, é o indivíduo que constitui a unidade dos bits evolucionários. A razão para tal é que é o indivíduo que se reproduz, não a espécie, e portanto é sobre os indivíduos que a seleção natural opera. Afinal, a seleção natural tem a ver com quantos filhos um indivíduo deixa – é isso que quer dizer sucesso reprodutivo diferencial. O elemento-chave, então, tem, necessariamente, que ser a capacidade de se reproduzir. Uma espécie alcança sucesso evolucionário se os indivíduos que a formam obtêm altos níveis de sucesso reprodutivo, em relação tanto uns aos outros quanto às espécies concorrentes.

Encarar a evolução dessa forma mostra que as espécies não são esferas perfeitas de espaço evolucionário, mas massas complexas de redes de indivíduos reprodutores. As estratégias seguidas por eles para maximizar seu sucesso reprodutivo mantêm essas esferas em movimento, sem quaisquer interferências externas. A seleção natural muda as características das espécies alterando os indivíduos em questão, por meio do número relativo dos filhos deixados por eles. Tudo isso implica, acima de tudo, que a evolução não pode ser vista apenas como uma espécie respondendo de forma passiva às transformações do ambiente circundante. Ao contrário, elas ativamente buscam novas oportunidades e novas soluções para os problemas que encontram no meio ambiente. Não temos a intenção de com isso sugerir que os animais, ou, menos ainda, as plantas se dediquem, intencional e conscientemente, a inventar maneiras de alcançar sucesso na evolução, mas sim que eles, de forma oportunista, agem de maneiras tais que podem ou não ser vantajosas, em termos evolucionários. Uma árvore, por exemplo, pode espalhar suas sementes a longas distâncias, alcançando hábitats que atualmente estão fora do alcance da distribuição de sua espécie. Se essas sementes irão ou não sobreviver é uma questão de sua capacidade adaptativa, mas esse certamente não é o caso dos carvalhos, por exemplo, que se deixam ficar onde estão, aceitando, contentes, o fato de só ocorrerem em terrenos bem drenados e dentro de uma certa faixa de temperatura. Se as árvores buscam de forma ativa seu sucesso evolucionário, é possível que espécies inteligentes, ecologicamente tolerantes e dotadas de flexibilidade comportamental, como os macacos e os macacos antropoides, estejam fazendo o mesmo.

Temos que começar a pensar nos aspectos estratégicos da evolução.[1] Os animais empregam estratégias para conseguir comida, para evitar predado-

---

1 Maynard Smith (1974).

res, para conseguir parceiros sexuais e produzir uma prole. É provável que as características gerais dessas estratégias sejam, na maioria das espécies, características que a totalidade dos indivíduos têm em comum. Todos os pica-paus são geneticamente programados para furar buracos na casca das árvores para dali extrair insetos. O sucesso de indivíduos específicos depende de quão bem ele emprega essa estratégia geral – escolhendo as melhores árvores, na época certa do ano, e alocando de forma correta a quantidade do tempo gasto na alimentação. São as diferenças quanto a esses particulares que irão determinar quais indivíduos alcançam sucesso e quais não alcançam, esse sucesso sendo determinado pelo aumento ou pelo decréscimo do número de filhos deixados por eles. Um pica-pau que desperdice seu tempo picando um poste de telégrafo tem poucas probabilidades de vir a alcançar grande sucesso evolucionário. É esse emprego de estratégias, para o qual alguns indivíduos terão mais habilidade ou mais sorte, que atuará como o motor da evolução.

De modo que, ao tratarmos da evolução humana, é necessário dar atenção às estratégias empregadas pelos primeiros hominídeos e à maneira pela qual elas vieram a moldar tanto suas características biológicas básicas – o andar ereto e os cérebros grandes, por exemplo – como seu comportamento. O aparecimento e o desaparecimento das espécies até aqui examinadas seriam resultantes da adequação dessas estratégias, sob diferentes condições ecológicas e climáticas. Os humanos são o que são porque as estratégias de sobrevivência praticadas pelos indivíduos hominídeos dos quais eles descendem tiveram êxito, êxito maior que as alternativas praticadas por outros indivíduos e, ao longo do tempo, essas estratégias vieram a moldar e definir o caráter dos hominídeos e dos humanos. Ou, de forma simples, as características "humanas", tanto as comportamentais as anatômicas, são apenas as soluções privilegiadas pela seleção natural, valendo-se das muitas estratégias possíveis no mundo dos problemas biológicos.

Este capítulo tentará usar essa ideia bastante simples para mostrar por que razão os humanos desenvolveram suas características anatômicas básicas, características essas que estão na base de boa parte do comportamento humano, antes de prosseguir com o exame dos aspectos mais complexos do ser humano, tais como a sociabilidade e a capacidade de pensamento complexo e de linguagem.

Descendo das Árvores

Nenhuma conversa de bar estaria completa sem alguma referência a como, recentemente, alguém "desceu das árvores", se é que desceu mesmo.

Morar nas árvores é visto como a marca distintiva do atraso evolucionário. Num livro chamado *The Evolution of Man*, de Roy Lewis,[2] a totalidade da evolução humana é narrada por meio das dificuldades e das tribulações de uma família, impelida pela preocupação constante do ambicioso pai de estar se atrasando em relação a algum cronograma evolucionário. O verdadeiro retardatário da família é o Tio Vanya, que está convencido de que descer das árvores seria um erro básico, e continua insistindo, apesar de todo o desconforto, em permanecer arbóreo. Um modo de vida terrestre, no nível do solo, é, ao que parece, uma parte importante da condição humana.

De fato, o capítulo 4 mostrou que embora sejam poucas as coisas que vinculem todo o espectro dos hominídeos, uma delas é o ser bípede e, consequentemente, terrestre. O bipedalismo é a característica fundamental encontrada em todos os hominídeos. Contrariando a crença popular, os hominídeos se tornaram bípedes muito antes de se tornarem inteligentes, e toda a anatomia humana, do topo do crânio às pontas dos dedos dos pés, traz a marca desse caminhar ereto.

Essa importante mudança de postura – que contrasta de forma marcante com a dos grandes macacos antropoides – geralmente é vista como uma mudança anatômica e essencialmente física. Aqui, estamos firmemente situados no terreno da biologia evolucionista. Numa população heterogênea de grandes macacos, os indivíduos capazes de uma postura ligeiramente mais ereta têm vantagem sobre os demais. Os indivíduos que possuem esse dom genético e anatômico deixam mais filhos e, desse modo, ao longo do **tempo, aquela** população e a espécie como um todo passam a ter uma forma **de movimentação** mais ereta, ocorrendo assim a evolução do bipedalismo. **Neste nível,** explicar o bipedalismo talvez não seja nem muito difícil nem **particularmente** polêmico ou revolucionário, no espectro das ideias evolucionárias. No entanto, como foi visto no capítulo anterior, as coisas não são tão simples, e ter os ancestrais certos era um elemento essencial para determinar se variações adequadas existiam nas populações ancestrais.

Há, contudo, um outro complicador, que torna o problema ainda mais interessante. Embora a presença do bipedalismo possa ser observada e mensurada como uma série de características anatômicas, o melhor seria pensá-la como consistindo nas precondições necessárias para os comportamentos permitidos e facilitados por ela. O bipedalismo não evoluiu por ser uma forma esteticamente agradável de arrumar o esqueleto, mas por fornecer uma base

---

2   Lewis (1960).

funcional para o indivíduo – e é preciso lembrar que eram os indivíduos que eram bípedes – levar sua vida cotidiana. Em outras palavras, o bipedalismo era parte de uma estratégia comportamental. Na evolução, as transformações comportamentais tendem a preceder as grandes transformações anatômicas, e pode-se esperar que o comportamento forneça as condições seletivas nas quais as novas configurações anatômicas terão probabilidade de evoluir.[3]

Se a evolução é uma questão de estratégias de sobrevivência, e se essas estratégias, em última análise, são comportamentais, o bipedalismo, então, tem que ser explicado nas formas pelas quais determinados comportamentos foram propícios à reprodução desses primeiros hominídeos, possivelmente há até cinco milhões de anos. O fato de ele, mais tarde, ter vindo a fornecer a base para tantas outras coisas não vem ao caso aqui. Trata-se de saber quais vantagens reprodutivas eram conferidas por essa revolucionária forma de caminhar.

As especulações sobre essa questão são tão antigas quanto a própria teoria da evolução. Darwin via o bipedalismo como a transformação fundamental, afirmando que suas vantagens não consistiam no tipo de postura, mas sim no fato de ser subproduto de outras exigências.[4] Uma das grandes consequências do andar ereto é que as mãos ficam livres para carregar coisas. Para a maioria dos animais, os membros dianteiros desempenham as mesmas funções básicas que os traseiros. Eles sustentam o peso do corpo e o impelem para a frente. Mesmo entre os macacos e os macacos antropoides, essas funções ainda são importantes. Mas estes últimos também usam as mãos para segurar a comida e para pô-la na boca. Os membros dianteiros e as mãos dessas espécies, na verdade, são uma solução de compromisso entre essas duas exigências. Para os hominídeos bípedes, a necessidade desse compromisso deixara de existir. As mãos puderam se especializar unicamente na função de segurar objetos. Darwin usou esse fato para argumentar que o bipedalismo fora o preço que os hominídeos tiveram que pagar por suas mãos hábeis, e que foram as necessidades comportamentais de fabricação e porte de ferramentas que o incorporaram à evolução dos hominídeos.

Ainda há muito a ser mencionado a favor de argumentos desse tipo. Owen Lovejoy,[5] para citar um exemplo, colocou-o no contexto de toda uma série de conexões sociais e ecológicas. De acordo com ele, o principal problema a ser enfrentado por um grande macaco é o da sobrevivência das

---

3   Bateson (1988).
4   Darwin (1871).
5   Lovejoy (1981).

crias. Os animais corpulentos tendem a se reproduzir vagarosamente; para eles, a vantagem competitiva vem não de ter muitos filhos, mas de assegurar que o maior número possível deles tenha chance de sobreviver até a idade reprodutora. Como essas crias crescem devagar, sua sobrevivência dependerá, em medida considerável, de até que ponto suas mães sejam capazes de cuidar deles. Cuidado parental é o nome dessa estratégia evolucionária específica. Lovejoy afirma que a capacidade de carregar comida aumentaria em muito o nível de cuidado parental. Os machos poderiam prover as fêmeas de alimento, liberando-as do encargo da coleta e dando-lhes mais tempo a ser dedicado ao cuidado dos filhotes. O bipedalismo, portanto, seria uma estratégia que aumentaria o sucesso reprodutivo tanto dos machos como das fêmeas.

A explicação de Lovejoy ilustra de forma perfeita como as grandes transformações anatômicas têm suas raízes no comportamento e, na verdade, vão muito além dos comportamentos simples, tais como conseguir comida e evitar predadores. O padrão de locomoção interfere no cuidado com a cria e na organização social como um todo – já que, como Lovejoy argumenta, para que um macho sustente uma fêmea e seus filhotes, como acontece com muitos pássaros, ele tem que ter certeza que é de fato o pai desses filhotes. Se ele não for, ele estará propiciando não o próprio sucesso reprodutivo, mas o de alguém mais. As gerações futuras seriam povoadas não por machos nobres, eretos e provedores, mas por fraudes quadrúpedes.

Aliás, isso é o que é insatisfatório no modelo de Lovejoy, por mais atraente que ele seja. Ele se propõe a explicar não o bipedalismo, mas a monogamia. Seu modelo de vida dos hominídeos primitivos é o de famílias nucleares felizes, com os machos saindo para o trabalho de coleta de alimentos e as fêmeas ficando em casa para cuidar das crianças. É duvidoso até que isso ocorra nas populações humanas modernas, quanto mais no passado distante, e, como veremos no próximo capítulo, há toda uma série de razões para pensarmos que a vida social dos hominídeos extintos talvez fosse bem diferente disso.

No entanto, as monótonas características anatômicas descritas nos livros escolares, tais como o alargamento do ilíaco, a rotação descendente do forame magno, o desenvolvimento da curvatura lombar e o arqueamento longitudinal e transversal do pé – porque é isso que permite o bipedalismo –, na verdade estão intimamente relacionadas à totalidade do tecido social e ecológico dos longínquos hominídeos primitivos. Permanece contudo a pergunta: por que razão o bipedalismo foi uma estratégia de sobrevivência tão boa?

A Busca de Comida

No período durante o qual os primeiros hominídeos evoluíram, ocorreram grandes esfriamentos climáticos. Em termos globais, as temperaturas caíam à medida que o clima da Terra ingressava no período conhecido como as idades glaciais. O efeito da queda global de temperatura sobre a África, paradoxalmente, foi o de tornar o meio ambiente muito mais seco. Temperaturas mais baixas significavam um nível mais baixo de energia atmosférica, havendo assim uma quantidade muito menor de umidade circulando no ar disponível para a formação de chuvas. Sobre a parte oriental da África, as chuvas escassearam e as grandes faixas de florestas tropicais, que antes cobriam toda a região, recuaram, sendo substituídas por matas menos densas e até mesmo por savanas despidas de árvores. Esse teria sido um processo gradual e esparso, e não seria correto ver esse período – o Plioceno – como de seca intensa e desertificação. De modo geral, havia mais florestas e uma savana mais rica do que a existente atualmente.[6]

Como vimos no último capítulo, foi a expansão desses novos ambientes que criou um conjunto de oportunidades para toda uma gama de animais, levando à evolução da "comunidade da savana", formada de grandes animais, entre os quais estavam os hominídeos. A questão a ser respondida é como os hominídeos conseguiram lidar com esse novo ambiente, e que problemas eles enfrentaram. Ou melhor, como eles aproveitaram essas novas oportunidades ecológicas, visto que não se trata apenas do processo negativo de ser expulso de uma terra natal paradisíaca, mas de populações inteiras tornando-se capazes de se expandir para novos ambientes, por terem encontrado meios de tolerar novos ambientes e novas condições. Não se trata de algo peculiar aos humanos, mas, simplesmente, do funcionamento normal da evolução.

Quais teriam sido os problemas de viver nesses novos ambientes?[7] Para um primata arbóreo, a principal diferença seria de que as árvores eram mais esparsas e menos propícias, tanto como local de moradia como para a coleta de alimentos. Nas florestas, os grandes macacos, como os chimpanzés, são muito apegados às árvores. Elas são sua fonte de comida e lugares onde podem dormir e escapar dos predadores. Os grandes macacos passam o dia todo subindo e descendo das árvores, e a noite toda enroscados em ninhos arbóreos. Menos árvores quer dizer mais problemas.

---

6   Foley (1987a).
7   Foley (1987, 1984).

Um dos problemas seria o de que mais tempo teria que ser passado no solo, movimentando-se entre as árvores. Em vez de pular de árvore em árvore, ou de correr alguns metros entre uma e outra, haveria agora distâncias de terreno aberto a serem transpostas. Além do mais, as árvores não se distribuíam de maneira uniforme na paisagem. Haveria trechos de mata, separados por extensões abertas de capinzal e mato rasteiro.

Há ainda um outro problema: os tipos de árvores encontrados nos ambientes mais secos são muito diferentes dos das florestas densas. As árvores, assim como os animais, têm que se adaptar, e onde há menos chuva, as árvores são mais delgadas, suas folhas são menores e, muitas vezes, apresentam um ciclo anual de queda, e seus frutos são mais escassos. É comum que os galhos se situem na parte alta dos troncos, de modo que os animais terrestres não conseguem alcançá-los e, com frequência, há uma profusão de espinhos, como proteção contra animais predadores – ou seja, coisas que querem comer as folhas. Essas árvores não deviam ser fáceis de escalar e, certamente, não seria confortável permanecer nelas por muito tempo.

Esse é um ambiente no qual os recursos necessários a um grande macaco – os frutos das árvores e dos arbustos – encontrar-se-iam muito mais disper-

Acredita-se que as savanas abertas da África sejam o contexto no qual ocorreu boa parte da evolução primitiva dos hominídeos. No entanto, os hábitats das savanas variam consideravelmente, na proporção em que o capim se mescla a árvores isoladas, a mato rasteiro ou até mesmo a bosques semicontínuos.

sos. Não apenas mais tempo teria que ser passado no chão, mas, também, grandes distâncias teriam que ser percorridas. A jornada diária em busca de comida suficiente seria muito mais longa, nessas matas e savanas, do que era na floresta. Isto pode ser visto ainda hoje, entre as poucas populações de chimpanzés que habitam fora das florestas – como as encontradas na região do Monte Assirak, no Senegal, estudadas por McGrew e Baldwin[8] –, onde a área coberta pela comunidade em estudo chegava a ser três vezes maior do que as de seus colegas da floresta.

Esses ambientes mais secos, com suas árvores esparsas, são a chave para as especialíssimas características encontradas entre os hominídeos, particularmente o bipedalismo. Para obter a mesma quantidade de comida que um chimpanzé num ambiente florestal, os hominídeos teriam que viajar mais, o que, em si, significava um custo energético mais alto. A energia, portanto, seria altamente valorizada, ainda mais porque a comida, muito provavelmente, era escassa e de baixa qualidade nutricional. É neste ponto que os primeiros benefícios do bipedalismo se tornariam evidentes. De modo geral, o quadrupedalismo é mais eficiente, em termos energéticos, que o bipedalismo, e certamente o é em velocidades mais altas. Essa é a razão de tantos animais terrestres serem quadrúpedes. Mas os hominídeos não evoluíram partindo de animais quadrúpedes típicos, mas sim partindo de criaturas semiarbóreas, cuja própria adaptação fora uma solução de compromisso entre viver nas árvores e no solo, implicando uma dose considerável de comportamento suspensório. O andar no chão sobre as juntas dos dedos das mãos e a mistura de escalada e suspensão nas árvores que caracterizam o padrão de movimentação de um chimpanzé constituem, na verdade, uma excelente solução de compromisso para uma grande variedade de hábitats. Foi a partir daí que o bipedalismo evoluiu, e é com esse padrão que as comparações de gasto energético devem ser feitas, e não com o quadrupedalismo. Esse fato reforça a ideia de que, na evolução, o ponto de partida é tão importante quanto o ponto de destino.

Os hominídeos estavam passando menos tempo nas árvores e mais no solo, de modo que a solução de compromisso tinha de ser bastante diferente daquela encontrada entre os chimpanzés. Os hominídeos necessitavam de um modo mais eficiente de se mover no chão e, se comparado ao andar sobre as juntas dos dedos das mãos, o bipedalismo é mais eficiente. Rodman e McHenry[9] compararam a energética do andar dos chimpanzés e dos humanos, os primeiros,

---

8   McGrew et al. (1981).
9   Rodman & McHenry (1980).

de forma quadrúpede. Eles concluíram que os humanos gastam cerca de um terço de energia a menos quando a massa corporal é levada em conta. Isso significa que, com a mesma quantidade de energia, um hominídeo bípede seria capaz de percorrer distâncias muito maiores que um chimpanzé andando sobre as juntas dos dedos. O máximo que um chimpanzé macho consegue viajar num dia é aproximadamente 11 quilômetros. Com o mesmo nível de dispêndio de energia, um hominídeo bípede poderia percorrer 16 quilômetros.[10]

No contexto de ambientes com vegetação menos densa, essa seria uma vantagem da maior importância, e talvez seja suficiente para explicar a evolução do bipedalismo sem necessidade de recorrer a outros atributos, tais como a capacidade de carregar objetos, embora estes talvez sejam vantagens suplementares que se tornaram possíveis a partir da evolução do bipedalismo. Esta possibilidade certamente se encaixaria com os achados da arqueologia e da paleontologia, que parecem indicar que a fabricação de ferramentas em escala significativa surgiu apenas há cerca de dois milhões de anos, ao passo que o bipedalismo talvez tenha quatro ou cinco milhões de anos. Além disso, embora essa hipótese não implique, necessariamente, que os ancestrais humanos caminhassem sobre as juntas das mãos – fato para o qual há pouquíssima corroboração –, ela sugere que o padrão de locomoção anterior era menos eficiente que o quadrupedalismo típico de um babuíno ou de um antílope.

As pressões seletivas que fizeram com que os hominídeos adotassem a postura ereta foram de ordem ecológica – o problema de encontrar comida num ambiente onde os recursos eram escassos e dispersos. Essas pressões teriam operado por meio do comportamento. O processo a que teríamos assistido, caso nos fosse possível observá-lo, seria o de indivíduos hominídeos viajando distâncias cada vez maiores para encontrar alimento em quantidades suficientes. Os indivíduos que conseguissem pôr em prática essas estratégias de coleta percorrendo as maiores distâncias sobreviveriam e se reproduziriam mais que os que não o conseguissem; e esses indivíduos bem-sucedidos tendiam a ser os mais eretos e mais bípedes.

Nus, Encalorados e Suarentos

Duas coisas sobressaem quando examinamos o modo de locomoção humano. A primeira é que ele ocorre nos estágios mais primitivos da evolução,

---

10   Rodman (1984); Goodall (1986).

e a segunda, que ele exigiu uma reorganização de grandes proporções de todo o sistema ósseo e muscular, o que é uma boa prova de sua tremenda importância. O que quer que tenha levado a essa transformação, suas consequências foram de importância capital, e somos tentados a buscar causas igualmente importantes, especialmente quando o bipedalismo é vinculado a duas outras características particularmente notáveis desse estranho animal, o *Homo sapiens*.

Uma delas é que os humanos não têm muito pelo. Os mamíferos são uma classe de animais extremamente peludos, do felpudo iaque até o esbelto mink. Os primatas, como um todo, não ficam para trás. Os humanos são os únicos "macacos nus", para usar a notável expressão de Desmond Morris.[11] Contudo, eles não são únicos entre os mamíferos, uma vez que o elefante, o rinoceronte, o hipopótamo, o rato-toupeira nu e toda uma série de mamíferos marinhos também deram o passo evolucionário de descartar sua pelagem.

A outra característica é que os humanos suam copiosamente. Todos os primatas suam, mas em densidade de glândulas sudoríparas e em taxa de suor os humanos não têm paralelo. Essa é uma mudança de grande importância, que teve um custo considerável, já que ela fez dos humanos criaturas muito sedentas. Essencialmente, os humanos usam a água para se refrescar, e como eles evaporam muita água têm que substituí-la, o que torna os humanos e os hominídeos extremamente dependentes da água e das fontes hídricas.

Diante dessas três grandes transformações – as três características que tornam as pessoas tão diferentes dos animais, em termos visuais e aromáticos –, somos tentados a sugerir que, de algum modo, elas devem estar vinculadas entre si. Conjuntamente, elas corroboram a ideia de que essa ligação é uma grande mudança de comportamento, que permeia todos os aspectos da vida humana. Embora – e infelizmente – seja impossível precisar em que momento do passado o pelo foi perdido, talvez seja a totalidade dessa sequência de características que deva ser explicada.

O atributo-chave provavelmente foi a perda de pelo. Estritamente falando, os humanos não são "pelados", mas apresentam uma pelagem extremamente miniaturizada cobrindo a maior parte do corpo, embora haja variações drásticas, dependendo de sexo e de região geográfica. O zoólogo Alistair Hardy[12] foi um dos primeiros a chamar a atenção para a similaridade com os mamíferos marinhos, e Elaine Morgan[13] muito fez para popularizar a

---

11   Morris (1968).
12   Hardy (1960).
13   Morgan (1982).

ideia de que os humanos perderam os pelos em razão de, no passado, terem atravessado uma fase aquática. Tanto Hardy como Morgan interpretaram essas similaridades com o meio ambiente: os humanos e os mamíferos marinhos são desprovidos de pelos por terem evoluído na água. Morgan, particularmente, se dedica, e com toda razão, a esboçar a totalidade do contexto comportamental no qual essa mudança evolucionária teria ocorrido. Certamente que um grande macaco antropoide passando alguns milhões de anos no oceano seria um quadro evolucionário espetacular.[14]

Embora a hipótese do macaco aquático estivesse correta em chamar a atenção para a convergência das baleias e dos humanos, as conclusões a que ela chegou eram falsas, não por essa ser uma comparação inadequada, mas por ela não ter ido longe o suficiente. A similaridade existe porque os hominídeos e as baleias, de fato, tinham um problema em comum, mas esse problema não se referia a viver na água. O problema em comum era o controle de suas temperaturas.

Os mamíferos marinhos vivem em ambientes relativamente frios. Seus corpos desprovidos de pelos são uma adaptação à forma aerodinâmica, uma convergência com os peixes em meio aos quais eles nadam. O problema é que seu nível de isolamento térmico foi assim reduzido e, como compensação, muitos deles desenvolveram grossas camadas de gordura subcutânea. Essas camadas reduzem a perda de calor.

Como Peter Wheeler demonstrou, para os animais "pelados" terrestres o que se coloca é o problema inverso – o de manter-se fresco.[15] Animais de grande porte são menos capazes de lidar com altas temperaturas, eles têm que perder calor através de sua área de superfície que, em relação às dimensões totais de seu corpo, é pequena. Animais como os elefantes desenvolveram enormes orelhas, como meio de aumentar sua área de superfície, para assim irradiar calor para o meio. No entanto, a redução dos pelos do corpo também aumenta o efeito de irradiação e, portanto, os elefantes têm apenas uma pelagem rala e curta. É interessante observar que os mamutes do Pleistoceno, que viviam nas regiões muito frias da Ásia e da Europa, eram peludos – como também o era o "rinoceronte lanoso", cujo correspondente tropical é também desprovido de pelos.

O outro animal pelado, e em muitos sentidos o mais notável deles, é o rato-toupeira nu, que vive toda a sua vida em túneis subterrâneos, apresentando um dos comportamentos mais bizarros e extremamente sociáveis

---

14   Roede et al. (1991).
15   Wheeler (1985, 1991a, 1991b).

encontrados entre os mamíferos. Sua regulação de temperatura é um problema, e eles usam uns aos outros, e parte dos túneis, para absorver e dispersar calor e, para que isso seja feito com rapidez, uma pele glabra é uma vantagem. Neste caso, o mais crítico talvez não seja a temperatura em si, mas sua sensibilíssima regulação comportamental, fato esse que pode ter algumas implicações interessantes para o exame da ausência de pelos.

É fácil perceber como o suor também se relaciona com a termorregulação. A evaporação da água secretada através das glândulas cria uma perda de calor nas áreas imediatamente contíguas à pele, refrescando assim o corpo, ao permitir que mais calor, vindo do interior do corpo, seja dissipado para a pele. Wheeler, que foi a pessoa responsável por trazer ao primeiro plano toda a questão da termorregulação, tendo desenvolvido modelos quantitativos extremamente sofisticados para demonstrar a importância do estresse do calor e de sua relação com a postura, mostrou que uma pele sem pelos irradia calor de forma mais eficiente – de modo que a ausência de pelos e o suor estão intimamente relacionados.[16]

O que tudo isso tem a ver com os ancestrais hominídeos e suas estratégias comportamentais de sobrevivência? Os humanos modernos, pelo menos, trazem em sua anatomia e em sua fisiologia as marcas de uma espécie que evoluiu no contexto de estresse térmico extremo. É impossível determinar com precisão quando esse estresse ocorreu, mas como o bipedalismo se desenvolveu muito cedo, e talvez ele próprio esteja relacionado ao estresse térmico, pode ter acontecido que, durante os estágios formativos da linhagem humana, alguma coisa que os hominídeos vinham fazendo resultava em que eles sentissem muito calor. Caminhar através de vastas extensões de terreno em busca de alimento foi de importância crítica, tanto para a evolução da fisiologia térmica como da anatomia locomotora dos humanos, e é também uma estratégia comportamental de importância crucial.

Espaço e Tempo

Até aqui, os problemas que os hominídeos teriam que enfrentar foram considerados com relação ao espaço – as estratégias de movimentação que eles tinham que empregar para conseguir comida. O que parece dar sentido ao fato de um macaco ereto ter levado vantagem, ao porquê disso ter tido

---

16   Wheeler (1985, 1991a, 1991b).

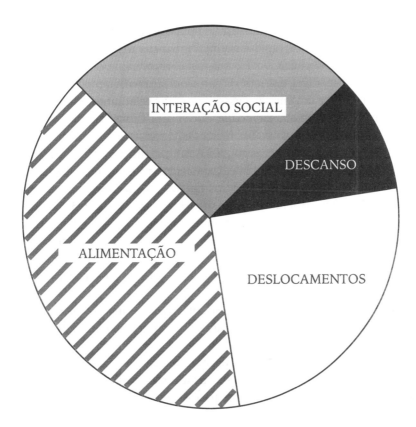

Como é subdividido o dia de um primata. Os primatas passam a maior parte de seu dia ou comendo ou se movimentando entre as fontes de comida. O resto do dia é ocupado em atividades sociais e em descanso. Quando ocorrem tensões ecológicas, o tempo necessário para a alimentação e os deslocamentos será maior, com a consequente diminuição do tempo disponível para interação social e para descanso.

êxito como estratégia de sobrevivência, é a ideia de um hábitat onde os alimentos estariam muito mais dispersos e seriam muito mais escassos. Um outro elemento tem que ser acrescentado, para que possamos entender a totalidade do complexo do bipedalismo e da perda de pelos corporais.

Quando os recursos se localizam de forma esparsa, um animal se vê confrontado com o problema da distância e da energia. Contudo, como Robin Dunbar apontou[17] no contexto dos babuínos, há também o problema do

---

17   Dunbar (1992).

tempo. Viagens mais longas levam mais tempo, a não ser que se viaje com mais rapidez. Viajar com mais rapidez significa um maior dispêndio de energia. Isso implica um custo significativo. E o que é mais importante, embora possa haver mais energia disponível, o mesmo já não acontece com o tempo. O tempo é um recurso finito. Para um animal que se mantém ativo durante o dia – um animal diurno, e não noturno –, o tempo disponível para a coleta de alimentos é limitado pelas horas de dia claro. Nas regiões equatoriais, esse número é bastante constante, de cerca de 12 horas por dia. Assim, se um hominídeo é forçado a ir mais longe para conseguir comida, haverá então menos tempo para a alimentação em si. Se o tempo gasto na alimentação for mantido constante, uma vez que as necessidades energéticas têm que ser satisfeitas, haverá então menos tempo para as outras atividades, como descanso, interação social, para tratar do real propósito da evolução (a reprodução) e para cuidar dos filhos pequenos. Na verdade, haverá menos tempo para parar e pensar em como a vida é difícil.

O bipedalismo, portanto, não se refere apenas ao espaço, a como se mover através dele, mas também ao tempo e a como utilizá-lo. Dunbar mostrou como isso funciona entre os babuínos. Quando os recursos se encontram concentrados, há uma redução do tempo gasto nos deslocamentos e mais tempo para alimentação, descanso e interação social. À medida que os recursos se tornam mais esparsos, o tempo gasto nas viagens aumenta e, como o tempo é finito, o tempo para descanso e para interações sociais se vê reduzido. O descanso é o primeiro a sofrer, depois o tempo social. Mas há um limite para essa perda.

É bem possível que seja vantajoso se alimentar e viver em grandes grupos sociais, mas a manutenção desses grupos exige tempo e esforço consideráveis. Para que os indivíduos convivam bem entre si, é necessário que as relações sejam lubrificadas e postas à prova. Essa é a base da vida social. Quanto maior o grupo, mais relações haverá para serem mantidas. Se, contudo, o tempo para essas atividades sociais for sendo constantemente reduzido pelo aumento do tempo necessário para a alimentação, as pressões irão aumentar. Algo terá que ceder. O que Dunbar mostrou foi que, no final, quem sai prejudicado é o grupo. Na medida em que os grupos de babuínos têm que coletar alimentos cada vez mais longe, seus grupos sociais passam a sofrer estresse cada vez maior, sob a pressão do fator tempo e, por fim, eles se veem incapazes de manter unidades tão grandes – ocorrerá a fissão, ou algum outro mecanismo acabará por reduzir o tamanho do grupo.[18]

---

18   Dunbar (1992).

A limitação crítica, o fator que realmente determina a organização da população é o tempo, ou talvez, de forma mais específica, a relação existente entre o tempo disponível e a distribuição dos recursos necessários para manter a população. Como isso ter-se-ia aplicado aos hominídeos? À medida que eles se deslocavam para hábitats mais abertos, eles eram forçados a ir mais longe em busca de comida, e o bipedalismo foi uma adaptação eficaz, em termos energéticos, a essa nova situação.[19] Uma outra maneira de dizê-lo seria que eles estariam pressionados pelo tempo. Uma possibilidade, como aconteceu com os babuínos, seria a fragmentação de seu grupo social. Isso pode bem ter acontecido, mas as peculiaridades fisiológicas dos humanos apontam em outra direção.

Os ambientes mais abertos levaram-nos a ir cada vez mais longe para coletar alimentos em quantidades suficientes, e seu bipedalismo os capacitava a percorrer distâncias cada vez maiores. Isso, no entanto, consumia mais tempo, e a procura por comida não apenas teria engolido parte do tempo dedicado à interação social e ao descanso, como também teria exigido ou que eles se mantivessem em atividade nas horas mais quentes do dia, ou que eles passassem a se mover com rapidez muito maior entre as fontes de alimento. Em qualquer uma das alternativas, o calor teria sido um problema. Andar depressa ou correr elevam substancialmente a temperatura do corpo, como sabem os atletas, e gastar mais tempo na coleta de alimentos significaria estar fora de casa e ao ar livre também nas horas do meio-dia, quando as temperaturas sobem. Resolver a pressão relativa ao tempo teria levado a pressões relativas ao calor. Aqui podemos ver como a evolução é confusa: a seleção, numa determinada direção, pode ser a causa de direta de problemas em outra direção. Ao resolver seus problemas energéticos por meio de transformações tanto em sua estrutura quanto em seu comportamento, os hominídeos criaram novos problemas – as pressões de tempo que afetavam seu comportamento social e a pressão do calor afetando a capacidade de desempenhar suas atividades.

O bipedalismo, em termos anatômicos, talvez seja uma mudança radical, embora o mesmo não se possa dizer de suas causas. Ele pode se compreendido pelos efeitos cumulativos da prática da coleta de alimentos a grandes distâncias por grandes macacos antropoides. Pequenas alterações no comportamento, entretanto, podem ter consequências da máxima importância. Anatomicamente, é isso o que certamente acontece. O bipedalismo, como afirmou Wheeler,[20] pode, em si, ter sido útil para reduzir o grau

---

19 Foley (1992).
20 Wheeler (1991b).

de estresse, na medida em que reduzia a área do corpo exposta a irradiação solar direta. Um quadrúpede recebe calor solar direto na cabeça e ao longo das costas. Já a postura ereta permite que essa área seja grandemente reduzida, além de afastar a maior parte do corpo do calor refletido próximo ao chão. Se isso estiver correto, o bipedalismo, então, talvez esteja associado à capacidade de aumento do nível de atividade. Uma maior capacidade de suar, de dissipar o calor da pele por evaporação, também seria útil para manter os hominídeos frescos, e talvez essa tenha sido uma das grandes mudanças ocorridas a essa época. Depender da capacidade de suar, contudo, acarreta um custo da maior importância, que, novamente, contraria a necessidade de viajar mais longe em busca de alimento. A água perdida no suor tem que ser substituída, e os hominídeos, de fato, são extremamente dependentes da água. Aqui também, o modelo de Peter Wheeler indica a inter-relação existente entre todas essas características, uma vez que o bipedalismo e a perda dos pelos pode reduzir o nível da carga de calor e, portanto, também do consumo de água.

Essa discrepância só surge, contudo, porque, ao pensarmos na anatomia e na fisiologia, as estratégias comportamentais que dão sustentação a elas foram esquecidas. Os hominídeos podiam sentir calor por duas razões. Uma, é que eles viviam num ambiente quente, a outra, que eles se hiperaqueciam em razão das atividades praticadas por eles. O melhor seria combinar ambos os fatores. O que é de importância crítica é a interação dos comportamentos dos hominídeos com o tipo de ambiente no qual eles viviam.

Ao que parece, a chave para a explicação da perda dos pelos, então, não seria uma questão de calor ou de frio, em si, mas a capacidade de regular a temperatura do corpo de forma relativamente rápida e eficiente. De modo geral, a fisiologia humana mostra as consequências do fato de a espécie ter evoluído sob a pressão do calor. O que os detalhes da relativa ausência de pelos e do suor copioso mostram é uma linhagem capaz de regulagem fina de sua temperatura. O fato de se tratar de regulagem fina, e não de adaptação a uma temperatura única, talvez seja uma prova adicional do vínculo existente entre comportamento e anatomia, uma vez que, na verdade, é a regulagem fina das atividades cotidianas que está na base desses padrões. Os indivíduos e as populações mantêm em equilíbrio um batalhão de demandas muitas vezes conflitantes. Essas demandas referem-se, essencialmente, à manipulação do tempo gasto em diferentes atividades, no contexto de um ambiente que coloca grandes exigências – um ambiente onde a comida é encontrada de forma dispersa, onde as temperaturas são altas, onde a água é esparsamente distribuída e o tempo é limitado, não apenas para a prática das estratégias de sobrevivência, mas também as estratégias de reprodução.

Um Dia de Trabalho na Evolução

Ao olharmos a evolução, é fácil nos assombrarmos com as enormes extensões de tempo em questão. No capítulo anterior, foi possível mostrar que colocar mais ênfase na geografia que na cronologia poderia permitir novas percepções sobre o processo evolucionário. Neste capítulo, o tempo voltou ao primeiro plano, mas já não se trata das eras do tempo geológico, mas dos minutos e das horas das atividades cotidianas.

As ocorrências evolucionárias aqui discutidas podem ter se prolongado por centenas de milhares de anos, se é que não por milhões de anos. A vasta escala de tempo, contudo, não é a escala na qual os mecanismos evolucionários funcionam. Se os hominídeos se tornaram bípedes e pelados, eles o fizeram não porque essas características resolvessem os problemas de longo prazo, mas sim os problemas da vida do dia a dia. Os incontáveis indivíduos que participaram, geração após geração, do processo de evolução estavam apenas tentando fazer tudo caber num único dia, no meio das savanas. Para isso, eles tinham que forragear mais longe; para forragear mais longe, eles tinham que gastar mais energia, e o bipedalismo foi uma maneira de reduzir esse gasto. Mas eles ainda tinham que gastar mais tempo com viagens, o que significava manterem-se ativos por períodos mais longos de tempo, o que, por sua vez, implicava uma contabilidade mais cuidadosa do tempo, tanto no calor do dia quanto no frio da noite. A ausência de pelos corporais e o suor casar-se-iam com essa contabilidade temporal. As mudanças nas maneiras com que o tempo era gasto ao longo do dia impunham custos nas interações sociais e do tamanho que um grupo poderia ter para permanecer sendo manejável.

No início deste livro, chamou-se a atenção para a importância do tempo e do lugar no exame da evolução humana; que a evolução não ocorreu num vácuo, sendo, ao contrário, uma resposta específica a condições específicas, e que nenhuma compreensão da evolução humana seria possível sem que se conhecessem os detalhes relativos a tempo e a lugar. Nos dois últimos capítulos dedicamo-nos a identificar esses dois fatores. A chave do problema reside no estresse que incidiu sobre alguns pequenos grupos de grandes macacos antropoides da África oriental, há cinco milhões de anos ou mais, à medida que os hábitats foram se tornando mais abertos, o clima foi se tornando mais seco e as estações do ano, mais marcadas. Períodos sazonais de escassez, alimentos distribuídos de forma esparsa e imprevisível, bem como a necessidade ir mais longe e gastar mais tempo para coletar comida foram os gatilhos que levaram a novos comportamentos, e esses comportamentos, por sua vez, significavam que a anatomia e a fisiologia dos hominídeos primitivos estavam sujeitas a novas pressões seletivas. Foi essa singular configuração de condições climáticas específicas e de uma matéria-prima evolucionária específica, influenciando a vida cotidiana de populações específicas, que veio a formar a base das origens dos hominídeos, e não a impiedosa passagem de um tempo amorfo.

Ao fragmentar as espécies informes nos emaranhados de problemas adaptativos enfrentados pelos indivíduos, foi possível vincular duas escalas de tempo – a vida do dia a dia de um indivíduo com as eras ao longo das quais a evolução ocorre. E o que talvez seja mais importante, foi mostrado como os próprios traços especiais que caracterizavam os primeiros hominídeos da evolução não foram parte de um desvio maciço, que nos levaria para o mundo dos mamíferos aquáticos, sendo compreensíveis como uma série de consequências diretas da adaptação a um novo ambiente. A resolução de um problema de sobrevivência parecia, inevitavelmente, levar a um outro. A evolução, a remendeira, ia gradualmente grudando novos pedacinhos na linhagem hominídea, ao mesmo tempo que eles lutavam com sua vida cotidiana.

Mas resta um problema. Embora os traços dos hominídeos primitivos – principalmente seu bipedalismo – e suas características distintamente primatas e mamíferas sejam explicáveis nos ambientes aos quais eles vinham se adaptando, e não como uma grande guinada em direção à monogamia, como foi sugerido por Lovejoy, continuamos às voltas com hominídeos robóticos. Esses coletores eficientes, esses animais altamente energéticos, que foram tomando de roldão as planícies africanas, ao passo que os primatas mais letárgicos iam ficando para trás na evolução, parecem muito distantes dos humanos que acabaram por evoluir, com suas intrincadas redes sociais e sua complexa capacidade cognitiva. Até mesmo os babuínos de Dunbar parecem mais realísticos, uma vez que seus problemas ecológicos parecem estar estreitamente interligados a sua organização social. Ao responder à pergunta "por que os humanos são animais tão estranhos?" em termos ecológicos, nas suas estratégias de sobrevivência, acabamos por perder de vista suas outras características distintivas – sua sociabilidade e sua inteligência. As populações, em qualquer espécie, os hominídeos inclusive, não são formadas por indivíduos indiferenciados e homogêneos, mas por machos e fêmeas, jovens e velhos, grandes e pequenos. Será que ser humano implicaria algo mais que ser encalorado, pelado, suarento e cheio de energia em excesso?

8

Por que os Humanos são tão Raros na Evolução?

Esquisitices Evolucionárias

O biólogo evolucionista J. B. S. Haldane observou, certa vez, que se ele tivesse que inferir algo a respeito de Deus com base no estudo da natureza, seria a paixão do criador por besouros. O que ele notou foi um dos aspectos mais fundamentais da ecologia e da evolução – as categorias taxonômicas variam enormemente quanto à sua abundância e à sua raridade e, ao passo que alguns grupos são extremamente diversificados e variados, outros são isolados e únicos. Os besouros ocorrem em grande profusão, o mesmo acontecendo com muitos outros tipos de plantas e animais. Por outro lado, há outros que são verdadeiras excentricidades, estando separados das demais espécies por grandes distâncias. Entre os mamíferos, os roedores são extremamente comuns. Cerca de 50% de todas as espécies vivas de mamíferos são roedoras. Contrariamente, a ordem Hyracoidea (um pequeno grupo africano, os hyraxes, que aparentam ser enormes ratos, mas que de fato são mais aparentados com os elefantes) possui apenas algumas poucas espécies. Em termos quantitativos, os carnívoros de grande porte, como os leões e as hienas, tendem a ser relativamente raros, ao passo que os pequenos herbívoros são, no mínimo, uma ordem de magnitude mais comum.

A tentativa de explicar a fundamentação ecológica desse fato vem, há muitos anos, consistindo na espinha dorsal da ecologia evolucionista. A pirâmide trófica – ou seja, o modo pelo qual se dá a perda de energia, à medida em que esta ascende ao longo da cadeia alimentar, das plantas para os herbívoros, até chegar aos carnívoros – é a explicação mais óbvia para esse padrão, e a variação na quantidade de energia presente nas diversas regiões do mundo ajuda a explicar por que algumas regiões são ricas em espécies, ao passo que outras são pobres. Essa, de fato, foi uma das razões pelas quais a África foi tão importante na evolução dos primatas e dos hominídeos.

Essa questão de o quão comuns as coisas são na evolução vem sendo dirigida, particularmente, para os tópicos mais amplos da biogeografia e da ecologia das comunidades. Essa perspectiva, contudo, nos permite avançar em nosso exame da evolução humana. Seja qual for a maneira usada para caracterizar os humanos, eles são, essencialmente, uma espécie de extrema raridade – rara por não haver espécies semelhantes, e não em abundância ou número dos indivíduos pertencentes a ela. Os humanos são raros por serem mamíferos, os quais, comparados com outros grupos taxonômicos, como insetos e bactérias, não são nem muito comuns nem muito importantes. Eles também são raros por serem animais sociais, e ainda mais raros por fabricarem ferramentas, usarem linguagem e terem uma cultura. Na verdade, ao chegarmos a esse nível de especificidade, eles são únicos.

Essa singularidade coloca um problema, ou melhor dizendo, um paradoxo. É possível defender a ideia de que os humanos são a espécie mais bem-sucedida da evolução como um todo. Essa afirmação não pode ser de todo sustentada (afinal, os humanos são uma espécie jovem, como vimos no capítulo 4, não tendo ainda realmente passado pelo teste do tempo), mas é possível dizer que nenhuma outra espécie produziu tamanho impacto sobre a Terra, conseguiu viver de forma tão global, possui uma população tão vasta ou levou tão longe os limites da adaptação. Embora tudo isso, em algum momento futuro, possa vir a levar à perdição da espécie, no atual estágio é possível afirmar que os humanos levaram a evolução a fronteiras inteiramente inéditas. O que quer que nos tenha tornado humanos – bipedalismo, cérebro, inteligência, cultura etc. – conferiu à espécie, sem dúvida alguma, uma enorme vantagem, levando-a a uma expansão populacional maciça, que é a única medida objetiva do sucesso evolucionário.

É isso que nos conduz ao paradoxo. Se as características humanas conferem tamanhas vantagens, por que razão os demais animais não as possuem? É claro que a seleção teria favorecido o aparecimento frequente dessas características, possivelmente em linhagens amplamente divergentes. Certamente, a linguagem e a cultura, ou simplesmente uma inteligência generalizada, deveriam ter surgido bem cedo na evolução, e se desenvolvido com rapidez, dando origem a muitas das ideias da ficção científica, como hamsters falantes e computadores construídos por golfinhos.

A menção aos golfinhos, sem dúvida, é um lembrete importante de que a singularidade dos humanos, até certo ponto, não passa de uma ilusão, ou, pelo menos, sofre a influência de uma ideia antropocêntrica de evolução. Outros primatas desenvolveram inteligências notáveis, como o fizeram também os elefantes e muitos dos mamíferos marinhos.[1] Os outros hominídeos que foram discutidos ao longo deste livro são claras provas do mesmo fenômeno, tendo evoluído em diversas ocasiões e em espécies proximamente aparentadas. A fabricação de ferramentas foi encontrada em algumas espécies e, como sabemos, há muitas espécies que são capazes de atividades e comportamentos que estão muito além dos humanos. No entanto, só o biólogo mais pedante chegaria a afirmar que tudo isso se equipara ao feito evolucionário humano. O paradoxo do sucesso evolucionário humano, bem como sua raridade, permite que a pergunta básica seja colocada de forma nova: o que faz com que seja tão difícil tornar-se humano?

Tentarei responder a essa pergunta situando-a no contexto de trabalhos recentes, realizados no campo da biologia evolucionária, mas antes de fazê-lo talvez valesse a pena nos livrarmos de duas respostas bastante óbvias às perguntas quanto ao fato de que algo semelhante a um humano ter evoluído apenas uma única vez. A primeira é que a evolução é, essencialmente, um produto do acaso e que, portanto, o fato de "algo parecido com um humano" ter surgido foi uma questão de pura sorte, e foi também por acaso que os hominídeos foram esse primeiro "algo". Essa opinião pode ser considerada a visão mutacionista da evolução. A segunda resposta é que esse algo só poderia mesmo ter acontecido uma única vez porque a presença de "algo parecido a um humano" inibiria a possibilidade de algo mais vir a evoluir no mesmo lugar – um modelo de nichos exclusivos.

A ideia de que a evolução não passa de uma questão de acaso é sustentada por muitos. A evolução é muitas vezes descrita como a introdução randômica de novidades, por meio da ocorrência de mutações genéticas, para usar os termos técnicos. As mutações, para todos os efeitos, são randômicas, randômicas porque não há parâmetro externo que determine onde, quando e que tipo de mutação virá a ocorrer. Dessa forma, nenhum organismo pode direcionar sua própria evolução por meio, por exemplo, do aumento da probabilidade de ocorrência de uma mutação particularmente favorável. O que significa que algo de novo vir ou não a surgir é, de fato, uma questão de acaso, e que há um elemento fortemente randômico na evolução.

---

1   Jerison (1973).

Isso levou à visão de que a evolução, em si, é um processo altamente improvável, que já foi comparado, de forma memorável, à probabilidade de um redemoinho passar por uma oficina e deixar montado um avião a jato.

Essa ênfase na mutação foi muitas vezes usada pelos adversários da evolução como um argumento contra ela. O exemplo clássico é o do olho, discutido por Paley e por praticamente todos os críticos de Darwin desde então. Dada sua complexidade, bem como o número de células, de nervos e de diferentes tecidos em questão, foi estimado que a probabilidade desse conjunto de coadaptações vir a evoluir é infinitesimalmente pequena. Formado por milhões de células que interagem de diferentes maneiras, e dotado de uma função de regulagem fina, o olho aparece como um produto altamente improvável da evolução, se esta for um processo randômico, que exigiria, para sua evolução, mais tempo do que toda a idade do universo. A probabilidade de os humanos chegarem a evoluir, com todas as suas complexas coadaptações, obviamente, é menor ainda. Poder-se-ia então dizer que os humanos, no contexto evolucionário, são extremamente improváveis. A questão de por que razão não há outros animais parecidos com os humanos sequer chega a surgir, uma vez que não é de esperar que um acontecimento tão improvável venha a ocorrer duas ou mais vezes. Na verdade, o grande milagre é o próprio fato de os humanos existirem e, é claro, um criacionista diria que as probabilidades de isso jamais ter acontecido são tão fantasticamente altas que a mão do criador deve estar à espreita, em algum lugar por trás do pano.

No entanto, como apontado por Richard Dawkins, essa é uma visão equivocada do papel do acaso na evolução.[2] O acaso é importante, sem dúvida, mas ele opera em conjunção com um mecanismo altamente determinístico, o da seleção natural. O elemento acaso ocorre em diversos níveis da evolução. O genético é um deles, na medida em que as mutações são erros no processo de replicação e, ao ocorrerem, certamente apresentam um elemento fortemente estocástico. No nível das populações também há ocorrências em virtude do acaso, como, por exemplo, onde e quando um vulcão irá entrar em erupção, ou que populações serão submersas por uma elevação do nível do mar. No entanto, embora a introdução de novidades evolucionárias no mundo talvez se deva ao acaso, o mesmo certamente não acontece com seu destino subsequente. Neste ponto, entram em operação a seleção natural e a adaptação. Se uma mutação específica irá ou não sobre-

---

2 Dawkins (1986).

viver, vai depender de ela oferecer ou não uma vantagem de sobrevivência e de reprodução. Isso não se deve ao acaso, mas a fatores competitivos e ambientais. A seleção, de fato, torna o ritmo da evolução significativamente mais rápido. Dawkins demonstrou esse fato com uma analogia, baseada no velho sonho de vingança de todas as crianças contra seus professores de inglês – de que, havendo tempo suficiente, um macaco, datilografando ao acaso, seria capaz de escrever as obras completas de Shakespeare.

Dawkins tomou um único verso de Hamlet: "A mim, parece uma fuinha", e calculou que o inapto macaco teria uma chance de uma em 103 de acertar esse único verso. Reservando apenas um tempo mínimo para que o pobre macaco e seus descendentes continuassem comendo e se reproduzindo num ambiente excepcionalmente benigno e constante, e pressupondo uma datilografia de velocidade razoável, essa tarefa consumiria quase um bilhão de bilhões de bilhões de anos. Dawkins, entretanto, introduziu uma forma de seleção natural nessas variações randômicas: cada vez que uma letra estivesse no lugar correto (isto é, era igual à da citação), ela tornava-se fixa. Em termos darwinianos, ela era a mais apta, não podendo ser expulsa por letras alternativas. Quando a seleção entrava em operação, a meta podia ser atingida no tempo de vida de um único macaco e, por sinal, após um número médio de cinquenta tentativas.

Quando aplicado ao problema da probabilidade de os humanos virem a evoluir, a seleção natural traz de volta ao quadro geral a questão dos outros animais. Se a seleção natural confere tanta vantagem aos humanos e às características humanas, estas, então, deveriam ter ocorrido em diversas linhagens, e poderíamos mesmo fazer a pergunta: por que não mais cedo? Talvez possamos chegar à resposta ao "por que não mais cedo" se nos lembrarmos que, como verificamos no capítulo 6, o aparecimento de novas características depende de circunstâncias históricas e de adaptações prévias, e estas podem só ter ocorrido no contexto dos traços basais preexistentes nos hominídeos. No entanto, as tendências generalizadas levando a cérebros maiores e à sociabilidade, entre os primatas e outros mamíferos, e a outros sinais de uma maior flexibilidade comportamental, entre os grandes mamíferos, podem ser tomadas como prova de que os humanos são parte de um *continuum* seletivo. Pode-se daí inferir que existem pressões seletivas fortes e generalizadas, favorecendo as características comportamentais e biológicas do tipo encontrado entre os humanos, bem como obstáculos à sua evolução. O paradoxo, assim, permanece.

A segunda solução para ao problema é afirmar que, uma vez os humanos tendo aparecido, seu nicho se tornou tão poderoso e abrangente que a evolução de outras espécies na mesma direção se tornou impossível. Esse argumento, aliás, foi utilizado de uma série de maneiras. Wolpoff o empregou para contestar a existência de mais de uma espécie de hominídeos nos primórdios do Pleistoceno africano.[3] Todos os hominídeos são portadores de cultura, sugeriu ele, e a cultura permite aos hominídeos ocupar hábitats de todos os tipos, de modo que só pode ter havido um único hominídeo. Sabe-se, com base no registro de fósseis, que essa teoria simplesmente não se sustenta, e os indícios mostram que, por boa parte do tempo, houve mais de uma espécie de hominídeos e que algumas das características dos hominídeos podem ter evoluído mais de uma vez e em paralelo. As irradiações adaptativas por nós examinadas são prova adicional das vantagens seletivas das características geralmente associadas aos humanos e de sua ocorrência generalizada entre os hominídeos.

Ainda mais surpreendente é a hipótese da desumanização, proposta por Kortland.[4] Ele levou ainda mais longe a natureza universalmente abrangente da adaptação humana, afirmando que os milhões de anos de coexistência com os hominídeos e humanos africanos atuaram como uma severa pressão seletiva sobre os chimpanzés, levando-os a se tornarem "menos humanos" para evitar competição com estes. O último ancestral comum dos chimpanzés e dos humanos, segundo esse modelo, teria sido mais parecido com os humanos do que os atuais chimpanzés.

Por mais atraente que seja esse modelo, há poucos indícios que o corroborem, na sua expressão mais direta. Na sua expressão mais indireta, não há duvida de que Kortland apresentou um argumento ecológico importante, que, contudo, também é posto em xeque pela coexistência de uma série de espécies hominídeas, ao longo de boa parte de sua história evolucionária.

Embora seja possível defender a ideia de que os humanos modernos tendem a não permitir a sobrevivência de grupos taxonômicos proximamente aparentados a eles, e que o desaparecimento dos hominídeos arcaicos, durante as últimas centenas de milhares de anos, é prova dessa intolerância, esse argumento não pode ser aplicado de modo geral a toda a extensão da evolução dos hominídeos. Para explicar a raridade do fenômeno hominídeo, e talvez até mesmo do humano, devemos examinar não apenas os benefícios de ser humano mas também seus custos.

---

3 Wolpoff (1971).
4 Kortland (1972).

O Preço do Sucesso Evolucionário

É natural que quando os humanos comparam a si próprios com os outros animais tendam a pensar nas vantagens que têm sobre os demais, e a ver as diversas características humanas como enormemente benéficas. Se as pessoas chegam a pensar nas desvantagens dos humanos, será ou para enfocar uns poucos exemplos de desconforto anatômico – dor na parte inferior das costas, partos difíceis – ou para dar ênfase à ideia de que os humanos sofrem de uma série de excessos evolucionários. Pode-se dizer que o cérebro humano tornou-se demasiadamente poderoso e, por essa razão, os humanos são, hoje, uma espécie fora de controle. No mais das vezes, contudo, os humanos podem olhar a maioria das outras espécies com superioridade complacente, e ver nossas adaptações, no cômputo geral, como bastante vantajosas.

A questão da raridade evolucionária, entretanto, coloca uma nova questão. Já que as características humanas são tão benéficas, elas deveriam ter evoluído inúmeras vezes, e se tal não aconteceu, a razão deve ser a existência de pesados custos e desvantagens. Essa é a lógica impiedosa do processo evolucionário.

Uma das maneiras de encarar a evolução é verificando custos e benefícios.[5] Os novos traços surgem por serem vantajosos, por conferirem benefícios de algum tipo. O benefício costuma ser tanto direto quanto indireto. O benefício direto pode ser estritamente funcional. Por exemplo, o estranhíssimo primata de Madagascar, o lêmure (*daubentonia*), tem nas mãos um dedo médio extremamente alongado. Esse dedo é conhecido como a garra-agulha, por ser longo e fino, sendo usado para penetrar por detrás das cascas das árvores para dali extrair insetos para comer. Sem esse dedo em forma de garra o lêmure não seria capaz de se alimentar de forma tão eficiente, de modo que é possível afirmar, com algum grau de segurança, que a evolução de dedos cada vez mais longos ofereceu benefícios diretos. O fato de esses dedos terem chegado a evoluir, contudo, deve-se a que eles, além do mais, ofereciam benefícios indiretos, o do aumento do sucesso reprodutivo. Os indivíduos com dedos relativamente mais longos contavam com uma vantagem energética que se traduzia em mais filhos e, portanto, em mais descendentes que seus pares de dedos mais curtos. As vantagens ecológicas e energéticas levaram a vantagens reprodutivas e, portanto, ao sucesso evolucionário.

---

5   Krebs & Davies (1991).

As novas características, pois, evoluem e se disseminam em razão dos benefícios trazidos por elas. Isso, contudo, é apenas metade da equação evolucionária. Nenhum órgão biológico oferece apenas benefícios, ele vem também com custos. Dois tipos de custos são imediatamente óbvios. O primeiro é metabólico e energético. Um dedo mais comprido tem mais células, leva mais tempo para crescer e é, portanto, mais "caro" que um dedo curto. Ao pensarmos na evolução do dedo-agulha do lêmure, temos que comparar os benefícios – um ganho de eficiência na obtenção de energia dada pelos insetos escondidos por detrás da casca das árvores – com os custos de desenvolver e manter um dedo maior e todos os músculos e o controle neural associado a ele. Neste caso, os custos podem ter sido indiferentes, mas não é difícil pensar em exemplos nos quais os custos nada tiveram de indiferentes. Os cavalos cresceram muito em tamanho desde que os primeiros deles evoluíram no Eoceno, de cerca de vinte quilos para os quatrocentos quilos de uma zebra moderna.[6] Uma série de explicações para esse aumento de tamanho podem ser sugeridas. Uma delas é que um animal maior está menos sujeito a predadores que um animal pequeno. Tornando-se maior, a linhagem dos cavalos ganhou o benefício de ver-se livre dos predadores menores (embora, é claro, ela tenha pago o preço de se tornar mais atraente para os grandes predadores). O mais importante, contudo, é que os cavalos tiveram que pagar, em dispêndio energético, o preço consideravelmente mais pesado de mais que dobrar o tamanho corporal, mudança essa que deve ter transformado por completo a biologia desse grupo. No entanto, aqui também os benefícios superam os custos.

O segundo tipo de custos é aquele a que os economistas se referem como custos de oportunidade. Quando alguém decide gastar dinheiro em algum bem de consumo, ou investir numa empresa, essa pessoa não está impondo a si mesma apenas um conjunto de custos diretamente relacionados ao preço em questão. Quando se investe dinheiro num produto, paga-se também um custo pela perda das oportunidades de usar esses recursos de outra forma. Além do mais, os custos de oportunidade não são medidos apenas por outras opções de gastos, mas também pelo tempo gasto fazendo uma coisa e não outra, ou de estar no lugar errado, deixando assim de aproveitar outras alternativas vantajosas.

As mudanças evolucionárias também impõem custos de oportunidade. O pescoço comprido da girafa é extremamente benéfico para coletar alimentos no topo das árvores, mas, sem dúvida, há custos de oportunidade quando se

---

6   MacFadden (1992).

trata da capacidade de se movimentar na densa floresta tropical. Um leão que decida perseguir uma pequena gazela Thomson talvez tenha que pagar um custo de oportunidade, se houver, a uns poucos metros de distância, um animal selvagem muito maior e mais saboroso. Cada passo dado ao longo de um determinado caminho evolucionário fecha diversos outros caminhos.[7]

Este argumento é muito semelhante ao apresentado no capítulo 6, com relação à importância dos fatores históricos na determinação das trajetórias evolucionárias. Os acontecimentos passados impõem custos a todos os organismos por seu potencial evolucionário, e todas as adaptações também impõem custos diretos, relativos ao crescimento e à manutenção do equipamento físico necessário para colocá-las em prática. Como isso pode nos ajudar a entender a evolução humana?

Os Custos e Benefícios de Ser Humano

Quando passamos das generalidades da teoria da evolução para as especificidades da evolução humana, é possível direcionar o modelo do custo/benefício para a obtenção de respostas para as perguntas sobre a razão da raridade humana. Se os humanos, como classe evolucionária, são raros, pensar sobre os custos envolvidos no "ser humano" permite duas respostas diferentes, que, entretanto, são relacionadas entre si.

A primeira resposta é que as pressões seletivas não foram fortes o suficiente. Se novas características evoluem quando os benefícios conferidos por essas características conferem vantagens reprodutivas, então, obviamente, seria de esperar que as características humanas tenham permitido aos indivíduos que eram "mais hominídeos" ou "mais humanos" alcançar um nível mais alto de sucesso reprodutivo e deixar mais filhos vivos. Uma vez que seleção é o termo usado para designar as diferenças de sucesso reprodutivo, entre diferentes características ou estratégias, se as diferenças vantajosas de sucesso reprodutivo entre os mais humanos e os menos humanos não tivessem sido suficientemente fortes, traços tais como o bipedalismo ou os cérebros grandes jamais teriam evoluído. A conclusão inevitável seria a de que ser humano oferece poucas vantagens evolucionárias ou adaptativas favorecidas pela seleção – que o ambiente seletivo "prefere" os mamíferos e macacos antropoides comuns.

---

7 Krebs & Davies (1991).

A primeira resposta, sem dúvida, esconde a segunda resposta. É claro que há vantagens em ser humano, e que é fácil postular os inúmeros benefícios resultantes do bipedalismo (alcançar os frutos mais altos ou fabricar ferramentas), ou de ser inteligente (planejar o futuro e montar estratagemas para ascender na escala social), ou de ser pelado (evaporar água mais rapidamente e, assim, manter-se mais fresco). O que permanece oculto é a razão de esses benefícios não terem sido suficientes e, consequentemente, de as pressões seletivas não terem sido fortes o bastante. Cada uma dessas características implica custos – o ser bípede implica o custo de não mais ser capaz de subir em árvores com tanta facilidade; o de ser desprovido de pelos, o custo da exposição a radiações nocivas; o de ser inteligente, o custo de uma indecisão constante, talvez. Não se trata de que as características não confiram benefícios, mas sim de que esses benefícios, para a maior parte das espécies, não compensam os custos correspondentes.

Essa conclusão permite que nos demos conta de que a pergunta sobre a raridade ou não dos humanos ou de qualquer outra categoria taxonômica, na verdade, apenas disfarça uma outra pergunta, uma pergunta muito mais técnica e passível de ser respondida: sob que condições os benefícios advindos da posse de características hominídeas ou humanas excedem seus custos? Uma resposta a essa pergunta é, potencialmente, de grande importância. Em primeiro lugar, ela fornece uma resposta à pergunta de por que a humanidade existe no mundo biológico, um problema nada desinteressante. Em segundo lugar, colocada dessa forma, a pergunta contorna o antropocentrismo e a circularidade de boa parte da antropologia, por ser expressa de modo a abordar tanto o problema da presença como o da ausência (ou abundância e raridade) de diferentes linhagens evolucionárias. E, em terceiro lugar, por ela enfocar não apenas a espécie de hominídeos em evolução, mas também os contextos e os ambientes nos quais eles evoluíram. Já estamos além do simples problema da existência humana, concentrando-nos nas especificidades do tempo e do lugar onde ela veio a ocorrer.

O Cérebro e a Importância do Tamanho

Tendo conseguido abrir caminho por entre as defesas externas da singularidade humana, talvez tenha chegado a hora de enfrentarmos a questão mais difícil, a de fornecer uma explicação evolucionária para aquilo que realmente torna os humanos tanto diferentes quanto raros dentro do campo da biologia evolucionista. O bipedalismo pode ser importante e interessante, mas, afinal de contas, trata-se apenas de uma maneira de se locomover que, por sinal, é compartilhada com os pássaros. Ser pelado e suarento pode ser incomum entre os mamíferos, mas não se pode dizer que seja esse o elemento mais importante do mundo moderno, visto que muitas pessoas passam boa parte de seu tempo tentando vestir-se mais e suar menos. O mais importante, contudo, é que os humanos são uma espécie extremamente inteligente, possuindo enorme capacidade de pensar, falar, compreender e comportar-se de maneiras que se ramificam para muito além do indivíduo. Os humanos, além disso, vivem em grupos societários, e a sobrevivência, como mencionado no capítulo 3, depende quase que inteiramente da capacidade de manter relações sociais.

O capítulo 3 examinou também o problema do hiato entre os humanos e os outros animais que atualmente existem. Embora esse hiato possa ser uma ilusão, na medida em que sabemos, com base no registro de fósseis, que houve diversos hominídeos que foram intermediários entre os mundos humano e animal, o problema mesmo assim permanece: quando se trata de inteligência, até que ponto os humanos são diferentes? Comparar as capacidades cognitivas de diferentes espécies apresenta inúmeros problemas. Algumas abordagens tendem a realçar as diferenças. Afinal, somos nós, os humanos, que estamos realizando os testes, de maneira que tem que haver uma tendência inata em direção a habilidades que dependem do contexto humano. Talvez não seja por acidente que tantas pesquisas tenham enfocado as capacidades linguística e de comunicação, uma vez que a inteligência humana está intimamente vinculada à linguagem, o que talvez não aconteça em outras espécies. Os roedores, por exemplo, certamente teriam notas bem baixas quando se trata de cognição de base linguística, mas eles, por outro lado, têm uma capacidade extraordinária para resolver problemas espaciais tridimensionais.

Por outro lado, há pressupostos que tendem a desvalorizar a inteligência animal. Boa parte das pesquisas mais antigas era marcada pelo problema da antropomorfização das capacidades animais. Há uma tendência natural a querer que os animais objeto dos experimentos ou das observações se saiam bem, e, na verdade, a própria intenção do trabalho é mostrar quão inteligente é um determinado primata. As pessoas que não acreditam que os chimpanzés sejam capazes de linguagem raramente optam por trabalhar nesse campo. Em termos históricos, portanto, muitas capacidades foram atribuídas sem que houvesse provas suficientes e incontestáveis a seu favor. Para contrabalançar essa tendência, verifica-se hoje a tendência oposta, de não fazer nenhuma pressuposição, ou de não tirar qualquer conclusão a não ser que as provas sejam absolutamente irrefutáveis. Isso significa que, na maioria dos estudos atuais, parte-se do princípio de que os animais não possuem inteligência, ou não são conscientes, ou são incapazes de uma determinada habilidade, salvo prova definitiva em contrário. Dá-se preferência a outras explicações mais parcimoniosas, e o ônus da prova praticamente cabe aos animais. O resultado é que muitos dos psicólogos, hoje em dia, talvez estejam subestimando as capacidades dos animais que são objeto de seus estudos, a fim de evitar as ciladas do antropomorfismo.

Em face desses problemas, o que se pode dizer sobre a inteligência humana em perspectiva comparativa? Enfocando de maneira específica os primatas que são nossos parentes próximos, há consenso em que os chimpanzés não possuem linguagem, no sentido em que os humanos a possuem. Além daí, o consenso se desfaz, embora algumas linhas básicas possam ser estabelecidas. O reconhecimento de indivíduos, e não apenas de categorias e de indivíduos da mesma espécie, é comum entre os mamíferos e os pássaros. A identificação de diferentes categorias de predadores já foi observada em macacos vervet, e outros macacos, bem como outras espécies são capazes de avaliar a qualidade e a abundância das fontes de alimento. Já foi demonstrado que os leões e os gibões classificam os indivíduos como estranhos e conhecidos, e também são capazes de contar o número de indivíduos. Os elefantes e a maioria dos primatas são muito astutos no que se refere a atribuir e avaliar a posição social e a condição sexual de outros indivíduos. Os agrupamentos sociais, de maneira geral, baseiam-se em parentesco, e a maior parte das espécies consegue distinguir os parentes dos não parentes em graus muito sofisticados. Ficou demonstrado que, além de conhecer sua própria relação com os demais indivíduos, os membros de muitas espécies de primatas distinguem e classificam as relações entre terceiros – as relações entre dois outros indivíduos. Além do mais, há amplas provas de que muitas espécies têm conhecimento detalhado do meio ambiente, são capazes de movimentar-se nesse ambiente e desempenhar manipulações complexas de seus elementos, incluindo a construção de ferramentas. E, pelo menos no tocante aos chimpanzés, suas capacidades atingem manipular relações, enganar outros indivíduos e sentir empatia com o estado emocional de um outro.[8]

Embora essas conclusões extraídas de outras espécies existentes forneçam um esquema básico, sofrem de um grave defeito. Poucas dessas capacidades poderiam ser inferidas, com algum grau de certeza, com base no registro de fósseis, ou usando técnicas arqueológicas, de modo que elas

---

8 Cheyney & Seyfarth (1990); Byrne & Whiten (1986); Whiten (1991).

têm pouca relação com as muitas espécies de hominídeos situadas no espaço evolucionário no qual os humanos modernos de fato evoluíram. Somos, assim, forçados a recuar um estágio, tendo que encontrar algo que possa ser comparado entre espécies e ao longo do tempo. O tamanho do cérebro parece ser a solução óbvia.

Os humanos apresentam um tamanho cerebral médio de cerca de 1.400 centímetros cúbicos, ou 1.400 gramas. Os cérebros dos chimpanzés pesam, em média, quatrocentos gramas, ou cerca de um quarto desse tamanho. Um macaco do Velho Mundo médio, como um pequeno babuíno, terá um cérebro de aproximadamente cem gramas. Esse número, por sua vez, pode ser comparado ao de um mamífero de tamanho equivalente, como um cachorro, ou um mamífero de tamanho médio, cujo cérebro pesaria menos de cinquenta gramas. Além do mais, os diversos fósseis hominídeos que já discutimos também podem ser situados nessa linha de tamanhos cerebrais crescentes e decrescentes – os primeiros australopitecinos, com cerca de 450 gramas; os primeiros *Homo*, há dois milhões de anos, com cerca de 750 gramas; e os *Homo erectus*, entre oitocentos e 1.200 gramas.

O tamanho do cérebro, assim, parece ser um substituto ideal para a mensuração da inteligência. Na verdade, não se trata realmente de um substituto,

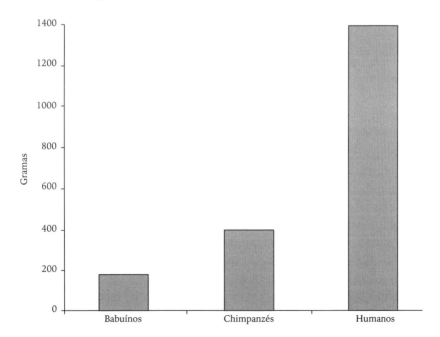

Tamanho cerebral médio para macacos, grandes macacos antropoides e humanos.

na medida em que o cérebro é o órgão que desempenha o processamento de informações e o pensamento. O tamanho do cérebro humano, sendo tão maior que o de qualquer parente próximo, parece ser a prova que confirma a grande extensão da diferença existente entre os humanos e as demais espécies, bem como o fato de os humanos serem mais inteligentes. Quando o tamanho do cérebro é projetado no tempo, podemos também observar tanto o inexorável crescimento do cérebro ao longo do tempo geológico quanto as mudanças relativamente rápidas que ocorreram, mais especificamente durante a fase tardia da evolução dos hominídeos. Os humanos são raros não apenas pelo seu comportamento, mas também pelas bases anatômicas e neurobiológicas desse comportamento.

É óbvio que esse argumento contém uma falha. Um exame mais geral do tamanho dos cérebros mostra que o cérebro humano não é o maior. O elefante tem um cérebro pesando entre 4,5 a cinco quilos, consideravelmente maior que o dos humanos. Os cérebros das maiores baleias podem chegar a dez quilos, quase dez vezes o tamanho de um cérebro humano. Deveríamos

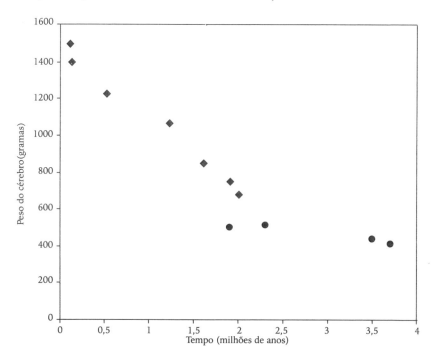

O padrão de aumento do tamanho do cérebro na evolução humana. Cada ponto do gráfico representa o tamanho do cérebro do hominídeo à época de seu aparecimento no registro de fósseis. Os círculos representam os australopitecinos, e os losangos, os *Homo*.

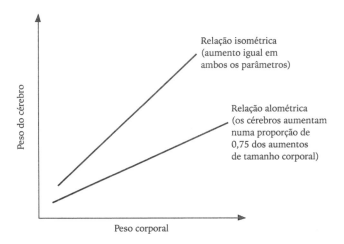

O peso do cérebro é determinado, particularmente, pelo peso corporal, de maneira que os animais maiores têm cérebros maiores. Na verdade, a relação entre peso cerebral e peso corporal é alométrica – ou seja, o peso do cérebro aumenta mais lentamente que o peso corporal. Os animais maiores, portanto, têm cérebros relativamente pequenos, embora eles sejam grandes em termos absolutos. A natureza exata da relação alométrica torna possível extrair inferências significativas sobre a evolução dos cérebros na evolução dos primatas e dos hominídeos.

então concluir que os humanos não são assim tão raros, e que muitas outras espécies desenvolveram as mesmas capacidades, ou pelo menos o mesmo potencial? Talvez, mas chegar a essa conclusão sem antes considerar o efeito do tamanho em geral seria prematuro.

À primeira vista, poderia parecer mais simples usar o tamanho relativo do cérebro, e não o tamanho absoluto. Os cérebros humanos representam cerca de 3% do peso corporal, ao passo que o do elefante representa apenas 0,2%. Os cérebros dos chimpanzés corresponderiam a cerca de 1% de seu peso. A ordem natural foi restabelecida. Infelizmente, essa abordagem pode ser enganosa, na medida em que ela pressupõe que todas as partes do corpo aumentam de tamanho na mesma proporção (isometria) e que o próprio tamanho não tem efeitos sobre os demais aspectos da biologia.

Na biologia, as pesquisas que buscam a compreensão da relação entre tamanho e forma têm uma longa história. Pioneiros como D'Arcy Thomson e Julian Huxley[9] estabeleceram, no início do século XX, que certos princípios

---

9 D'Arcy Thomson (1942); J. S. Huxley (1932).

e generalidades embasam a maneira pela qual o tamanho e a forma dos órgãos individuais são alterados, à medida que o animal cresce. Isso pode ser observado de forma bastante clara se examinarmos as pernas dos animais. As pequenas gazelas têm pernas relativamente longas e finas, ao passo que os elefantes têm pernas curtas e grossas. Se pensarmos em relação, poder-se-ia esperar que elas fossem igualmente longas ou igualmente curtas. Na verdade, quando o tamanho do corpo aumenta, o diâmetro de uma perna aumenta muito mais rapidamente que seu comprimento. A razão para isso é que as pernas têm que sustentar o peso do animal, e como essa é uma medida volumétrica, ela aumenta muito mais rapidamente do que a altura. Os aumentos de altura, na verdade, são apenas a raiz cúbica dos aumentos de peso.

Essa relação entre forma e tamanho é conhecida como alometria. Esse termo expressa a ideia básica de que coisas diferentes crescem em proporções diferentes. As relações alométricas podem ser exploradas localizando-se, num gráfico, o tamanho total de um animal e o tamanho de suas partes constituintes – nesse caso, é claro, o cérebro. Se ambos aumentarem na mesma proporção, haverá isometria (a linha ascendente, no gráfico, apresentará um ângulo de 45°). Se as proporções forem diferentes, haverá então um fator alométrico a ser considerado no cálculo do tamanho relativo. Isso pode ser feito por meio do cálculo de uma equação para prever o tamanho de cérebro esperado para um animal de um determinado tamanho. Por exemplo, a equação para prever o tamanho do cérebro de mamíferos é:

tamanho esperado do cérebro = (0,76 x peso corporal) + 1,77

(para essa equação, é necessário transformar os valores tanto do peso corporal como do peso do cérebro em seus logaritmos).

Para um elefante, esse cálculo seria o seguinte:

tamanho esperado do cérebro = (0,76 x log 2.766.000 gramas de peso corporal) + 1,77

ou

tamanho esperado do cérebro = 4.632 gramas ou 4,6 quilos

A comparação entre o tamanho esperado e o tamanho real do cérebro mostra que eles são bastante semelhantes – cerca de 4,75 quilos. Daí se conclui que um elefante possui um cérebro que tem, aproximadamente, o tamanho apropriado para seu tamanho corporal. Isso pode ser formalizado por meio do cálculo do que é conhecido como quociente de encefalização, ou QE,[10] uma medida da relação entre o tamanho real e o tamanho esperado, e que é calculado simplesmente por meio da divisão do primeiro pelo segundo:

QE = tamanho observado do cérebro / tamanho esperado do cérebro

ou, no caso do elefante:

QE = 4,75 / 4,6 = 1,03

Um QE de 1 significa que os tamanhos observado e esperado são aproximadamente equivalentes (um mamífero típico). Maior que 1 significa que o animal tem um cérebro maior que o esperado, ao passo que menor que 1 significa abaixo da média. Essa abordagem demonstra que o simples uso de percentagens teria levado a erro, uma vez que, à medida que os animais se tornam maiores, seus cérebros aumentam em tamanho, mas não tão rapidamente quanto o tamanho corporal. Os animais de grande porte, todos os demais fatores sendo iguais, têm cérebros relativamente pequenos.

Passar, com algum grau de detalhe, por toda essa matemática teve um propósito, já que voltaremos a este ponto mais adiante, quando os números nos fornecerão informações adicionais. No momento, contudo, o que alcançamos é aquilo que seria uma maneira mais significativa de comparar o tamanho dos cérebros ao longo do tempo. O cálculo dos QEs mostra que os humanos têm um QE de cerca de 7,0, os chimpanzés de cerca de 2,4, e os gorilas de cerca de 1,14. E o que é mais importante, os primatas, como um todo, têm QEs maiores que 1, mostrando que sua evolução foi caracterizada pela evolução de cérebros maiores.

O cálculo dos QEs para os hominídeos extintos já não é tão simples, na medida em que ele exige que sejamos capazes de estimar não apenas o tamanho do cérebro mas também o tamanho corporal,[11] o que significa derivar equações semelhantes que prevejam a massa corporal total com base nas medidas específicas de ossos individuais (por exemplo, a área da seção transversal do fêmur). Quando esses cálculos são feitos, verificamos que o padrão de alteração do QE dos hominídeos não é constante. Os hominídeos

---

10 Jerison (1973); Martin (1983); Eisenberg (1981).
11 McHenry (1992).

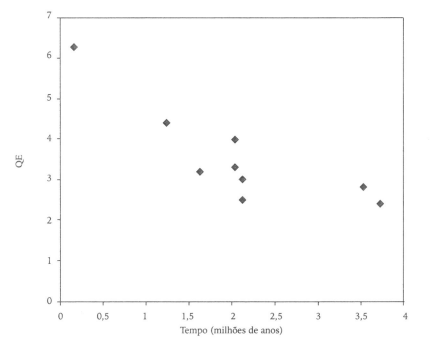

O tamanho relativo do cérebro, medido aqui como QE, ou quociente de encefalização, dos grupos taxonômicos de fósseis hominídeos, mostrado em relação ao tempo.

primitivos – os australopitecinos – têm quocientes de encefalização entre 2,2 e 2,9, pouco diferentes do dos chimpanzés. Os primeiros *Homo* (até cerca de um milhão de anos atrás) tinham um QE de até 3,5, e os dos *Homo* mais tardios eram superiores a 4,0. No decorrer dos últimos trezentos mil anos, mais ou menos, verificou-se um aumento relativamente rápido nos QEs, até chegarmos ao número moderno, entre 6,0 e 7,0.[12]

Os QEs permitem a comparação entre espécies de diferentes tamanhos, e também comparações ao longo do tempo. Os QEs demonstram que os humanos têm cérebros que, em tamanho, são tão singulares quanto os comportamentos gerados por eles. Os primatas, de modo geral, aparecem como tendo cérebros grandes, o que confirma a compreensão intuitiva de que eles são animais inteligentes. No entanto, os animais que possuem o QE mais próximo ao dos humanos não são os macacos antropoides, mas sim os golfinhos.[13]

---

[12] Aiello & Dean (1990); Martin (1983, 1989).
[13] Martin (1981).

É claro que a inteligência implica mais que simplesmente o tamanho do cérebro. Há indícios de que, durante a evolução da inteligência, nem todas as partes do cérebro evoluíram de forma igual, e de que nem todas são igualmente importantes. O neocórtex e o lobo pré-frontal, particularmente, podem ser de importância fundamental para os tipos de inteligência que são considerados interessantes nos humanos e nos demais primatas, e suas medidas podem ser úteis. Contudo, na escala muito geral aqui usada, eles acusam resultados bastante semelhantes. É importante também enfatizar que, ao examinarmos o grande quadro da evolução do cérebro, estamos discutindo alterações de tamanho cerebral que cobrem várias ordens de magnitude, e mesmo entre os hominídeos, houve no mínimo uma duplicação de tamanho. Essa escala de variação é muito maior que a encontrada entre os humanos, e há pouca ou nenhuma indicação que leve a crer que essas pequenas variações, no contexto da espécie humana, tenham grande importância.

O exame da natureza comparativa do cérebro e da inteligência nos humanos, nos macacos e nos mamíferos mostrou que, embora o que é visto nos humanos possa ser situado num *continuum* com as demais espécies, especialmente se os fósseis hominídeos forem levados em conta, permanece sendo verdadeiro que as espécies que se aproximam da condição humana são, na escala geral da natureza, relativamente raras. O que temos que perguntar, portanto, é com que outros fatores evolutivos a inteligência pode ser relacionada. Em outras palavras, por que ser inteligente?

Por que ser Inteligente?

Qualquer pessoa que tenha algum conhecimento sobre animais sabe que algumas espécies são claramente muito inteligentes, e outras, muito estúpidas. Os animais preferidos pelos circos e pelos parques de diversões tendem a ser os que melhor respondem a ser ensinados pelos humanos, e estão entre os mais inteligentes – cavalos, focas, elefantes, chimpanzés e golfinhos. Por outro lado, contemplar um búfalo ou um gnu, morosa e inertemente parados em meio à savana africana não inspira o pensamento de estarmos diante de um gênio zoológico. Conforme o modelo evolucionário de custo/benefício, desenvolvido neste capítulo, os animais mais inteligentes desenvolveram cérebros grandes para auferirem benefícios. Quais seriam então os benefícios de ser inteligente – para que serve a inteligência?

Duas respostas básicas foram fornecidas a essa pergunta. A primeira delas pode ser descrita como a resposta do ecólogo.[14] Alguns animais têm cérebros maiores que os outros porque precisam desse acréscimo de inteligência para sobreviver em seu meio ambiente. Diversos fatores podem estar aí em ação. Por exemplo, os predadores, para comer, dependem de suas presas, que podem ser mais rápidas, podem se esconder, podem adotar táticas de evasão ou podem habitar em áreas diferentes em momentos diferentes. Seu meio ambiente, portanto, é mais complicado do que, digamos, o de um herbívoro que viva sobre um gramado. Responder à complexidade ecológica e à mudança exige um cérebro maior, capaz de níveis superiores de processamento de informação. Isso se aplica aos carnívoros em relação não apenas aos herbívoros em geral, mas também a diferentes tipos de herbívoros. Um primata como um chimpanzé, que se alimenta de forma eclética, ingerindo comida nutritiva como insetos, frutas e pequenos mamíferos, tem um ambiente e um universo ecológico muito mais complexo que um gorila, por exemplo, que já foi comparado a um comedor de folhas que vive numa saladeira.

O tamanho é outro fator. Os animais de grande porte necessitam de mais comida que os menores, de modo que eles tendem a precisar de uma área ou de um raio territorial maior no qual forragear. Esses raios territoriais maiores exigem melhor senso de direção, melhor capacidade de navegação e, talvez, maior capacidade de memória e de previsão. Um outro fator talvez seja a duração da vida do animal. Animais que vivem por apenas um curto período de tempo passam por poucas alterações ambientais, mas aqueles que, como os elefantes, vivem por cinquenta anos ou mais, podem ter que enfrentar muitas mudanças na distribuição dos alimentos, tendo, portanto, que ser mais flexíveis e mais adaptáveis.

A conclusão inevitável seria a de que a maior parte dos animais inteligentes são os mais ecologicamente complexos. Não há dúvida de que essa opinião é corroborada por um considerável corpo de provas. Entre os primatas, por exemplo, se espécies proximamente aparentadas forem comparadas entre si, uma delas tendo uma agenda forrageadora complexa, e a outra alimentando-se de itens de fácil obtenção, verificaremos que a primeira espécie possuirá o QE mais alto. Os gorilas, na sua saladeira, têm QEs de 1,14; os chimpanzés onívoros, de 2,4. O babuíno gelada, que é uma verdadeira máquina de cortar grama, tem um cérebro relativamente pequeno, se comparado ao babuíno *papio*, de alimentação mais generalizada e frugívora.[15]

---

14   Milton (1988); Clutton-Brock & Harvey (1980); Gibson (1986).
15   Foley & Lee (1991).

A resposta do ecólogo é sem dúvida atraente, embora não tenha tido aceitação ampla. É certo que há uma tendência geral aos cérebros maiores estarem associados a ambientes e estratégias de coleta mais complexos, mas as exceções são muitas. A dieta dos primatas não é visivelmente mais complexa e de difícil obtenção que a dos carnívoros e, no entanto, os primatas têm cérebros maiores. Muitas espécies de roedores e pássaros conseguem lidar com processos muito complexos de busca e extração de alimento, com nada além de uma pequena quantidade de tecido neuronial. A ecologia é sugestiva, mas não conclusiva. A segunda resposta foi proposta por Nicholas Humphrey e outros como Andy Whiten e Richard Byrne, e é conhecida como a hipótese social.[16] O argumento usado é o seguinte: não há dúvida de o problema de encontrar comida e evitar predadores pode, muitas vezes, ser de grande complexidade, mas, por outro lado, esse problema é relativamente estático. De maneira geral, não é tão difícil prever onde os frutos vão aparecer, e um leão não tarda a aprender que os gnus têm que beber água. A ecologia, portanto, é relativamente previsível, não exigindo grande inteligência nem, especialmente, grande flexibilidade. Já o contrário acontece com as interações sociais – ou seja, as interações entre indivíduos da mesma espécie.

A sociabilidade, assim como os cérebros grandes, é relativamente rara na evolução. A maior parte das espécies vive uma vida solitária, encontrando-se com outro membro da mesma espécie uma única vez, e de passagem, ou para copular ou para lutar. Seria errôneo, contudo, supor que a sociabilidade é unicamente humana. A ordem dos primatas é predominantemente social, e há outros grupos de mamíferos – por exemplo, os canídeos, ou a família dos cachorros – nos quais a sociabilidade é extremamente desenvolvida.[17] O impacto desse fato sobre a evolução é de importância fundamental.

Em primeiro lugar, contudo, é necessário esclarecer o que queremos dizer por sociabilidade e por ser sociável. A interpretação mais extrema do termo social é que ele é a antítese do que é biológico. As coisas ou são sociais ou são genéticas e biológicas. Essa visão, na verdade, usa o termo "biológico" como sinônimo de genético, uma falácia comum nas ciências sociais.[18] Essa é uma perspectiva fortemente antropológica e não evolucionária, que implica que a sociabilidade pertence exclusivamente ao mundo humano. Ela ignora o fato de que a capacidade de comportamento social

---

16 Humphrey (1976); Byrne & Whiten (1986).
17 Lee, P. C. (1994).
18 Ingold (1990).

baseia-se nas características físicas e bioquímicas, e portanto genéticas, além de passar por cima do fato de que há incidência generalizada de comportamento social entre outras espécies, e que o que parece ser uma tendência a uma intensa sociabilidade pode ser encontrada também entre outros primatas.

Uma segunda opinião é a de que o termo social se refere especificamente à presença de capacidades cognitivas elaboradas. Entre os humanos, a variação de comportamento social é exemplificada pela diversidade cultural que, por sua vez, implica forte associação entre o sistema social e os sistemas simbólicos e cognitivos desenvolvidos pelos humanos. Ao passo que a primeira visão afastava o termo social daquilo que é biológico, nesse segundo esquema o conceito de "social" é dissociado do comportamento factual e centrado nas capacidades cognitivas que geram o comportamento. Essa visão pode ser ampliada de modo a incluir a ideia de que a sociabilidade depende da capacidade de criação de sistemas simbólicos de pensamento, bem como da presença de um senso de consciência de si. Embora a cognição seja, sem dúvida, um elemento importante de qualquer comportamento social, é igualmente verdadeiro que, em si, ela não representa a totalidade dele. O mundo social, na verdade, se desenrola no campo do comportamento.

Essa perspectiva da cognição social tem fortes vínculos com ideia geral de cultura vigente na antropologia, e os termos cultura e social, na verdade, são muitas vezes utilizados de maneira praticamente intercambiável. Pode-se argumentar que a cultura trata da transmissão de ideias e de informação por meio de meios não biológicos e, como tal, ela é transmitida especialmente por meio de canais sociais. Essa visão funde as capacidades culturais dos humanos com a tendência à vida social: ser social exige meios não biológicos de passar adiante informação, e a cultura, por sua vez, exige que os indivíduos vivam em grupos sociais. Há, portanto, um *feedback* positivo entre cultura e sociedade.

Do ponto de vista zoológico, as ideias do que o termo social significa são bem outras. Para alguns biólogos, ele significa apenas vida grupal – ou seja, uma espécie social é qualquer espécie cujos indivíduos não vivam vidas solitárias, e todos os grupos podem ser vistos como grupos sociais. Essa definição, é claro, amplia enormemente o significado do termo, e deixa de ver o problema da evolução social como alguma coisa de muito especial, para incluir uma enorme variedade de problemas biológicos, indo de colônias clônicas de bactérias até cardumes. Embora essa visão tenha muitas vantagens, sua generalidade demasiada impede que tenha grande poder explicativo: embora muitas espécies se agreguem em grupos de indivíduos, suas interações não são necessariamente sociais em qualquer sentido significativo que se dê a esse termo. Talvez seja verdade que a maioria das espécies sociais vivam em grupos, mas não é verdade que todos os grupos sejam sociais.

É claro que qualquer tentativa de explicar a evolução social dependerá, em grande medida, do uso que for dado ao termo social. Ao adotarmos os que são mais especificamente antropológicos e que excluem a biologia, o poder de qualquer abordagem evolucionária se vê grandemente reduzido. Expandir essa definição para abranger qualquer tipo de associação nos faz perder o foco naquilo que faz com que os humanos e os demais primatas sejam únicos.

A solução aqui adotada foi formulada por Robert Hinde.[19] A sociabilidade é vista não como um sistema dado de cima para baixo, imposto pelas características do grupo como um todo, mas sim como uma propriedade emergente, derivada da interação entre indivíduos. O termo "grupos sociais", portanto, se refere aos grupos cujas associações são mantidas ao longo do tempo e através do espaço, onde os indivíduos são consistentemente interativos, onde esses indivíduos reconhecem os demais, e onde as associações são moldadas pela familiaridade e pelas relações genéticas. As interações, em si, costumam ser classificadas num certo número de categorias simples. Quando essas categorias de interações assumem um padrão que se mantém ao longo do tempo, sendo repetido pelos indivíduos, tanto o contexto como o conteúdo dessas interações sendo replicados, só então as relações sociais surgem, diferenciando-se de simples regras de interação. Essas relações, além do mais, são capazes de configurar-se num padrão, de manter contexto e conteúdos estáveis e de produzir algum tipo de estrutura social que seja peculiar àquele agrupamento de indivíduos. Essa maneira de abordar a questão não ignora os elementos perceptivos, comunicativos e cognitivos inerentes a essas transações. Ao contrário, nas espécies não linguísticas, ela fornece uma base para definição e comparação. Ela também dá ênfase à distinção entre os mecanismos por meio dos quais a sociabilidade é mantida (por exemplo, cognição, indicadores comportamentais etc.) e o comportamento social em si. Hinde, na verdade, ressalta a dialética entre o indivíduo, a relação e o sistema emergente. Também, como afirmado por Lee,[20] a natureza das relações que, elas próprias, influenciam as interações, e assim por diante, exige uma abordagem não linear para a compreensão de quão complexa é a sociabilidade, ao menos para as espécies que possuam "sociabilidade mantida".

---

19 Hinde (1976, 1983).
20 Lee, P. C. (1994).

A complexidade das relações sociais nos fornece o elo para a evolução do cérebro. É difícil prever o comportamento de um outro indivíduo, especialmente se o próprio comportamento desse outro indivíduo depender do que ainda outro indivíduo possa estar prevendo. O fluxo de relações apresenta o problema constante de atualizar o comportamento e as expectativas de acordo com a experiência e a motivação. O cálculo aí envolvido pode fazer que a tarefa de descobrir onde encontrar coquinhos se veja reduzida à insignificância.

Humphrey[21] foi quem formulou de forma mais vigorosa essa ideia, afirmando que é a sociabilidade que impulsiona a evolução da inteligência e, consequentemente, do tamanho do cérebro. Daí se poderia inferir que a função do intelecto, para citar Humphrey, é resolver problemas sociais. O fato de ele também fazer outras coisas vem como vantagem adicional. Byrne e Whiten[22] levaram essa ideia ainda mais longe, enfocando um elemento específico da interação social – o da trapaça. Eles sugeriram que a melhor maneira de pensar a sociabilidade seria como uma espécie de corrida armamentista entre indivíduos que tentam, por um lado, prever o comportamento dos demais e, por outro, evitar que seu próprio comportamento seja previsível. Trapaça, perfídia e dissimulação seriam as consequências inevitáveis – o chamado macaco maquiavélico. Dunbar[23] explorou esse tema em termos quantitativos. Ele lançou num gráfico o número de primatas pertencentes a um grupo, cruzando essa informação com o tamanho proporcional do neocórtex (a parte pensante do cérebro). Sua conclusão foi que quanto maior o grupo social, maior o cérebro. Sempre que um macaco ou um macaco antropoide tinha que se lembrar de suas relações com um grande número de outros indivíduos, um cérebro maior tornava-se necessário. Ou talvez, como a relação de causalidade não fica estabelecida por essa correlação, nos animais que possuem cérebros pequenos, o tamanho do grupo social no qual eles vivem sofre limitações.

Teríamos aqui a resposta de que as vantagens dos cérebros residem nas atividades sociais e que quanto maior for o grupo social, maiores serão os benefícios conferidos pela evolução do cérebro e mais fortes serão as pressões seletivas para essa evolução. As outras espécies não possuem cérebros grandes porque elas não vivem em grupos sociais e, portanto, não precisam deles.

---

21 Humphrey (1976).
22 Byrne & Whiten (1986).
23 Dunbar (1992a).

A Energética da Inteligência

A conclusão da qual pouco a pouco nos aproximamos é que, para um animal, os benefícios da inteligência são consideráveis, e embora sejam em parte ecológicos, a hipótese de serem sociais talvez seja mais convincente. Mas essa conclusão nos conduz de volta ao problema original – se os benefícios são tão grandes, por que todos os animais sociais não são tão inteligentes quanto os humanos? Por que razão não há uma contínua e cada vez mais rápida corrida evolucionária em direção a cérebros cada vez maiores? Por que a raridade evolucionária?

Esse problema surgiu porque, conforme o modelo desenvolvido no início do capítulo, até aqui apenas um lado da equação foi explorado. Examinamos os benefícios dos cérebros grandes, mas não seus custos. O exame dos custos significa retornar à ecologia e à energética.

Os cérebros trazem diversos benefícios, mas também custos extremamente altos. O tecido neuronial, em termos metabólicos, é extremamente dispendioso.[24] O corpo pode ser visto como uma série de órgãos necessários à vida, mas que, para crescerem e se manterem, implicam um custo de energia. Alguns tecidos são relativamente "baratos" – ou seja, não requerem grandes quantidades de energia. Pele, ossos e músculos são baratos. Outros tecidos, tais como o fígado e os rins, são metabolicamente caros.[25] Essa diferença, sem dúvida, está relacionada à complexidade das funções desempenhadas por eles. Entre os tecidos que apresentam os maiores custos metabólicos está o cérebro. O cérebro humano representa apenas 3% do peso corporal, mas usa cerca de 20% da energia exigida para a manutenção metabólica de um indivíduo.

O alto custo energético do cérebro auxilia na solução de outro problema – a relação alométrica entre o tamanho do cérebro e as dimensões do corpo, discutida anteriormente. Verificamos que o cérebro cresce numa proporção menor que o corpo como um todo. Na verdade, essa proporção é de três quartos do aumento global do tamanho corporal. Essa proporção é exatamente a mesma que a correspondente ao metabolismo, que também cresce alometricamente em relação ao tamanho corporal. Em outras palavras, o tamanho do cérebro e o tamanho do corpo apresentam, entre si, uma relação alométrica, e o cérebro parece sofrer restrições energéticas.[26]

---

24 Martin (1981).
25 Wheeler & Aiello (1995).
26 Martin (1981).

Ao examinarmos o cérebro e a ecologia, o problema foi colocado de maneira errada. Não se trata de que cérebros grandes fossem necessários para coletas de alimento complexas, mas sim que uma dieta de alta qualidade, capaz de fornecer uma fonte boa e estável de energia e proteínas, era necessária para a manutenção de um cérebro grande. Aqui temos a explicação para a relação entre o tamanho do cérebro e a dieta. Uma comparação das diversas espécies primatas o demonstra. Tomemos qualquer ramo de primata, e examinemos quais espécies apresentam as dietas de qualidade mais alta e mais baixa, respectivamente. Invariavelmente, as espécies que têm a dieta de maior qualidade apresentam um QE mais elevado do que as que têm uma dieta mais pobre – chimpanzés *versus* gorilas, siamangos *versus* gibões, macacos frugíferos *versus* macacos que se alimentam de folhas.[27]

Quando os custos são levados em conta, a raridade do fenômeno da evolução humana torna-se, enfim, compreensível. Não há dúvida de que os cérebros grandes trazem benefícios, tanto em termos sociais como em termos ecológicos, e de que há pressões seletivas atuando para que haja aumento do tamanho do cérebro, mas os custos implicados geralmente excedem esses benefícios. Para a maior parte dos animais, é mais vantajoso colocar sua energia nos músculos e num estômago grande. Na verdade, não há conflito entre os elementos ecológicos e os elementos sociais na explicação da evolução da inteligência no reino animal. As pressões seletivas que favorecem o crescimento do cérebro podem estar relacionadas com a complexidade do meio ambiente ou com a complexidade social, ou com uma combinação de ambas, mas as condições que farão com que os benefícios sejam maiores que os custos serão sempre, em última análise, de natureza energética. Esse argumento é atraente não apenas por se encaixar com os dados disponíveis, mas também por atingir os objetivos colocados no início deste capítulo – explicar não apenas por que os humanos desenvolveram suas características únicas, mas também por que o mesmo não aconteceu com os outros animais.

O que é único com relação aos humanos, como ocorrência evolucionária, não são as pressões seletivas que levaram a uma maior complexidade social e a uma inteligência mais elaborada, mas a ocorrência, em algum ponto de sua história evolucionária, das condições ecológicas que levaram ao relaxamento das limitações operantes sobre as demais espécies, permitindo que os benefícios de uma maior inteligência superassem em muito seus custos. São essas circunstâncias ecológicas que são raras.

---

27   Foley & Lee (1991).

9

Por que os Humanos Evoluíram?

O Problema Final

A conclusão a que chegamos ao fim do capítulo anterior representa a culminância da abordagem darwiniana. Pensar sobre os custos e benefícios, e sobre as vantagens e desvantagens da maneira pela qual os humanos evoluíram nos levou a reconhecer que os humanos só puderam evoluir sob condições específicas. A maneira pela qual nos tornamos humanos foi produto da interação entre as populações de indivíduos que vieram a ser nossos ancestrais e os ambientes nos quais eles viveram e morreram.

Essa conclusão nos leva diretamente de volta às implicações fundamentais da revolução darwiniana – o legado de Darwin, discutido no capítulo 2. A primeira dessas implicações é que o problema da humanidade é de natureza técnica e científica. A teoria evolucionária é uma teoria específica, que explica por que razão os organismos particulares surgem, sobrevivem e se extinguem. A explicação oferecida por ela é que os organismos são adaptados a seus ambientes e que, portanto, determinadas condições levam a determinados resultados. Nesse ponto, ela é igual a todas as demais teorias científicas, que geralmente afirmam que, sob determinadas condições, resultados específicos irão ocorrer. Sob determinadas condições de temperatura e de pressão, a água ferve; sob outras condições, ela congela. A teoria evolucionária em nada difere dessas teorias da física, e foi possível demonstrar que, sob determinadas condições, os cérebros grandes e o bipedalismo serão adaptativos e irão evoluir, e sob outras condições (por sinal, a maioria delas) o mesmo não acontecerá. A questão fundamental da paleoantropologia, portanto, se resume a "sob que condições o fenótipo humano é adaptativo?"

Deve-se acrescentar, é claro, que embora, como regra geral, a biologia evolucionista seja exatamente como a física ou a química, já que todas elas tentam explicar as condições sob as quais diferentes resultados poderão ocorrer, há entre elas uma diferença prática importante, como vimos no capítulo 6. O resultado específico de qualquer situação evolucionária dependerá da interação entre as pressões seletivas e o meio ambiente no qual o organismo vive. Mas um outro componente, também de importância fundamental, é que o caráter presente da espécie em questão terá um forte peso. O equilíbrio entre custos e benefícios irá variar de acordo com as diferentes histórias filogenéticas e evolucionárias. Isso não significa que a evolução seja algo mais que a interação entre as condições ambientais e os atores evolucionários, mas apenas que a frase "todos os demais fatores sendo iguais" raramente se aplica, uma vez que cada espécie possui uma história única.

O segundo rebento da revolução darwiniana foi a crença de que a seleção natural é a explicação última da existência. O que isso significa é que os fenômenos biológicos ocorrem porque eles conferem a seus detentores uma vantagem reprodutiva. À luz do que aprendemos sobre a evolução humana, isso significa que é necessário construir um relato da história humana não baseados somente em quem é parente de quem, mas verificando como características específicas, em épocas específicas, conferiram aos hominídeos e aos humanos vantagens sobre as alternativas competitivas então existentes. Aqui também, mantém-se a qualificação de que o cálculo dos benefícios e dos custos não é absoluto, devendo ser considerado no contexto específico da época e do lugar nos quais surgiu cada uma das novas características.

A terceira consequência da revolução darwiniana foi a expectativa e a subsequente descoberta dos fósseis de hominídeos. Eles são as espécies extintas que desempenham vários papéis no esquema evolucionário. São os elos perdidos que mostram que os humanos não são inteiramente separados do restante do reino animal. São os marcos no caminho ao longo do qual um macaco pôde se tornar humano. São, também, prova de que a evolução funciona por tentativa e erro, constituindo, além disso, o contexto no qual as características dos hominídeos mais tardios e dos humanos tiveram que apresentar suas credenciais competitivas. O mais importante neste estágio, contudo, é que eles são as espécies, as populações e os indivíduos que, pelo menos parcialmente, conseguimos localizar no tempo e no espaço para assim testar as teorias relativas a como e por que nos tornamos humanos.

O problema final será reunir os diferentes fios da meada, que até aqui abrangeram tópicos como biogeografia, mudanças climáticas, ecologia, a evolução dos sistemas termorreguladores, bem como a influência dos fatores históricos sobre as mudanças evolucionárias. A base para essa síntese reside em dois elementos específicos. O primeiro deles é que as mudanças evolucionárias são induzidas pelos custos e benefícios de estratégias específicas e mediadas pelo mecanismo do sucesso reprodutivo diferenciado, ou seja, da seleção natural. As condições ambientais externas, portanto, de fato desempenham papel importante na evolução, fornecendo a base ecológica com base na qual todas as explicações evolucionárias têm que ser desenvolvidas. O segundo elemento, que foi ficando mais claro no desenrolar deste livro, é que a evolução não trata apenas de transformações na anatomia e nos tecidos biológicos duros, baseando-se, ao contrário, no comportamento em si, nas vidas cotidianas dos próprios organismos. Cada criatura individual desempenha tanto um papel ativo quanto um papel passivo na evolução. No que concerne aos humanos, portanto, a determinação da causalidade última da evolução exige o exame da evolução da sociabilidade que deu origem à expansão do cérebro, no contexto das condições ambientais mais gerais. A interligação de todos esses fatores produziria a história darwiniana da espécie humana, tornando possível explicar a ocorrência da linhagem hominídea neste planeta, numa determinada época e num determinado lugar.

A Evolução Social

Foi mencionado que os cérebros grandes estão associados à sociabilidade, mas a questão de por que razão os animais deveriam ser sociais, e que forma essa sociabilidade tomaria, não foi ainda examinada. Já que uma parte tão grande daquilo que é único e especial nos humanos está ligada à sociabilidade, toda essa questão tem que ser colocada num esquema evolucionário.

Os motivos que embasam a sociabilidade são polêmicos, mas, como acontece com os cérebros grandes, há tanto custos quanto benefícios em questão.[1] Ser social significa que a competição pelos alimentos é maior, embora, por outro lado, haja mais indivíduos para procurar esses alimentos e talvez para cooperar na sua obtenção. Os animais sociais têm maiores probabilidades de se tornarem visíveis aos predadores, mas, do mesmo modo,

---

1   Lee (1994).

há um maior número de olhos para vigiar a aproximação deles. Os animais sociais têm que competir de forma mais contínua pelo acesso à comida e aos parceiros sexuais, mas, também aqui, eles contarão com o apoio de sua parentela. O cômputo das vantagens e desvantagens está na base da questão de quando os animais serão sociais.

A sociabilidade não é um traço unicamente humano, sendo parte da evolução dos antropoides como um todo. Os primatas são a ordem social por excelência. Ao passo que outros mamíferos se especializaram em presas grandes ou pescoços longos, os primatas se especializaram em ser sociais.[2] Vivendo em grupo e desenvolvendo relações sociais sustentadas desde seu surgimento, eles sobreviveram e prosperaram ao longo das eras. Das cerca de 150 espécies de macacos e macacos antropoides, apenas um único não vive em algum tipo de ambiente social.[3] Essa única exceção é o orangotango, que é solitário. Há indícios, contudo, de que sua vida solitária é, até certo ponto, uma ilusão. Embora faltem-lhe contatos cotidianos com outros indivíduos, ele, na verdade, existe numa rede de indivíduos espacialmente dispersos, que conhece e com os quais ocasionalmente interage. Em certo sentido, as exigências sociais dos orangotangos talvez sejam mais pesadas que as das espécies mais abertamente gregárias e excitáveis, cujas relações sociais são atualizadas a cada momento.[4]

A sociabilidade é, de fato, parte do cerne da adaptação dos primatas. Ela é, no jargão da sistemática evolucionista, uma "plesiomorfia", ou seja, um traço mantido desde os primórdios da espécie, e não uma característica singular dos hominídeos e dos humanos. A tarefa de explicar as origens da sociabilidade e da sociedade cabe mais aos primatologistas que aos antropólogos, uma vez que à época do surgimento dos hominídeos ela já se encontrava bem estabelecida.

Se a sociabilidade, em si, é antiquíssima no contexto da evolução dos primatas, o mesmo já não acontece com alguns tipos específicos de organização social e de estratégias, e o ponto realmente crucial consiste nessa variação da sociabilidade. Nos círculos antropológicos é comum a crença de que as variações sociais são infinitas, e de que é vastíssima a amplitude da criatividade humana nas relações sociais. Em termos zoológicos não é isso que acontece, já que, na prática, existem apenas umas poucas maneiras de

---

2 Jolly (1972).
3 Smuts et al. (1985); Dunbar (1988b).
4 Rodman & Mitani (1985).

Os primatas são, acima de tudo, animais altamente sociais. Praticamente todos os primatas antropoides vivem em grupos sociais complexos e, portanto, a propensão humana à sociabilidade é parte de uma tendência primata mais geral.

organizar uma sociedade, algumas delas sendo muito mais raras que outras. Reconhecer que as opções sociais são finitas é um bom começo, já que assim se torna possível traçar limites finitos tanto para aquilo que é possível em termos sociais quanto para as condições nas quais as diversas permutações podem ocorrer.[5]

A ideia de "espaço social finito", desenvolvida por Lee,[6] baseia-se numa limitação biológica que ocorre em todos os mamíferos, incluindo os humanos. Essa limitação pode ser expressa simplesmente como os custos diferenciados da reprodução para os machos e para as fêmeas: a produção dos gametas masculinos é relativamente barata em relação a tempo e energia, e o potencial reprodutivo do macho é limitado apenas por seu acesso a parceiras potenciais. As fêmeas, por outro lado, produzem gametas mais caros em termos energéticos, arcando ainda com os custos da gestação interna e da lactação subsequente. A reprodução de uma fêmea, portanto, sofre grandes limitações

---

5   Foley & Lee (1989).
6   Lee (1994).

de tempo e energia, dependendo de sua condição e de sua ingestão de nutrientes. O uso dessa premissa básica coloca a biologia da reprodução no cerne da sociabilidade, posição essa justificável, uma vez que a reprodução desempenha papel de importância central nos mecanismos evolucionários.

Esse modelo foi construído sobre a premissa original de Wrangham, sobre a sociabilidade dos primatas.[7] As fêmeas, limitadas pelos altos custos da reprodução, têm que dar a mais alta prioridade a seu acesso a energia suficiente para a reprodução e para os cuidados parentais. A disponibilidade e a distribuição dos recursos no território, em última análise, virá a determinar a melhor maneira de uma fêmea se posicionar.

Uma fêmea é limitada pela energia e por seu acesso a ela. Para os machos, a coisa é bem diferente. Para eles, os custos da reprodução são baixos, e mais importante que o acesso à comida é o acesso às fêmeas. Ao passo que as fêmeas se distribuem ao redor das fontes de alimentos, os machos se distribuem ao redor das fêmeas. Os diferentes tipos de agregação assim surgidos constituem a variação, uma variação finita, das estratégias e da organização social.

As opções relativas às estratégias sociais podem ser especificadas com base nas relações entre os sexos e internamente a eles. Uma fêmea pode ser solitária, pode se associar a outras fêmeas parentas suas, ou pode se agregar a outras fêmeas com as quais ela não tem qualquer parentesco. Os machos têm as mesmas opções em relação aos demais machos: eles podem ficar sós, com parentes machos ou com machos não parentes. Quando essas estratégias de relacionamentos entre indivíduos do mesmo sexo são entrecruzadas, pode-se ver que o conjunto geral de estruturas é relativamente pequeno. A essas opções, pode-se acrescentar as de associação entre os sexos. Machos e fêmeas podem se associar de maneiras estáveis – formando associações que vão além de um único episódio de corte e cópula – ou as associações podem ser transitórias. Graus de estabilidade, é claro, podem também ocorrer, inclusive a permanência por toda a vida.

Essas estruturas sociais foram deduzidas com base em alguns poucos princípios simples, sendo portanto teóricas, mas Lee[8] demonstrou a maneira pela qual essa formulação consegue descrever a faixa de variação observada nos mamíferos, bem como a frequência relativa dos diversos sistemas. Numa amostragem de 167 primatas considerados suficientemente estuda-

---

7 Wrangham (1980).
8 Lee (1994).

dos, 83% são sociais e não solitários, e todas as espécies associais, com uma única exceção, são prossímias, e não antropoides. Entre as espécies sociais, a forma mais comum de sistema social é aquela na qual fêmeas aparentadas entre si formam a base do grupo social (47%). Essas são sociedades primatas em que as fêmeas se associam a outras fêmeas das quais são parentes (vínculo de parentesco feminino) e os machos se associam a elas em circunstâncias nas quais ou há um único macho (o chamado harém) ou há certo número de machos não aparentados entre si. A monogamia é a segunda estrutura social mais comum (31%). Todas as demais possibilidades são comparativamente raras ou totalmente ausentes. Por exemplo, há no máximo nove espécies sociais (6%) nas quais ocorre o vínculo de parentesco masculino, e a poliandria (ou haréns femininos) também foi observada em cerca de nove espécies. São quase que totalmente ausentes as estruturas em que tanto machos como fêmeas se associam a seu grupo de parentesco, o que significa que uma das características universais das espécies primatas é a de que pelo menos um dos sexos deixa seu grupo natal ao atingir a maturidade. Os grupos sociais, portanto, não são sistemas fechados, mas pertencem a redes populacionais mais amplas.

Além disso, Rodspeth[9] e outros mostraram que esse modelo explica também o padrão de variação que ocorre nos sistemas sociais humanos. Excluindo as unidades totalmente celibatárias (monastérios, conventos e indivíduos solitários, como os ermitões), dos 18 sistemas teoricamente possíveis apenas seis chegam a ocorrer de fato, o mais comum deles sendo as famílias conjugais vivendo em comunidades maiores de parentes, tanto masculinos quanto femininos. Quando há apenas um único sexo, a tendência é que este seja o masculino.

O modelo dos espaços sociais finitos permite que a faixa de variação social seja prescrita e descrita. Ele, além disso, abre a possibilidade do exame da evolução social, uma vez que, por definição, essa evolução tem que consistir na transição de um estado para o outro. Caso seja possível especificar o estado ancestral – ou seja, a influência da história evolucionária ou da herança filogenética –, esse modelo fornece todos os componentes necessários, informando também sobre as condições ecológicas nas quais a ocorrência de mudanças será possível e as novas opções sociais serão adaptativas.

A evolução humana deve ser o teste específico para esse modelo geral. Grande parte daquilo que faz com que os humanos sejam especiais está relacionada a seu comportamento social, de modo que, para que possamos

---

9   Rodspeth et al. (1991).

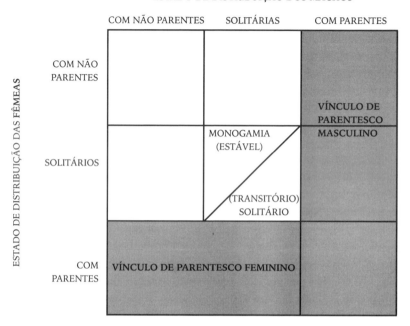

O modelo do espaço social finito. O tipo de estrutura social formado por qualquer animal baseia-se na maneira pela qual os indivíduos se organizam espacialmente em relação aos demais indivíduos. Segundo o modelo dos espaços sociais finitos, o número de opções é limitado. Cada sexo pode se combinar de determinadas maneiras com outros membros de seu próprio sexo e com o sexo oposto. Os machos, portanto, podem se associar a outros machos que são parentes, se associar a outros machos que não são parentes, ou viver sós. O mesmo acontece com as fêmeas. Machos e fêmeas podem se associar, ou em ocorrências transitórias de cópula ou de forma mais permanente, o que é representado aqui por uma linha diagonal presente unicamente na célula central. As caixas mostram as possibilidades finitas de estrutura social que surgem com base nas associações de mesmo sexo ou de sexo oposto.

determinar a "causa" da evolução humana, temos que, de algum modo, vincular o comportamento social ancestral dos grandes macacos antropoides aos novos ambientes nos quais os hominídeos se viram inseridos.

Um bom começo seria o exame do contexto filogenético no qual a sociabilidade humana evoluiu.[10] Os atuais antropoides do Velho Mundo, ou catarrinos, dividem-se em duas superfamílias, os hominoides e os cercopitecos. Os primeiros abrangem os grandes macacos antropoides e os humanos,

---

10   Foley (1989b); Wrangham (1987); Giglieri (1987); Foley & Lee (1989, 1995).

e os segundos, os macacos (babuínos, mangabeis, guenons, e os colobos e langurs comedores de folhas). Embora essa divisão evolucionária represente certo número de diferenças anatômicas, ela coincide também com diferenças marcantes em estratégias sociais. Da mesma forma que os primatas como um todo, os macacos, nos casos em que ocorrem vínculos de parentesco, adotam o parentesco feminino. Isso significa que eles se caracterizam, primariamente, pela dispersão dos machos entre os grupos e as residências das fêmeas. Quando alianças de parentesco ocorrem, elas são matrilineares. No modelo aqui descrito, os machos são ou solitários com relação aos demais machos ou residem com machos não parentes.

Ao contrário da maior parte dos macacos do Velho Mundo, entre os quais a residência de grupo familiar de fêmeas é típica, entre os hominoides não se tem notícia de ocorrência estável de residência em grupo familiar de fêmeas. Tanto os machos como as fêmeas podem se dispersar – removendo qualquer grau potencial de associação por parentesco –, como no gibão monógamo e no orangotango solitário. Entre os gorilas, as fêmeas se dispersam antes da reprodução, como também o faz a maioria dos machos, embora alguns destes continuem residindo com seus pais, podendo vir a herdar seu harém. Entre os chimpanzés comuns, as fêmeas em geral se dispersam, ao passo que os machos continuam residindo com seu grupo familiar masculino, formando fortes alianças de cooperação baseadas em vínculos de parentesco. A situação entre os chimpanzés pigmeus, ou bonobos, é interessante, já que as fêmeas provavelmente se dispersam e os machos permanecem residindo juntos, embora a estrutura de alianças pareça centrar-se nas relações macho-fêmea mais que nas unidades de parentesco masculino.

As diferenças sociais são gritantes. Os cercopitecos são socialmente conservadores – ou seja, eles apresentam o padrão encontrado com mais frequência entre os mamíferos sociais –, ao passo que os grandes macacos antropoides são diversificados e apresentam uma tendência à condição relativamente rara dos vínculos de parentesco masculino. Isso coloca a questão de que tipos de condições externas conduzem a vínculos de parentesco masculinos ou femininos ou, em outras palavras, qual a base adaptativa para as diferenças entre as estratégias sociais?

O Eterno Triângulo: a Ecologia da Vida Social

Os grupos sociais ocorrerão sempre que os benefícios excederem os custos, e muitos desses custos e benefícios estão relacionados à distribuição e à abundância de alimentos. É isso que está na base daquilo que pode ser visto como a ecologia da vida social. Ao tentarmos desenvolver uma ideia sobre essa ecologia, contudo, é necessário deixar de usar as espécies como unidade de descrição e descer um nível, passando a examinar o problema nos indivíduos e, particularmente, nos dois sexos. O que deve ficar estabelecido é a ecologia de ser fêmea e a ecologia de ser macho.

Os grupos sociais formar-se-ão sempre que os recursos estiverem concentrados em grandes manchas, ou quando eles se distribuem de maneira muito regular e uniforme num território, permitindo que um grupo de indivíduos explore conjuntamente esses recursos. O elemento importante é que os recursos sejam abundantes o suficiente para que possam ser compartilhados entre um determinado número de indivíduos sem uma redução significativa da ingestão individual. Como mostrado anteriormente, é a relação entre as fêmeas que é de importância particularmente crítica. Quando os recursos ocorrem em pequenas manchas dispersas, e o alimento encontrado nessas manchas é de qualidade relativamente alta, será vantajoso para as fêmeas serem solitárias ou associais. A razão para isso é que cada uma das manchas, por si só, seria insuficiente para sustentar mais que um único indivíduo, e a melhor estratégia, então, seria "uma mancha, um primata". À medida que as manchas se tornam maiores, particularmente se elas se distribuem de maneira esparsa pelo território e contêm alimentos de alta qualidade, a exploração conjunta passa a ser possível. Nessas circunstâncias, a agregação e os grupos sociais de fêmeas aparentadas provavelmente ocorrerão. Nesse caso, as fêmeas se beneficiam, por meio de suas parentas, tanto da presença de outros indivíduos para defender os recursos quanto da divisão desses recursos entre indivíduos que compartilham dos mesmos genes. Contrariamente, quando os alimentos são distribuídos de maneira uniforme pelo território e são de baixa qualidade, as agregações sociais tendem a se dar entre fêmeas não aparentadas.[11]

Quando alimentos de alta qualidade ocorrem em grandes manchas, grupos de fêmeas aparentadas podem vir a se formar, tanto para explorar quanto para defender esses recursos. Nessas condições, esses grupos de fêmeas arcam com um menor custo individual, uma vez que a partilha dos recursos se dá entre parentes (custo esse que diminui de acordo com o grau de parentesco), e adquirem a considerável vantagem de tornarem-se capazes de defender os recursos contra fêmeas que não residem no grupo ou que não são parentes. É certo que a alimentação em conjunto não leve necessariamen-

---

11 Wrangham (1980).

te à sociabilidade, mas na presença de outros que competem pelos mesmos recursos, os indivíduos que praticam a sociabilidade levarão vantagem. Se os recursos distribuem-se por um território suficientemente amplo, os machos poderão se agrupar às fêmeas, que toleram essa coalimentação porque os custos são baixos (uma vez que há disponibilidade ampla de alimentos) e porque a presença de um ou mais machos traz nítidas vantagens.

Isso leva à questão da ecologia dos machos. Embora a comida seja importante, do ponto de vista evolucionário o mais importante é o acesso às fêmeas. As fêmeas raramente aumentam seu sucesso reprodutivo por meio do acesso a machos, mas para os machos o número de fêmeas que lhes é possível engravidar é de importância crucial. Segue-se, portanto, que quando as fêmeas são altamente dispersas (e solitárias), os machos têm que se dispersar também. O resultado é ou uma condição totalmente solitária e associal ou então, quando as fêmeas ou um território específico são defendidos, a monogamia. Nos casos extremos, quando tanto as fêmeas como os recursos são raros, o resultado pode ser um estado de coisas poliândrico. Quando as fêmeas estão agrupadas em torno de recursos abundantes, os machos irão competir pelo acesso a elas, resultando num sistema de múltiplos machos não aparentados entre si. Se a distribuição das fêmeas for altamente compacta, um único macho, então, talvez seja capaz de defender um harém. Quando as fêmeas se encontram moderadamente dispersas, a defesa dessas fêmeas se torna impossível, e a defesa territorial talvez venha a se desenvolver, formando-se assim o potencial para o mais raro dos fenômenos, os grupos vinculados por parentesco masculino.

Pode-se inferir daí que a distribuição e a qualidade dos recursos influenciam a natureza dos grupos sociais e, consequentemente, o padrão da evolução. É necessário, contudo, qualificar um pouco o determinismo ecológico relativamente rígido delineado acima. Uma vez formados os grupos sociais, a própria sociabilidade se converterá numa das condições que influenciam os custos e os benefícios da formação de grupos, e a evolução social poderá, portanto, desenvolver seu próprio mecanismo interno. É provável que a sociabilidade seja um desses fenômenos evolucionários em que, quando algo chegou a evoluir, a seleção terá dificuldade em fazê-lo voltar atrás. A evolução social, a partir de então, passaria a ser produto de fatores sociais, mas ainda dependendo das condições ecológicas, tanto as iniciais como as prevalecentes.

Quando examinamos o papel dos fatores sociais na evolução de cérebros maiores, conseguimos estabelecer dois conjuntos de relações. O primeiro foi que há uma forte relação entre cérebro e vida social – uma relação positiva, na qual quanto mais complexa for a sociabilidade, ou quanto maior for o grupo, maior poderá ser o cérebro. O segundo foi que há uma relação entre o cérebro e a qualidade da comida, ou a ecologia, em termos mais amplos. Essa não é a relação inicialmente proposta, de que os cérebros são necessários para explorar certos tipos de recursos, mas sim que os cérebros são metabolicamente dispendiosos, e que, portanto, sua existência evolucionária dependia de uma fonte confiável de alimentos de alta qualidade. O que a presente discussão agora estabeleceu foi o elemento que faltava para completar o triângulo de relações – a ligação entre a sociabilidade e a ecologia. Esse triângulo nos permite desvendar a natureza complexa dos acontecimentos evolucionários: as condições ecológicas exigem respostas na forma de estratégias sociais, que por sua vez dependem da capacidade dos indivíduos de processar informações, capacidade essa que, por sua vez, depende de várias limitações energéticas e que, portanto, leva de volta às condições ecológicas iniciais. Esse triângulo mostra por que razão, em condições normais, não pode haver um impulso continuamente ascendente em direção a relações sociais mais complexas e a uma maior inteligência. Ele também faz com que nos sintamos tentados a deslindar a sequência de acontecimentos na história da única linhagem na qual isso de fato ocorreu.

A Evolução do Comportamento Social Humano

O principal ponto de partida para uma história do comportamento social humano, qualquer que seja ela, deve ser a divergência entre macacos antropoides e macacos comuns, ocorrida há 25 milhões de anos.[12] Embora pareça muito remota, essa ocorrência representa uma transição da maior importância. Os macacos, como já vimos anteriormente, têm sistemas sociais nos quais grupos de fêmeas aparentadas formam o cerne de qualquer grupo social em que o parentesco seja um fator importante. Embora as fêmeas por vezes se dispersem e por vezes permaneçam nos grupos nos quais nasceram, os machos invariavelmente se dispersam. Quando vigoram sistemas de parentesco, como ocorre com a maioria dos babuínos e dos micos, esses sistemas podem ser descritos como matrilineares. Mães, irmãs e filhas são o elemento permanente. Os machos são simplesmente membros transitórios.

---

12 Foley (1989b); Foley & Lee (1989, 1995).

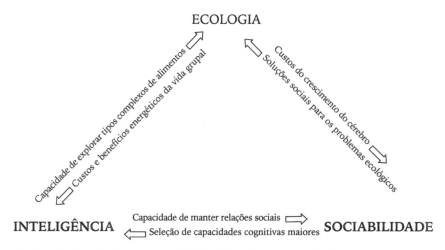

O triângulo de relações entre sociabilidade, inteligência e ecologia.

É provável que os macacos antropoides primitivos e, aliás, a maioria dos macacos antropoides que já existiram, tivessem a mesma forma de sistema social. No entanto, quando o clima do Mioceno começou a esfriar e os ambientes se tornaram mais secos, ocorreu uma crise na evolução dos catarrinos; os macacos antropoides e os macacos comuns que existem hoje são produtos dessa crise e das diversas soluções que alcançaram êxito, sendo portanto selecionadas. Nos ambientes de matas e florestas, os recursos eram distribuídos de maneira mais irregular e esparsa, e eram mais sazonais que nas florestas equatoriais que antes dominavam o mundo tropical. Para os primatas então existentes, ou pelo menos para muitos deles, isso teria representado uma considerável deterioração de seu meio ambiente, e a seleção passou a favorecer certo número de estratégias diversificadas para lidar com esses ambientes. Os macacos não apenas sobreviveram, mas se expandiram e diversificaram rapidamente, deixando de ser um grupo raro, como o eram nos primeiros tempos do Mioceno, para tornar-se a forma dominante que são hoje. E o fizeram usando uma série de meios. Em alguns sentidos, eles permaneceram altamente conservadores, particularmente no que diz respeito ao comportamento locomotor e ao tamanho corporal. Praticamente todos os macacos são quadrúpedes, e embora haja indicações de que, no Pleistoceno, existiram alguns babuínos de grande porte, a maioria dos macacos não excedia, como ainda não excede, o peso de trinta quilos. Em outros sentidos eles desenvolveram algumas novidades, entre as quais a mais importante foi a tolerância a uma ampla variedade de alimentos, a capacidade de processar sementes e frutas pequenas e duras e também a de desintoxicar as várias defesas que as plantas erguem contra os herbívoros. Em suma, eles conseguiram expandir sua dieta de modo a incluir muitos dos recursos mais impalatáveis e menos nutritivos desses novos ambientes. Outros desenvolveram estômagos e dentes que os capacitavam a viver de grandes quantidades de folhas.

Além disso, é provável que a crise ambiental do Mioceno tenha deixado sua marca no comportamento social dos catarrinos. A nova estrutura de recursos não teria favorecido grupos muito grandes, e é bem possível que o Mioceno tenha sido uma época na qual os grupos vinculados por parentesco, qualquer que fosse seu tipo, tornaram-se uma raridade. Primatas monógamos e solitários talvez fossem mais numerosos. É provável que tenha sido apenas com a adaptação plena ao novo ambiente, ocorrida no Plioceno e no Pleistoceno, quando as espécies de macacos comuns passaram a ser de duas a três vezes mais numerosas que as de grandes macacos antropoides, que os grandes grupos sociais, associados especialmente aos babuínos, tornaram-se a norma entre os cercopitecos.

A estratégia de sobrevivência adotada pelos macacos antropoides foi muito diferente. Sua diversidade decresceu à mesma época em que os macacos comuns alcançavam grande êxito. Em essência, aqueles que conseguiram evoluir e sobreviver durante os últimos vinte milhões de anos aumentaram em tamanho. Além disso, ao contrário dos macacos comuns, eles criaram uma série de novas maneiras de se movimentar, tornando-se muito menos quadrúpedes e muito mais suspensórios em seu comportamento. Essas mudanças de tamanho e de forma foram contrabalançadas pelo fato de que, em sua maioria, eles foram conservadores quanto a hábitat e dieta. Ao passo que os macacos comuns se adaptaram às savanas abertas e, no caso de alguns babuínos e do macaco-pata, ao deserto, os grandes macacos antropoides, em grande parte, permaneceram no interior e na periferia das florestas.

Apesar de algum conservadorismo ecológico, seu sistema social, ao que parece, transformou-se radicalmente, pelas mudanças marcantes no tamanho corporal. O grande porte não favoreceu o restabelecimento dos vínculos de parentesco feminino. Se pudermos nos basear nos grandes macacos hoje existentes, é possível afirmar que o aumento de tamanho corporal ou colocou enormes pressões na própria manutenção da sociabilidade, como ocorreu com os orangotangos, ou conduziu-a para rumos diferentes. Ao passo que os macacos comuns parecem ter estabelecido uma versão primata, básica e estável, da sociabilidade mamífera fundamental, os macacos antropoides ampliaram a natureza dessa sociabilidade até o ponto de ruptura. Isso pode ser verificado na diversidade dos sistemas sociais vigentes entre os grandes macacos, desde os orangotangos solitários e os gibões monógamos até os gorilas com seus haréns e as friáveis e cindíveis comunidades dos chimpanzés. A configuração mais interessante surgida valendo-se dessa manifestação social de uma crise ecológica são os vínculos de parentesco masculinos dos macacos antropoides africanos.

Por que teriam esses vínculos masculinos surgido? Perante a precedência da estratégia feminina sobre a estratégia social masculina, a resposta tem que residir na conjunção entre o maior tamanho corporal dos grandes macacos e as opções disponíveis para a formação de grupos por parte das fêmeas. A ausência de grupos vinculados por parentesco feminino sugere que ou era melhor para as fêmeas permanecer solitárias ou que a formação de grupos não redundaria em qualquer custo ou qualquer benefício para elas. Aqui, o tamanho parece ser o ponto-chave. As fêmeas maiores, dependentes de alimentos dispersos em pequenas manchas esparsas, precisam conservar, em sua atividade forrageadora, uma flexibilidade que é incompatível com grupos de fêmeas estreitamente vinculadas. A fissão e a fusão que ocorrem em comunidades maiores, como a dos chimpanzés, refletem os custos de um maior tamanho corporal – e devemos nos lembrar que esse maior tamanho é, em si, uma adaptação que permite ao animal depender de uma variedade maior de tipos de alimento.

A aparente indiferença das fêmeas quanto à formação de grupos vinculados por parentesco abre alternativas para os machos, e é neste ponto que os vínculos de parentesco masculino podem se estabelecer. As fêmeas talvez se reúnam em resposta ao comportamento dos machos e, da mesma forma, os machos talvez se beneficiem da capacidade de excluir outros machos. Aqui, as alianças com base em parentesco podem se tornar vantajosas e, como vemos entre os chimpanzés, a estrutura altamente físsil interna à comunidade está em gritante contraste com a hostilidade existente entre os machos de diferentes comunidades. Outra maneira pela qual os sistemas baseados em parentesco masculino podem evoluir seria consequência do resultado do aumento de tamanho corporal. Indivíduos grandes tendem a viver muito e, para os machos, isso significa que o potencial de aumento de seu sucesso reprodutivo cresce de forma drástica. Entre os macacos comuns, por exemplo, um macho raramente mantém a dominância por mais de dois ou três anos, quando ele ingressa na escorregadia ladeira abaixo da idade avançada. Para um gorila, por outro lado, 15 anos de dominância não são incomuns. Isso significa que, para um jovem macho, as chances de vir a ser capaz de usurpar o lugar de um outro macho e assumir o controle de um harém são relativamente pequenas, e os riscos de danos corporais são altos. Talvez seja melhor, para os machos jovens, permanecer com seu pai e herdar o harém. Essa, de fato, é uma forma de patrilinearidade, consistindo na base dos vínculos de parentesco masculino.

É provável que o surgimento dos vínculos de parentesco masculino entre os macacos antropoides maiores, particularmente no ramo africano que inclui os hominídeos, tenha sido um acontecimento-chave na evolução. Essa ocorrência forneceu a condição ancestral da qual viriam a se derivar os padrões que prevaleceriam entre os hominídeos de tempos posteriores, e estabeleceu as estratégias que seriam passíveis de modificação em face das transformações ecológicas e ambientais que viriam a ocorrer durante os cinco milhões de anos seguintes, o período da evolução dos hominídeos. Esse surgimento, além disso, ilustra a maneira pela qual o comportamento, e o comportamento social especialmente, uma questão que normalmente se encontra além do alcance da paleobiologia, é de importância central para a compreensão dos eventos evolucionários.

Os hominídeos divergiram dos demais grandes macacos africanos no Mioceno tardio (há nove, seis milhões de anos), no decorrer de um período de crescente instabilidade climática e de aridez, quando ocorreram outras mudanças ambientais que transformaram as florestas num mosaico de matas e savanas. As condições ancestrais nas quais viveram os hominoides africanos e provavelmente o ancestral comum entre os chimpanzés e os humanos podem ser inferidas. Em condições inteiramente florestais, teria havido a tendência à formação de grupos fechados, de um único macho, como as encontradas hoje entre os gorilas. É provável que os recursos fossem abundantes e distribuídos em grandes manchas uniformes. As fêmeas provavelmente conseguiam sobreviver em raios territoriais reduzidos e, por sua vez, os machos solteiros seriam capazes de defender grupos de fêmeas. Nas áreas mais secas, e à medida que as florestas se tornavam menos contínuas, sendo substituídas por matas e savanas, os recursos passariam a ser mais dispersos e distribuídos de maneira menos uniforme. As fêmeas teriam que forragear num raio mais amplo, e os machos, como consequência, deixariam de ser capazes de empregar uma estratégia de defesa das fêmeas. Como se observa hoje entre os chimpanzés comuns, comunidades maiores ter-se-iam formado com a quebra do clássico sistema de haréns. Com isso, as fêmeas deixariam de se ligar a machos individuais, e os machos aparentados teriam que viver em conjunto para estabelecer e manter um território. Foi portanto no Mioceno tardio que a residência masculina, a dispersão das fêmeas, os vínculos de parentesco masculinos e as comunidades maiores se estabeleceram como a organização social básica do ramo que veio a dar origem tanto aos chimpanzés como aos humanos.

Sistemas sociais dos hominoides

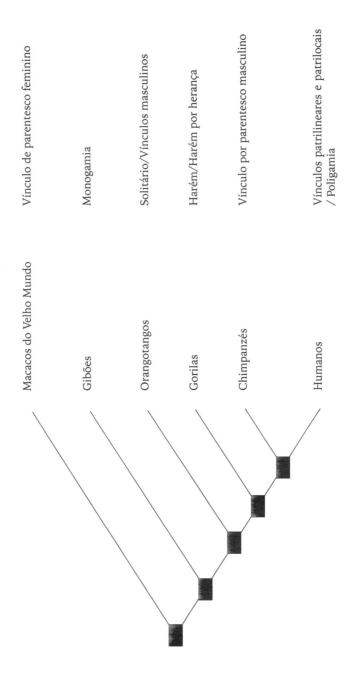

O esquema evolucionário de parentesco de macacos comuns e macacos do Velho Mundo, representado por sua organização social. O que chama a atenção é a variação para o sistema social hominoide ou para a organização social dos macacos comuns.

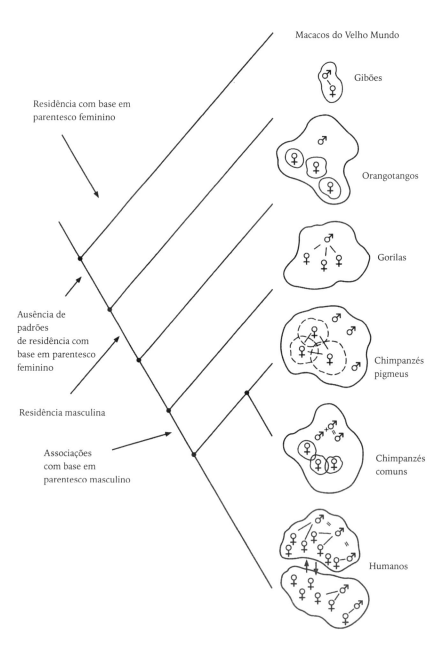

Um modelo da evolução do comportamento e da organização social dos grandes macacos antropoides. O fator significativo é a ausência de vínculos de parentesco feminino entre os macacos antropoides, e o desenvolvimento de vínculos de parentesco masculino nos ramos representados pelos chimpanzés e pelos humanos.

Os últimos oito milhões de anos assistiram às condições se tornarem ainda mais secas e sazonais. É provável que essas tenham sido as condições que promoveram o surgimento do mais extremo de todos os grandes macacos, o hominídeo. No contexto das respostas contrastantes dos macacos comuns e dos grandes macacos a essas mudanças, os hominídeos podem ser vistos como a linhagem que abandonou de forma mais radical as condições ancestrais e, ao fazê-lo, tornou-se o único grande macaco a alcançar sucesso evolucionário durante o período em que os macacos comuns estavam se estabelecendo como o grupo dominante entre os primatas do Velho Mundo.

O bipedalismo é a prova mais clara das radicais mudanças sofridas pelos hominídeos à medida que eles se adaptavam às bordas orientais do continente africano, há cerca de cinco milhões de anos. Como foi mostrado no capítulo 7, essas modificações anatômicas foram o resultado de mudanças de comportamento, especialmente de mudanças na maneira pela qual os primeiros hominídeos coletavam comida. Essas mudanças ecológicas, entretanto, estão inseparavelmente ligadas a mudanças no comportamento social.

O principal problema enfrentado pelos hominídeos nos ambientes mais abertos foi o fato de os alimentos estarem distribuídos de forma mais dispersa. Foi a necessidade de cobrir grandes áreas para encontrar comida suficiente que tornou o bipedalismo vantajoso em ambientes quentes e abertos. Não é fácil prever que efeitos isso teria sobre a estratégia social, mas é possível apresentar algumas sugestões. Duas sugestões mutuamente contraditórias são as seguintes. A primeira é que as comunidades se tornaram menores. Como pode ser observado nos chimpanzés, à medida que eles se mudam para ambientes mais áridos, o tamanho de suas comunidades diminui. Nas florestas úmidas de Uganda, as comunidades de chimpanzés são formadas por um número de indivíduos que vai de oito a cem, ao passo que no Senegal, muito mais seco, esse número é de cerca de 25.[13] Contrariando essa hipótese, entretanto, há o fato de que, entre os verdadeiros primatas da savana, os babuínos, os grupos são relativamente grandes. Essa talvez seja uma resposta ao maior perigo de predadores de grande porte.

A estratégia adotada pode ter variado de acordo com as condições locais. De modo geral, contudo, devemos nos lembrar que os hominídeos chegaram na savana já com determinadas características ancestrais, que incluíam uma tendência aos vínculos de parentesco masculino, comunidades com grande capacidade de fissão interna e de flexibilidade na estrutura grupal

---

13 Foley (1993).

cotidiana, e hostilidade entre as diferentes comunidades. É bem possível que, de modo geral, as dimensões da comunidade tenham permanecido grandes, de modo a auferir os benefícios dos grandes números em situações de ameaça por parte de grupos da mesma espécie ou de grandes carnívoros, embora essas comunidades raramente atuassem como um todo e fossem altamente diversificadas, tanto em termos sociais como em termos espaciais.

Talvez mais importante que o tamanho total do grupo fosse sua estrutura. Há poucas razões para crer que durante os estágios iniciais da evolução dos hominídeos – o grau dos australopitecinos – tenham ocorrido grandes modificações na estrutura de estilo chimpanzé. Os novos ambientes ofereciam poucas opções novas para os grupos de parentesco feminino; os recursos vegetais provavelmente eram esparsos e distribuídos de forma descontínua, sendo muitas vezes imprevisíveis no tempo e no espaço, de modo que a formação de grupos vinculados por parentesco oferecia-lhes poucas vantagens. Além disso, como as fêmeas estariam cobrindo áreas maiores para coletar alimentos, sua distribuição seria dispersa demais para levar à quebra dos grupos formados por múltiplos machos e da defesa direta das fêmeas. Na verdade, as alianças cooperativas entre os machos podem ter sido um dos principais benefícios que prosperaram por razões ecológicas, territoriais e antipredadoras. Em termos ecológicos, as alianças entre machos podem ter gerado a capacidade de fazer uso dos ricos recursos animais dos ambientes das savanas; em termos territoriais, eles possibilitariam a patrulha de áreas mais vastas a serem exploradas por fêmeas e machos em busca de comida; e em termos comportamentais, é bem possível que elas fossem pelo menos de certa utilidade na defesa contra os grandes predadores que existiam nesses ambientes mais abertos. É possível argumentar que o potencial para uma organização social baseada em vínculos de parentesco patrilineares já existia no último ancestral comum dos chimpanzés e dos humanos, e que suas vantagens se viram aumentadas pelas mudanças ecológicas e ambientais ocorridas no período que data de dez a cinco milhões de anos atrás – ou seja, o período do surgimento dos hominídeos. É provável que as variações na estrutura social dos australopitecinos situem-se dentro da faixa das possibilidades permitidas pelos grandes macacos africanos.

Os Filhos da Evolução Humana

Se as relações de afinidade patrilineares podem ser vistas como plesiomorfias dos grandes macacos africanos, datando do Mioceno, mais que traços especificamente humanos, onde se encaixariam, nesse quadro, as relações entre machos e fêmeas? Vínculos íntimos e duradouros entre machos e fêmeas, com um período prolongado de cuidados parentais, talvez não sejam universais entre os humanos, mas são extremamente comuns e, além do mais, são totalmente inexistentes no comportamento dos grandes macacos.

O modelo que foi desenvolvido neste capítulo exige o exame desse fato em relação aos fatores que aumentam ou reduzem o sucesso reprodutivo, em resultado de estratégias específicas empregadas pelos machos. Se partirmos da hipótese de que as condições encontradas entre os chimpanzés são semelhantes às do ancestral comum dos hominídeos e dos demais macacos antropoides africanos, fica claro que nem machos nem fêmeas teriam muito a ganhar com vínculos estreitos e de longo prazo. O papel social do pai não existia, embora isso não queira dizer que os machos não tivessem qualquer participação no desenvolvimento das crias recém-nascidas. Isso parece sugerir que, nas novas condições ecológicas, a sobrevivência infantil estaria mais ameaçada, e que maiores cuidados e mais esforço talvez tenham sido necessários para reduzir esses riscos.

Um desses riscos pode ter sido a maior incidência de infanticídio, e é possível que os machos estivessem investindo mais para reduzir esse infanticídio por parte de machos estranhos. No contexto do modelo proposto, de um sistema social baseado em vínculos de parentesco masculino, essa hipótese parece pouco provável, embora a possibilidade de infanticídio resultante de embates hostis entre diferentes grupos não possa ser descartada. Outra possibilidade é que o investimento paterno tenha crescido em razão de a sobrevivência infantil ter passado a depender cada vez mais da qualidade dos recursos, e a proteção e o provimento oferecidos por um macho podem ter servido para contrabalançar esses riscos. A pergunta-chave passa então a ser – em que condições isso poderia ocorrer e, caso tenha ocorrido, quando?

Um fator possível é que a prole dos hominídeos tenha se tornado mais dispendiosa. Isso significa que seu crescimento e seu desenvolvimento passaram a exigir maiores níveis de investimento em tempo, em energia ou em ambos. A causa mais provável teria sido a expansão do cérebro entre alguns dos hominídeos.

No capítulo anterior ficou estabelecido que o cérebro é um órgão metabolicamente caro, demandando até 20% do dispêndio total de energia. Quanto maior o cérebro, maiores os custos. Cérebros maiores, portanto, imporão custos maiores, especialmente às mães, uma vez que a maior parte do crescimento do cérebro se dá logo ao início da vida. Na maioria dos mamíferos, o cérebro atinge tamanho adulto quando o animal ainda é muito pequeno, e muitas vezes antes do desmame ter ocorrido. Isso significa que os custos energéticos dos cérebros grandes são arcados pela mãe que gesta e que amamenta. Esses custos têm um efeito de primeira importância nas suas estratégias de sobrevivência e de reprodução. Mais que em qualquer época anterior, a mãe se vê amarrada à qualidade e à confiabilidade dos recursos. O preço do sucesso evolucionário humano recai com maior peso sobre a mãe.

Algumas estratégias estão disponíveis a ela. Uma delas seria gastar mais tempo com cada filho, fazendo com que o acréscimo de demanda energética se distribua por um período de crescimento mais longo. Essa desaceleração do ritmo de maturação de fato ocorre na evolução humana. É claro que isso exige que o número de filhos seja reduzido, de modo que a sobrevivência de cada um deles passa a ser mais crítica do que nunca. Isso pode ser observado nos grandes macacos em geral, entre os quais o intervalo entre os filhos sucessivos (o intervalo internascimentos) chega a ser de cinco anos, ao passo que, entre os macacos do Velho Mundo, raramente excede um ou dois anos. Talvez seja neste ponto que a estratégia do macho se modifique. Para assegurar a sobrevivência dessa prole tão dispendiosa, um maior nível de esforço paterno pode ser vantajoso e, com isso, vem a manutenção dos vínculos entre machos e fêmeas, pelo menos durante o período de maiores custos reprodutivos. É bem possível que as relações estreitas e, em última análise, emocionalmente fortes entre machos e fêmeas resultem do fato de suas proles terem cérebros grandes.

Isso, é claro, exige duas perguntas. Uma delas é: por que cérebros grandes? A outra é: como arcar com seus custos? A resposta a essas perguntas nos leva de volta ao triângulo de relações – cérebro, sociabilidade e ecologia. Os ambientes cada vez mais abertos ocupados pelos hominídeos bípedes passaram a representar novas condições primárias, colocando novos problemas para os modos de sobrevivência adotados por esses primatas altamente sociais. Segundo Humphrey e outros, a coleta de alimentos por um território vasto, bem como as constantes mudanças nas estruturas internas dos grupos, como as descritas acima, podem ter colocado pressões seletivas que acabaram por levar ao crescimento dos cérebros, e o custo dos cérebros grandes assim selecionados colocou novas pressões sobre as estratégias reprodutivas, o que, por sua vez, levou a grandes mudanças na maneira pela qual os machos e as fêmeas relacionavam-se uns com os outros. Os cérebros grandes são uma resposta a uma maior complexidade social e, ao mesmo tempo, esses cérebros grandes, com seus altos custos energéticos, irão afetar de forma recíproca a natureza das relações sociais.

Esse círculo tão nítido parece correto, mas ele não leva em conta uma outra dimensão – de onde teria vindo essa energia adicional? Pode-se calcular que pela única razão do tamanho do cérebro humano, os custos metabólicos que incidem sobre a mãe durante os primeiros 18 meses de vida são cerca de 9% maiores que nos chimpanzés.[14] Esse acréscimo de 9% não é pouca coisa, especialmente se ele tem que ser obtido em ambientes que em geral eram imprevisíveis. Essa energia extra pode ter vindo de várias de maneiras: de uma maior eficiência na extração de alimentos ou da redução do dispêndio de energia. As ferramentas talvez tenham sido úteis para esse fim, mas durante os primórdios da evolução humana, pelo menos, elas eram poucas e relativamente simples. Uma possibilidade mais atraente seria o consumo de carne.

A maior parte dos primatas é vegetariana, já que os alimentos de origem vegetal constituem o grosso de sua dieta. Muitas espécies são também consumidoras oportunistas e em pequena escala de algum tipo de alimento de origem animal. Apenas entre os babuínos e os chimpanzés a prática ativa da caça a animais foi observada. Os humanos modernos são incomuns entre os primatas, pelo fato de terem aumentado seu nível de dependência da carne.

Já houve muita polêmica sobre o papel da ingestão de carne na evolução humana.[15] Boa parte dela se concentrou na prática da caça em si – quando ela era possível, até que ponto era importante, que tipos de comportamento ela implicava, e se consistia numa parte fundamental da psique humana. Nos últimos anos, a discussão tendeu a enfocar a importância relativa da caça em comparação à devoração de carcaças de animais mortos por outras espécies.[16] O que não foi examinado de forma tão completa foi o que a carne representa como alimento, independentemente de como ela tenha sido obtida. A carne é um alimento de alta qualidade, possuindo alto teor de energia e de proteínas. Além disso, vem em grandes pacotes, de modo que, quando se consegue carne, provavelmente será em grandes quantidades. Há também desvantagens, tais como o fato de que a carne é relativamente escassa, e de que os animais costumam ser muito apegados a seu próprio tecido muscular. No entanto, no ambiente relativamente pobre em vegetação no qual viviam os primeiros hominídeos africanos, a carne pode

---

14 Foley & Lee (1991).
15 Dart (1949); Ardrey (1967); Lee & DeVore (1968); Dahlberg (1981); Foley (1987a).
16 Binford (1984); Bunn & Kroll (1986).

ter sido um recurso de crucial importância – o único capaz de fornecer os 10% a mais de energia que permitiram que os hominídeos escapassem das limitações colocadas sobre os outros animais, em sua resposta às pressões seletivas impostas pelo desenvolvimento da complexidade social.

Três pontos parecem sustentar a importância da ingestão de carne para a expansão do cérebro humano. O primeiro deles é que em boa parte dos ambientes africanos nos quais hominídeos foram encontrados a carne é obtenível particularmente na estação seca, o período no qual os alimentos vegetais se tornam ainda mais raros, solucionado assim o problema do tempo realmente crítico da evolução – a estação na qual os recursos são mais escassos. O segundo ponto é que os primeiros sinais de aumento do tamanho dos cérebros dos hominídeos ocorrem há cerca de dois milhões de anos, com os primeiros membros do gênero *Homo*.[17] Essa data coincide com os primeiros indícios de fabricação de ferramentas e com o uso de mamíferos como recurso alimentar. E, por fim, como observaram Aiello e Wheeler,[18] o cérebro não é o único tecido caro. Outros tecidos, como o fígado, as vísceras e o rim, também são metabolicamente dispendiosos. Uma maneira de lidar com o custo adicional dos cérebros maiores seria reduzir o tamanho de um outro órgão. Martin[19] observou, há algum tempo, que as vísceras humanas estão entre as menores encontradas entre os primatas, e que os carnívoros em geral têm vísceras muito menores que os herbívoros, precisando de menos extensão de intestinos para digerir sua comida. Ao adotarem um maior uso da carne, os hominídeos estariam, simultaneamente, ganhando acesso a um recurso de alta qualidade e reduzindo a demanda energética do processamento da comida.

Esses vínculos entre cérebro, comportamento social e ecologia mostram que esse resultado tão singular representado pela evolução humana foi um acontecimento verdadeiramente raro, que só poderia ter ocorrido em condições extremamente específicas. Esse resultado, contudo, provém dos mesmos princípios fundamentais que embasam a evolução como um todo. A evolução da humanidade é o resultado da interação específica de uma espécie com uma história social complexa entrando em contato com um meio ambiente novo e gratificante. Valendo-se desse jogo de condições, a história darwiniana da humanidade pode ser escrita.

---

17 Foley (1987a; 1992).
18 Aiello & Wheeler (no prelo).
19 Martin (1989).

A História da Vida

Este livro começou com o exame dos humanos anteriores à humanidade como espécie, depois como seres ecológicos e, por fim, como criaturas inteligentes e sociais. Essa abordagem parece retirar o problema da história humana das generalidades da biologia e das certezas genéticas para situá-lo num esquema comportamental, algo de muito mais mutável e flexível, reduzindo assim o papel da evolução e a importância da seleção natural. O próprio êxito da explicação evolucionista leva à sua derrocada.

Pode ser, mas valeria a pena concluir este capítulo examinando, de forma breve, como as estratégias sociais e comportamentais aqui deduzidas estão de fato inscritas em toda a biologia da espécie. O comportamento, o pensamento e até mesmo as escolhas culturais não ocorrem num vácuo, mas erguem-se sobre algumas predisposições biológicas de grande importância.

Tomemos o cérebro como o exemplo óbvio. Toda a capacidade de aprendizagem, de criatividade, de emoção, de pensamento racional, depende inteiramente da maneira pela qual o cérebro opera como processador de informações. Como vimos, ele nada mais é do que um órgão biológico, embora um órgão caro e complexo. A cultura, portanto, depende do cérebro. A presença do grande cérebro humano, por sua vez, depende de determinadas estratégias de maternagem, de longos períodos de gestação, de lactação e de cuidados. A natureza da biologia reprodutiva das fêmeas foi selecionada com base nessa capacidade, e os próprios padrões de crescimento do bebê humano estão sintonizados com essas necessidades. Uma vez mais, o comportamento e a biologia encontram-se profundamente entrelaçados.

O ponto principal é que toda a escala de tempo da vida de um indivíduo, do nascimento até a morte, está conectada aos processos biológicos, e esses processos são um produto da seleção natural. As transformações daquilo que é conhecido como estratégias da história da vida – o tempo que os indivíduos gastam nas diversas fases da vida (gestação, infância, adolescência, fase adulta, e período de vida em geral) – estão na base da quase totalidade das transformações evolucionárias aqui discutidas. As alianças entre machos, como vimos, têm maiores probabilidades de ocorrer quando os indivíduos têm vida longa, havendo, portanto, um vínculo entre longevidade e estratégia social. Ao longo da evolução dos hominídeos, houve um aumento do tempo que um indivíduo leva para atingir a maturidade, e isso está relacionado às estratégias parentais. Até mesmo o tamanho relativo entre os machos e as fêmeas – o dimorfismo sexual – mostra a inexorável ligação entre a biologia e o comportamento. Na maioria das espécies mamíferas, os machos são muito maiores que as fêmeas sempre que há competição intensa e arriscada entre os machos pelo acesso a elas. Ao longo da evolução dos hominídeos, pode-se observar a diminuição dos níveis de dimorfismo sexual, o que implica mudanças tanto nas relações entre machos como nas relações entre machos e fêmeas que foram aqui discutidas. Tomemos um exemplo final: entre os humanos modernos, as mulheres perdem sua capacidade reprodutiva antes de atingirem o fim de sua expectativa de vida. A menopausa põe um fim prematuro à reprodução. Esse poderia parecer um produto curioso da seleção natural, mas já foi sugerido que a menopausa é uma mudança adaptativa que suas dispendiosas proles impõem às fêmeas humanas. Como as crianças humanas demoram muito para atingir a maturidade, é vantajoso para a fêmea humana não ter esses filhos tardios, talvez para, em vez disso, ajudar seus filhos e filhas – aquilo a que Hawkes[20] denominou de estratégia da avó.

Quando examinamos todo o espectro do reino animal, encontramos muitas regularidades na história da vida. Vidas longas, cérebros grandes e corpos grandes andam juntos; crescimento rápido associa-se à reprodução precoce etc. Em alguns sentidos, os humanos se encaixam bem nessas expectativas e, em outros, eles estendem os parâmetros e padrões da história da vida, ingressando num território evolucionário jamais mapeado. O que é importante, contudo, é que os elos entre a história da vida de uma espécie e seu comportamento documentam os longos tentáculos da seleção natural.

---

20   Hawkes (1989).

10

Que Importância tem a Evolução Humana?

O Lugar da Natureza no Homem

O modo tradicional de concluir os livros sobre a evolução humana é discorrer sobre as maneiras nas quais nosso passado evolucionário é importante para a compreensão do mundo atual. Isso não é tão difícil se o livro for como o *African Genesis*, de Ardrey,[1] cujo tema – a evolução de um macaco assassino para um humano assassino – tornava fácil a defesa da ideia de que é importante entender o aspecto violento da natureza humana. No caso de muitos dos livros de antropologia mais tradicionais, essa argumentação seria impossível, uma vez que eles, com frequência, afirmam que o principal padrão verificado na evolução humana é o de que os humanos vêm gradualmente se libertando do jugo da seleção natural, e que os efeitos do meio ambiente sobre eles vêm se reduzindo. Se os humanos moldam sua evolução mais que a evolução molda os humanos, o papel do passado teria algum interesse mas pouca importância.

Nos capítulos precedentes, adotei uma linha mais ou menos intermediária. Por um lado, dei ênfase à natureza inflexível dos processos evolucionários, dos quais raramente ou nunca se consegue fugir. Por outro lado, porém, não fiz qualquer tentativa de identificar a característica fundamental que nos torna humanos. Na verdade, nunca houve uma revolução evolucionária, uma transformação repentina, de maneira que a importância

---

1   Ardrey (1967).

de tudo isso não está de modo algum clara. Além do mais, tentei evitar discussões sobre os dois grandes rubicões – a cultura e a linguagem –, abrindo assim duas possibilidades: ou relegar os homens à condição de apenas mais um animal ou, simplesmente, considerar cultura e linguagem como os fatores que, no final das contas, fazem a diferença. Talvez falte fazer e responder ainda uma pergunta, que sem dúvida foi sugerida por alguns dos trechos mais tediosos deste livro – tem importância o fato de os humanos terem evoluído?

Uma das maneiras de encarar as implicações do que foi discutido nos capítulos anteriores talvez seja retornar não a Darwin, mas a um contemporâneo seu, T. H. Huxley. Huxley, em 1863, escreveu um livro intitulado *O lugar do homem na natureza*,[2] no qual ele examinou as provas da relação evolucionária entre os humanos e as outras criaturas, e até que ponto havia indícios fósseis da transição entre essas criaturas e os humanos. Esse livro, em grande parte, tratava de zoologia e anatomia, contendo muitas das provas e das linhas de raciocínio que, mais tarde, vieram a se converter nos pontos básicos dessa matéria. Não há dúvida de que *O lugar do homem na natureza* seja um clássico da biologia evolucionista, tão importante quanto *A linhagem do homem*, de Darwin, publicado em 1871, e de que o livro de Huxley tenha estabelecido o contexto para muitos dos temas da paleoantropologia do século XX.

A pergunta básica colocada por Huxley era "onde os homens se encaixam?". Esta é uma questão essencialmente filogenética, tratando das relações evolucionárias, e é ela que vem dominando o estudo da evolução humana. É ela que, com a descoberta de cada novo fóssil, vem passando por revisões constantes. Subjacente a ela, como também ao título do livro de Huxley, está a ideia de que a diversidade da vida é como um quebra-cabeça, onde cada espécie tem seu lugar. Os humanos são uma parte essencial desse quebra-cabeça que, sem eles, estaria incompleto.

No entanto, como foi sugerido em boa parte dos capítulos anteriores, não é bem assim. A evolução em geral, e a evolução humana de forma mais específica, é muito mais localizada, cheia de lacunas e de peças faltantes, e muito mais informe do que Huxley o supunha. Os processos e os mecanismos, os elos entre as condições ambientais e os resultados ecológicos e evolucionários são mais importantes que o lugar no qual nos encaixamos nas relações evolucionárias. A perspectiva darwiniana coloca a questão do lugar da natureza no homem, e não do lugar do homem na natureza, uma

---

2   T. H. Huxley (1863).

vez que ela se preocupa com a maneira pela qual a natureza – ou o meio ambiente e a ecologia, as condições da evolução, como nós as chamaríamos hoje – moldou os humanos. O lugar ocupado pela humanidade no quadro mais amplo não passa de um resultado acidental. Deixando de lado questões relativas à idade dos fósseis e ao papel de espécies particulares na evolução humana, o foco agora se concentra nas estratégias adaptativas dos hominídeos. Isso significa que o cerne do darwinismo – o mecanismo da seleção natural e as adaptações das populações – se tornou a questão central, e que as mudanças evolucionárias, que geralmente ocupavam o centro do palco, foram reconhecidas como apenas o resultado inevitável das interações cambiantes entre os organismos e seus ambientes.

A Cultura Toma o Lugar da Biologia

Uma das maneiras de encarar a importância de todas as coisas que foram aqui discutidas é não ver nelas importância alguma. Essa talvez seja a opinião vigente naquilo a que Tooby e Cosmides denominaram de MPCS – o Modelo Padrão das Ciências Sociais.[3] Como foi afirmado no capítulo 1, as ciências sociais, no século atual, foram em grande parte construídas sobre a rejeição da teoria darwiniana e da perspectiva evolucionista. Apesar de, da boca para fora, admitir-se que a evolução aconteceu, e o fato de ela ter acontecido há tanto tempo vem sendo razão suficiente para acreditar que suas implicações são mínimas. Pode-se sugerir uma série de motivos para esse estado de coisas, deixando de lado, por um momento, o mais óbvio de todos eles: os cientistas sociais ou desgostam da biologia evolucionista ou não compreendem.

A primeira razão a ser sugerida foi que os humanos não estão sujeitos aos mecanismos evolucionários porque seu comportamento não está sujeito a controle genético. Ernest Gellner é o autor da mais elegante dessas formulações, com sua teoria da subdeterminação genética.[4] Os humanos são como são porque seus genes não determinam seu comportamento, permitindo, ao contrário, grande variação e flexibilidade. Desse modo, eles desenvolveram grandes poderes de adaptação, sendo capazes de sobreviver e de prosperar em incontáveis circunstâncias sociais e ecológicas.

---

3   Tooby & Cosmides (1992).
4   Gellner (1989).

Foi mencionado que sem genes não pode haver seleção natural e, portanto, não há evolução. A fonte de variação torna-se cultural, e não biológica, estando sujeita a um outro conjunto de regras. Os humanos, portanto, teriam feito a transição do mundo da biologia para o mundo da cultura. Como o poder dos genes sofreu um recuo, disse Gellner, a cultura tornou-se imprescindível como meio – e, por sinal, um meio melhor – de recolocar regras e restrições. Para uma espécie geneticamente subdeterminada, a cultura é necessária para a sobrevivência. A biologia, contudo, se torna redundante.

No debate natureza *versus* criação, esse Modelo Padrão das Ciências Sociais representa uma vitória para o lado da criação. Os humanos são o produto de seu ambiente cultural. Sem dúvida que há um considerável corpo de provas corroborando essa visão. A flexibilidade do comportamento humano, a escala das variações culturais, e o fato de os indivíduos serem capazes de adotar as práticas de qualquer cultura parecem apoiar uma visão preponderantemente ambientalista da natureza humana. Pode-se acrescentar a isso a observação biológica de que grande parte das variações genéticas se dá no âmbito das populações e que, portanto, os humanos raramente são adaptados a ambientes específicos. É certo que não foi possível identificar genes específicos que controlem aspectos particulares do comportamento, e as tentativas feitas nesse sentido raramente são mais que estereótipos raciais ou sexuais.

Se tudo isso é verdade, a evolução humana apresenta pouco interesse, além de seu valor como curiosidade para aqueles que gostam de fósseis. Mas será que tudo isso é verdade? É certo que, nos dias de hoje, assistimos a um forte renascimento da genética, e a genética comportamental é uma disciplina em franco crescimento.[5] Raramente se trata de determinismo genético numa acepção simples, porque os genes são complexos e está claro que eles são mediados por uma extensa série de outros fatores. Seja como for, algumas características apresentam um componente hereditário. A inteligência, tal como medida pelo Q.I., por exemplo, mostra níveis de hereditariedade que se concentram em torno de 0,7, o que significa que 70% das variações são influenciadas por fatores hereditários, ao passo que 30% delas devem-se a fatores que podem, *grosso modo*, ser chamados de ambientais.[6]

É importante enfatizar que isso, de forma alguma, é o mesmo que dizer que os humanos são produtos aleatórios de seus genes, uma vez que o

---

[5] Plomin et al. (1990).
[6] Bouchard et al. (1988); Mascie-Taylor (1993).

ambiente, de diversas maneiras, modifica a influência dos genes, e o comportamento jamais pode ser imputado unicamente à natureza ou à criação, uma vez que ele é um processo interativo, no qual diferentes elementos desempenham diferentes funções. Os genes influenciam a maneira pela qual as características de um organismo se desenvolvem, sejam elas físicas ou psicológicas, mas o ambiente representa uma outra fonte de influência, que afeta a maneira pela qual a contribuição dos genes irá ocorrer. Em nenhum dos dois casos essa influência pode ser simplificada por meio de sua redução a uma "causa", já que, como vimos em outros contextos evolucionários, a causação é uma mistura de fatores e condições.

Além do mais, não é absolutamente verdade que os genes sejam de importância crucial para todos os aspectos do processo evolucionário. Um erro muito comum é pensar que os termos biológico, evolucionário e genético sejam sinônimos. Na terminologia de Dawkins,[7] os genes são os replicadores da evolução, a moeda corrente que usamos para medir se houve ou não mudança. Os organismos, contudo, são os veículos da replicação, ou, nos termos de Hull,[8] os interagentes com o meio ambiente. Os genes, afinal, não interagem com coisa alguma, eles simplesmente codificam os fenótipos. Isso significa que o sucesso de um gene dependerá das características adaptativas do indivíduo ou do veículo. Como afirmou Dunbar, "a replicação possibilita que as atividades fenotípicas do organismo tenham as consequências evolucionárias que têm, mas não é ela que causa essas consequências".[9] Os genes são necessários para a evolução, mas eles não são a única coisa que evolui, e a relação entre evolução genética e evolução fenotípica não ocorre, necessariamente, numa proporção de um para um. Alguns elementos do fenótipo podem evoluir de forma relativamente independente de qualquer gene específico, mas o pacote gênico, como um todo, será beneficiado.

Esse fato implica, entre outras coisas, que a subdeterminação genética, do ponto de vista evolucionário, é mais uma ilusão que uma realidade, apesar de ela ser útil para descrever o que observamos nos humanos atuais. Não se trata de os genes do comportamento serem pouco importantes, mas sim de eles ocorrerem num nível de especificidade muito baixo. Não há um "gene da agressividade", ou um "gene do altruísmo". É muito mais provável que haja genes que controlem características muito gerais, tais como a

---

7 Dawkins (1981).
8 Hull (1988).
9 Dunbar (1988), p.181.

capacidade de aprendizado, ou de observação, ou de alterar reações e assim por diante. Isso significa que, ao longo da evolução do comportamento humano, o que foi selecionado não foram comportamentos específicos, mas sim a capacidade de responder de forma apropriada a determinadas condições. É claro que esses comportamentos podem ter sido construídos sobre aquilo a que Hinde chamou de predisposições biológicas,[10] mas isso significa que a evolução é de importância central para a compreensão do comportamento humano, mesmo que não haja um componente genético simples, um para um. A seleção continua funcionando.

Uma outra crítica ao Modelo Padrão das Ciências Sociais seria que a cultura não é um modelo útil, e que ela escamoteia o problema, em vez de solucioná-lo. A cultura é um desses conceitos que são frequentemente usados, mas raramente definidos. Ou, de forma mais precisa, são constantemente redefinidos. Num extremo, cultura significa simplesmente, na memorável frase de Lord Raglan, "tudo o que nós fazemos que os macacos não fazem". Nessa acepção, a cultura, quando usada em relação a problemas evolucionários ou biológicos, não passa de uma tautologia, uma vez que cultura significa as coisas que não são biológicas. Nesse nível, ela talvez não seja de grande utilidade e, da mesma forma que os genes não trabalham isolados de outros fatores, é provável que o mesmo aconteça com a cultura.[11]

Mais especificamente, cultura pode significar uma de duas coisas básicas. Uma delas seria o feixe de características que apenas os humanos possuem e, caso outras espécies o possuam também, será de forma limitada e pouco desenvolvida. Essas características incluiriam a capacidade de aprender e ensinar, a transmissão não genética de informações entre duas ou mais gerações, altos níveis de variação intra e interpopulações, o desenvolvimento de tradições locais, a modificação do ambiente para fins tecnológicos e o uso de elementos simbólicos de comunicação. A outra seria de que todos esses traços têm origem na capacidade humana de construir um mundo mental, de modo que cultura significaria as capacidades mentais que geram esses fenômenos observáveis.

A capacidade do Modelo Padrão das Ciências Sociais de explicar os humanos, em última análise, repousa na adequação do conceito de cultura. Como conceito analítico e evolucionário, essa adequação é passível de questionamento. Em princípio, trata-se de um conceito estático, de

---

10   Hinde (1976).
11   Boyd & Richerson (1985); Durham (1991).

é ou não é. As criaturas ou têm cultura ou não têm, e vêm daí, por exemplo, as discussões, tão frequentemente tautológicas, sobre se os chimpanzés ou outros animais vivos possuem ou não cultura. Chegar a uma conclusão sobre essa questão não significa concluir o que quer que seja a respeito da evolução humana, porque ou os chimpanzés não a têm e, nesse caso, o termo simplesmente confirma a definição de Lord Raglan, ou eles a têm e, nesse caso, alguma definição nova para a singularidade humana será necessária. Os humanos anteriores à humanidade aqui descritos são prova da inadequação da cultura como instrumento analítico, uma vez que está claro que os hominídeos extintos situam-se exatamente sobre o divisor de águas daquilo que, em geral, é entendido por cultura. A complexidade dos comportamentos dos quais eles eram capazes não pode ser restringida à cultura, e o fato de termos evitado por completo a abordagem cultural permitiu que aprendêssemos muito mais.

No entanto, isso não exclui a possibilidade de que todo o pacote que recebeu o nome de "cultura", em especial os construtos mentais que estão na base da complexidade do comportamento humano, não tenha grande impacto sobre o modo pelo qual a evolução opera, como o demonstram os modelos desenvolvidos para explicar a evolução gene-cultura. Esses modelos, entretanto, reduzem a cultura a um conceito muito mais limitado e específico do que aquele geralmente empregado no Modelo Padrão das Ciências Sociais.

Uma comparação frequentemente usada para corroborar a rejeição da importância da teoria da evolução é que os humanos desenvolveram muitos aspectos comportamentais que não têm função alguma. A seleção natural e a evolução deveriam produzir maneiras mais eficazes de comer ou de fugir de predadores, mas não melhores artistas. A cultura, portanto, são as coisas que não são realmente essenciais para a sobrevivência, e que, portanto, estão além do âmbito da evolução, ou que até mesmo vão em sentido contrário a ela. Não resta dúvida de que a evolução dos hominídeos aqui documentada tratou daquilo que era essencial à sobrevivência, embora tenha também demonstrado dois outros pontos que contradizem essa visão.

O primeiro é que a seleção natural diz respeito à reprodução, e não à sobrevivência. Alimento, ecologia, economia, dentro de um esquema darwiniano, são um meio para um fim, e não um fim em si. E esse fim são as estratégias que garantem melhores oportunidades reprodutivas, ou uma maior sobrevivência da prole. Qualquer coisa que contribua para isso será selecionada, e é bem possível que, uma vez estabelecida entre os hominídeos sua complexa trama de relações sociais e de poder, as fontes de sucesso reprodutivo fossem mais do que a simples habilidade na coleta de comida.

A distinção entre elementos funcionais e não funcionais tem que ser tratada com extremo cuidado no contexto da teoria evolucionista.

O segundo ponto é que a discussão sobre a relação entre tamanho do cérebro, sociabilidade e energética materna, exposta nos dois capítulos anteriores, mostrou que não é possível separar o social do ecológico, o comportamental da energética na qual o comportamento se baseia. A energia permeia todos os aspectos da vida e, portanto, mesmo o comportamento funcionalmente mais remoto tem a capacidade de retrogradar até os elementos mais básicos da vida.

Se a cultura e a subdeterminação genética não servem como motivos para rejeitar a evolução como fator importante na compreensão dos humanos, uma segunda razão possível, então, seria a própria linguagem. A linguagem altera todas as regras. Um extremo pós-modernista seria simplesmente dizer que nenhuma das coisas discutidas neste livro pode existir sem a linguagem, não passando, portanto, de uma visão de mundo filtrada pela linguagem. A evolução não tem importância porque a evolução é apenas uma palavra. Num outro extremo, menos radical, a linguagem significa que a informação é passada de forma demasiadamente rápida para ser influenciada pela evolução ou para ter influência sobre ela. A linguagem tem o efeito de transferir o potencial de sucesso adaptativo e reprodutivo do indivíduo para o grupo. Isso, no mínimo, significaria que a seleção, que na teoria evolucionista clássica opera sobre o indivíduo, passará agora a operar num nível grupal mais elevado e que, agora, o que é de importância crítica são os custos e os benefícios que afetam o grupo como um todo. Essa ótica derrubaria por terra os diversos cálculos feitos ao longo de todo este livro.

A evolução da linguagem é muitas vezes citada como o passo crucial da evolução, que permitiu tanto o êxito cumulativo dos humanos como a alteração do padrão evolutivo. As opiniões diferem quanto a quando e como isso ocorreu. Para alguns, ela evoluiu gradualmente a partir do surgimento do gênero *Homo*, há cerca de dois milhões de anos. Para outros, ela teve uma origem muito mais rápida, talvez só vindo a ocorrer há cerca de quarenta mil anos, associada àquilo que foi chamado de explosão simbólica – o aparecimento da arte e de sinais do uso externo de símbolos.[12] Foi citado que a expansão desenfreada dos humanos modernos é um reflexo das vantagens que os hominídeos usuários de linguagem tinham sobre os demais hominídeos silenciosos.

---

12   Falk (1980); Lieberman (1986); Bickerton (1990); Davidson & Noble (1991).

Mas o papel da linguagem na evolução humana deve ser tratado com grande cautela. A própria linguagem, obviamente, é uma excelente prova da operação relativamente direta da evolução biológica, uma vez que a capacidade de usar a linguagem e a fala tem firmes raízes em propriedades biológicas – a estrutura do cérebro e a anatomia da garganta, da boca e do sistema respiratório. Os benefícios, portanto, incidiriam sobre o indivíduo, e não sobre a sociedade como um todo. Além disso, como Pinker ressaltou em trabalho recente, quando examinada de um ponto de vista evolucionário, a linguagem torna-se ainda mais notável.[13] Parece haver fortes indícios da existência de uma estrutura gramatical universal, de modo que não apenas a capacidade física da fala seria produto da evolução, mas a capacidade mental também. Além disso, a linguagem é construída sobre a capacidade independente de pensar. A linguagem não é, necessariamente, parte dos processos de pensamento, como mostram as imagens e os sonhos. Aquilo que Pinker chama de "mentalês" talvez seja separado da linguagem, e mais fundamental na evolução, a linguagem sendo um acréscimo significativo.

A linguagem e as capacidades cognitivas que a embasam não justificam o abandono uma abordagem evolucionária. Não há dúvida de que a linguagem e as capacidades cognitivas humanas transformaram a história evolucionária dos hominídeos. O mapeamento da evolução das características cognitivas dos humanos anteriores à humanidade permanece sendo um problema importante, que precisa ser tratado.

A Evolução da Cognição Humana

Descrever a natureza da cognição humana é entrar num campo minado de confusão terminológica e teórica. O modo pelo qual um humano pensa pode ser examinado numa série de níveis, que vão desde o funcionamento das células cerebrais até a bioquímica do cérebro, sua estrutura anatômica e seus componentes psicológicos e conscientes. Esses níveis não são necessariamente conflitantes, embora evidenciem a diferença entre os processos neurobiológicos que estão na base do pensamento e o processo de pensamento em si. É este último que é mais facilmente expresso nas perguntas aqui colocadas – quais os custos e os benefícios da capacidade cognitiva humana? O contexto para essas perguntas seria as vantagens

---

13 Pinker (1994).

evolucionárias de uma maior complexidade social, que estabelecemos no capítulo anterior. As implicações seriam que a mente é adaptada para mapear caminhos que cruzam esse complexo mundo social e para resolver toda uma gama de problemas ambientais.

Humphrey afirmou que a capacidade da mente – de qualquer mente, não apenas da mente humana – evoluiu com base em algo que pode ser considerado emoções primitivas.[14] A consciência que um organismo tem de seu ambiente é derivada de seus sentidos – sentir pressão, ou temperatura, ou luz – e o desenvolvimento de um pensamento cada vez mais consciente pode ser visto como o surgimento de um meio de compreender esses sentimentos. A melhor maneira de encarar o "pensamento", portanto, seria como um sistema de estruturas cognitivas que organizam respostas a estímulos que despertam "emoções". Esse modelo evolucionário contém elementos importantes para a compreensão de como o cérebro funciona, já que ele sugere que há uma razão filogenética para os estreitos vínculos que ocorrem entre as emoções humanas e o pensamento racional. Não há qualquer razão para crer que exista, nos humanos, um programa de computador, frio e calculista, de pensamento puros, independente dos estados emocionais. Como tudo o mais na evolução, até mesmo a potência da mente humana foi construída de forma precária, por meio do acréscimo de novos pedaços aos componentes já existentes.

Neste ponto, duas inferências sobre a evolução da cognição humana já são possíveis. A primeira é que é provável que o modo de operação do cérebro esteja fortemente vinculado aos processos sociais, uma vez que estes constituem as pressões seletivas subjacentes, e a segunda é que essa evolução se dará de modo cumulativo, sobre a base das capacidades já existentes. A primeira dessas inferências, em especial, serviu de base à sugestão de que um estágio de importância primordial na evolução da cognição seria aquilo que é conhecido como a teoria da mente. Isso não se refere a uma teoria de como a mente funciona, mas à ideia de que a mente funciona por meio da teoria de que há uma mente. O que Whiten quer dizer com isso é que os altos níveis de cognição implicam o uso do processo de pensamento para simular atividades, ações e consequências.[15] "O que aconteceria se eu golpeasse a pedra?" ou "o que aconteceria se eu ameaçasse X?" O pensamento é uma maneira pela qual consequências imaginadas podem ser encenadas

---

14 Humphrey (1992).
15 Whiten (1991).

sem que se gaste energia ou corra-se os riscos envolvidos na ação real. Eu posso me imaginar golpeando a pedra e ela se partindo ao meio, formando uma aresta afiada. Ou posso me imaginar ameaçando X, e me dar conta de que eu estaria correndo um considerável perigo, uma vez que X é duas vezes maior que eu. A função da mente, portanto, é simular ações. Em razão do primeiro dos princípios já derivados – que há um forte elemento social na evolução da cognição –, Whiten vê essa simulação, antes de mais nada, como leitura da mente. A simulação mais importante seria a de tentar simular o que se passa na mente de um outro indivíduo. Ao imaginar o que aconteceria se eu ameaçasse X, minha imaginação, para ser de alguma utilidade, teria que tomar a forma de tentar pensar no que X pensaria de minha ameaça. Isso, na verdade, implica entrar na mente de um outro indivíduo, o que pode ser feito tanto de maneira racional (um processo de pensamento) como emocional (uma forma de empatia), uma vez que, como foi mencionado acima, não há fronteiras claras entre as diferentes formas de cognição, uma sendo construída tendo a outra como base.

Essa natureza cumulativa do processo evolucionário pode ter sido importante para o modo pelo qual a cognição humana evoluiu. O que se situa no cerne dos processos de pensamento é a capacidade de mentalmente simular ações. Embora essa capacidade talvez tenha tido origem nos acontecimentos e nos problemas sociais, não há razão para que o poder dessa técnica tenha ficado restrito à sociabilidade. Ampliá-lo para abarcar o mundo da tecnologia, da ecologia e muitos outros campos do comportamento teria sido vantajoso.

Uma das consequências desse modelo da evolução cognitiva seria a de levar à consciência e à autoconsciência. Qualquer processo de pensamento que envolva a manipulação mental das ações, tanto do pensador como de outros indivíduos, trará, como consequência lógica, a consciência tanto de si como dos outros. O estudo de outros animais, especialmente dos grandes macacos, deixou claro que esse nível foi alcançado antes do aparecimento dos hominídeos, e que as grandes capacidades dos humanos derivam-se dessa base antropoide.

A complexidade da evolução cognitiva, que acabamos de resumir de forma tão breve, constitui-se na base de um extraordinário corpo de trabalhos, de importância central para a compreensão dos humanos. No entanto, uma questão que é tangencial à maior parte desses trabalhos é aqui de importância central: seria possível mapear o curso da evolução cognitiva humana no contexto das condições nas quais os humanos evoluíram? Neste livro não é possível examinar os benefícios sem levar em conta os custos, bem como a escala de tempo em questão, quando se trata dos humanos anteriores à humanidade. Aprendemos, ao longo deste livro, que não é possível tomar como certo que algo como o pensamento consciente seja, em si, vantajoso – os custos e as condições têm, necessariamente, que fazer parte da explicação.

Aqui, os dados discutidos no capítulo 4, sobre a relativa humanidade das várias categorias taxonômicas de hominídeos, são de importância central. Quando examinamos o tamanho do cérebro, a tecnologia e o comportamento ecológico, ficou claro que os australopitecinos eram semelhantes aos macacos em tudo, menos no andar, e que os neanderthalenses tinham cérebros de tamanho moderno, embora lhes faltasse o comportamento moderno. Na verdade, o próprio *Homo sapiens* não deu mostras de possuir tecnologia moderna por mais de sessenta mil anos. Os cérebros evoluíram tardiamente, na evolução dos hominídeos, e há um marcante contraste tecnológico entre os hominídeos arcaicos e os mais modernos. O que isso tem a nos dizer sobre a evolução dos sistemas cognitivos humanos?

Primeiramente, ou que os australopitecinos não estavam sujeitos a pressões seletivas severas, atuando para forçá-los a adotar uma maior complexidade social, ou que eles se viam limitados por fatores energéticos na evolução dos parâmetros neuroniais e de história de vida associados aos hominídeos mais tardios. O mais provável é que suas capacidades cognitivas se situassem na mesma faixa encontrada entre os chimpanzés. Em segundo lugar, o ritmo das mudanças tecnológicas, durante o período que vai de dois milhões a cerca de trezentos mil anos atrás (ou seja, o desaparecimento do acheulense), é surpreendentemente lento. Mesmo as tecnologias dos cernes de pedra preparados da Idade da Pedra Média e do Paleolítico Médio mostram uma incrível estabilidade ao longo de dezenas de milhares de anos, o que sugere uma ausência das características de pensamento e de linguagem presentes nos humanos modernos.[16]

Essas duas observações são coerentes com a tendência geral de subestimar as capacidades dos hominídeos não modernos e de enfatizar as diferenças entre eles e os *Homo sapiens*. O que se pode inferir daí é que a mudança crítica ocorreu tardiamente na evolução dos hominídeos, sendo seguida por uma rápida explosão de inovação cultural. O problema dessa interpretação reside nos custos energéticos dos cérebros grandes, discutidos no capítulo 8. Se os hominídeos não modernos faziam tão pouco em linguagem e expressão simbólica, por que razão teriam eles cérebros tão grandes?

---

16   Foley (1995).

A solução que eu proporia para esse aparente conflito seria a clara diferença funcional existente entre pensamento e linguagem.[17] A maior parte das tentativas de compreender a evolução da cognição humana não fez tal distinção, adotando, de modo geral, a perspectiva antropológica de que o pensamento está internalizado na linguagem. No entanto, há um certo número de razões para separar a linguagem, que se refere à comunicação externa, daquilo a que Pinker chamou de "mentalês", que são os processos internos de pensamento.

Se o mentalês é capaz de evoluir sem a manifestação externa de comunicação complexa, talvez, então, a evolução gradual dos cérebros maiores ocorrida ao longo da evolução dos hominídeos tenha sido um reflexo desse desenvolvimento. Seu efeito sobre a complexidade do comportamento pode ter sido profundo, mas sem a rápida difusão de ideias possibilitada pela linguagem, o que se verificou foi um ritmo relativamente lento de mudança comportamental e um alto nível de estabilidade. Os hominídeos arcaicos do Pleistoceno provavelmente eram hábeis na leitura de mentes, embora o fizessem em silêncio. Foi apenas nos últimos trezentos mil anos que a evolução do cérebro acelerou-se de tal maneira a ponto de sugerir que a própria linguagem estaria evoluindo.

Essa hipótese, que está estreitamente relacionada aos indícios fornecidos pelos próprios fósseis, mais que a modelos gerais sobre a cognição, tem a vantagem de forçar o exame dos fatores evolucionários em questão. Até o presente, vem-se tendendo a pensar a cognição em termos muito gerais, mas quando ela é colocada num esquema darwiniano, fica imediatamente óbvio que não há razão para que a seleção da inteligência e da leitura da mente coincida, necessariamente, com as pressões seletivas da comunicação dos resultados desses processos de pensamento. A seleção para o pensamento e a seleção para a comunicação são dois processos diferentes. Pode, aliás, ter havido boas razões para que a falta de comunicação fosse vantajosa. O que isso sugere é que, ao longo da evolução dos hominídeos, houve longos períodos nos quais os benefícios gerais derivados de um maior poder de pensamento foram selecionados, embora esses benefícios não tenham redundado na linguagem até a ocorrência de algumas condições específicas nos últimos duzentos ou trezentos mil anos. É bem possível que essas condições estivessem relacionadas à conquista de parâmetros modernos de história da vida – os ritmos lentos de crescimento e os maiores níveis

---

17   Foley (1995).

de interdependência, discutidos ao fim do capítulo anterior. A linguagem, por outro lado, pode também resultar da imposição de novas condições, à medida que, ao longo do Pleistoceno, os hominídeos atingiam densidades populacionais maiores. Seja como for, somos lembrados que os benefícios da linguagem têm que ser demonstrados, mais do que tomados por certos. Muitos hominídeos, inclusive os de cérebros grandes, parecem ter se saído muito bem mesmo sem possuir linguagem, na sua plena manifestação moderna.

A Natureza do Ambiente Evolucionário Humano

A lição ensinada pela biologia evolucionista, nos últimos cinquenta anos mais ou menos, é que o darwinismo chega onde as outras teorias não chegam. O fato de o darwinismo, em boa medida, tratar do comportamento, da natureza da evolução social e dos aspectos flexíveis e contextuais de muitas estratégias evolucionárias significa que a pressão incluir os humanos no esquema darwiniano é, hoje, maior do que em qualquer tempo anterior. É isso que vem pondo por terra o Modelo Padrão das Ciências Sociais, e em nenhuma área isso vem acontecendo de forma mais rápida que na psicologia.[18] O crescimento da psicologia evolucionista tem sido espetacular, e ela trata, de uma perspectiva darwiniana, de tópicos como o padrão dos homicídios, as preferências de homens e mulheres ao escolher parceiros, e a natureza dessa escolha sexual. Até mesmo na antropologia, o crescimento da ecologia comportamental vem produzindo resultados fascinantes, relativos ao declínio da poligamia, à natureza da hereditariedade sob diferentes condições ecológicas e ao papel da violência entre grupos nas estratégias adaptativas. Os que leram este livro até este ponto talvez já estejam convencidos de que isso não causa surpresa, e entrar em maiores detalhes estaria além do âmbito deste trabalho. Nosso assunto vem sendo os humanos anteriores à humanidade, e não a humanidade em si. Mas há um ponto de articulação.

A psicologia evolucionista utiliza um conceito conhecido como "o ambiente de adaptação evolucionária", ou AAE, abreviando.[19] O AAE refere-se ao ambiente evolucionário que deu forma aos humanos, ao longo de sua evolução. Embora esse ambiente não diga respeito, necessariamente, apenas à psicologia, o que ele sugere é que há um sistema cognitivo específico que

---

18 Buss (1994).
19 Symons (1979).

evoluiu em resposta às condições ecológicas e sociais nas quais os ancestrais hominídeos se encontraram. A natureza desse ambiente nunca é muito precisa, incluindo generalizações tais como o modo de vida caçador-coletor, a sociedade de pequenos bandos etc.

Não há dúvida de que o AAE seja um conceito de grande importância potencial, que tenta identificar a herança evolucionária que deu forma ao nosso comportamento presente. Apesar disso, não lhe faltaram críticos, mesmo dentro das subáreas da antropologia que são simpáticas a ele, uma vez que esse conceito dá ênfase a uma visão unitária da evolução humana. Apesar do vínculo com o passado, ele subestima a importância dos padrões cronológicos e minimiza as variações do comportamento humano. Ele, além disso, contradiz uma das principais conclusões deste livro – a de que não há um passado único e invariável, mas sim um padrão de constante mutação das populações hominídeas, em resposta a condições diferentes e produzindo uma diversidade de estratégias adaptativas, das quais apenas umas poucas viriam a ter importância para a evolução subsequente das populações humanas atuais.

A natureza fragmentária da evolução humana, composta de tantos pequenos acontecimentos, faz com que seja extremamente difícil identificar um AAE, ou mesmo alguns AAEs. E, entretanto, o espírito da ideia do AAE é que o passado tem importância, que ele plasmou as populações atualmente existentes e, em muitos níveis, impõe limitações à maneira com que as pessoas vivem, ainda hoje. O problema é o seguinte: seria possível formular, de forma suficiente, os detalhes da história evolucionária humana, de modo a oferecer uma ideia clara da natureza e da profundidade de nossa herança evolutiva?

O Cronograma Darwiniano da História Humana

A importância conferida à evolução humana irá variar de uma pessoa para outra. Um anatomista terá preocupações diferentes das de um zoólogo, e as de um zoólogo serão também diferentes das de um antropólogo. Um anatomista irá se interessar particularmente pelo ponto no qual ocorre um conflito entre o tamanho do orifício pélvico e o tamanho da cabeça do recém-nascido. Um zoólogo irá se interessar pela relação entre o nível de diferença comportamental e de distância genética entre as diversas espécies, incluindo os humanos, ao passo que um antropólogo social talvez queira saber em que momento o termo cultura passa a ser apropriado. Qualquer que seja a área de interesse, contudo, a ideia central desenvolvida neste livro é de que embora o passado produza efeitos sobre o presente, esses efeitos não podem ser deixados como uma aura vaga pairando sobre nós, devendo ser localizados de forma precisa, em pontos específicos do tempo e do espaço. O resultado disso tudo seria um cronograma darwiniano da pré-história humana, ou seja, onde e quando os benefícios de uma característica humana específica passaram a exceder seus custos, criando assim uma vantagem seletiva. A lista abaixo representa uma tentativa de esboçar esse cronograma:

A herança antropoide (40 milhões de anos): Produziu ritmos de reprodução mais lentos, que levaram a maiores níveis de cuidados e de esforço maternos. A sociabilidade estava firmemente estabelecida como um componente central da adaptação primata, associada a um aumento significativo do tamanho do cérebro. Seu núcleo seriam os fortes vínculos entre as mães e suas proles, resultando em relações duradouras entre as fêmeas, especialmente as aparentadas entre si. A alimentação eclética e oportunista, com a consequente capacidade de escolher livremente os recursos, passou a ser uma característica comum entre os antropoides. Em termos cognitivos, estariam presentes a capacidade de os indivíduos reconhecerem-se uns aos outros, reconhecerem seus parentes e comunicarem intenções simples.

A herança hominoide (25 milhões de anos): Ausência de vínculos de parentesco feminino como padrão central da sociabilidade, provavelmente calcada na incapacidade de formar grandes grupos, da qual resultou a vida em pequenas unidades "nucleares".

A herança dos grandes macacos (15 milhões de anos): Com os grandes macacos, houve uma perda do conservadorismo relativo aos parâmetros da história da vida, resultante da tendência a alterações no tamanho corporal como solução para problemas ecológicos. Desenvolveram-se, então, altos níveis de curiosidade a respeito do mundo, maior destreza e habilidade manipulatória, bem como uma maior flexibilidade social, como resposta a condições ecológicas.

A herança do grande macaco africano (10 milhões de anos): A herança dos grandes macacos africanos é em parte geográfica, já que foram as vicissitudes que alteraram o meio ambiente africano que forneceram as condições para a evolução dos hominídeos. Por ter sido o foco da distribuição dos hominídeos e a região onde viviam os parentes mais próximos destes, a África pode ser considerada o núcleo do ambiente demográfico e seletivo.

O outro elemento importante da herança dos grandes macacos africanos é o desenvolvimento de um modo de vida essencial ou parcialmente terrestre.

A herança do "último ancestral comum" (7 milhões de anos): Considera-se que o último ancestral comum seja aquele que foi ancestral tanto dos humanos como dos chimpanzés. A herança, aqui, inclui uma série de atributos importantes: maior tendência a comer carne; o uso de ferramentas, inclusive as de pedra, usadas na extração de recursos naturais; e o uso ativo da comida como elemento do comportamento e da competição sexual e reprodutiva. Em termos sociais, foi aqui que as alianças de parentesco masculino se tornaram importantes, com o desenvolvimento da defesa grupal e da hostilidade entre os machos de diferentes grupos. Um outro elemento-chave, neste ponto, foi a natureza cotidianamente físsil das comunidades, refletindo a maneira pela qual as comunidades maiores se constroem sobre comunidades nucleares menores. Em termos cognitivos, teria havido uma compreensão ampla dos papéis e das relações sociais, uma capacidade considerável de manipulação e de manobra, e o desenvolvimento da arte da "política" – a manipulação das relações e dos recursos.

A herança dos australopitecinos (5 milhões de anos): O mais provável é que a principal diferença entre os australopitecinos e o "último ancestral comum" seja a adoção do bipedalismo. Isso dá aos humanos uma herança que inclui a reorganização do esqueleto e o desenvolvimento de uma série de estratégias fisiológicas para lidar com problemas de termorregulação.

A herança dos Homo *(2,5 milhões de anos)*: As características herdadas desse estágio incluiriam os primórdios da expansão do cérebro, um maior uso de ferramentas fabricadas na coleta de alimentos e um uso mais intenso de alimentos de origem animal, obtidos por meio da caça e da devoração de carcaças.

A herança do grau dos Homo erectus *(1,8 milhão de anos)*: Neste ponto, é provável que tenham ocorrido uma série de mudanças de grande importância: a primeira guinada realmente decisiva em direção a estratégias humanas de história da vida ocorre com a redução dos ritmos de crescimento, com uma maturação mais longa e um uso muito mais intenso de tecnologias. As capacidades de observar e de copiar tecnologia parecem já estar bem estabelecidas, embora haja poucos indícios de inovações e de variação. Desenvolve-se a capacidade de manter níveis mais altos de fluxo de genes sobre áreas mais vastas, associada à habilidade evidenciada pelos hominídeos de ocupar hábitats de diversos tipos, de colonizar e de se dispersar. Talvez tenha sido a partir deste ponto que, com o maior investimento feito na prole, além do fortalecimento das alianças de parentesco masculino, ocorrem também os primórdios dos vínculos emocionais mais exclusivos e mais íntimos entre machos e fêmeas.

A herança dos cérebros de mil gramas (300 mil anos): O cérebro dos hominídeos atinge um peso de cerca de mil gramas em algum momento há menos de meio milhão de anos, e isso parece coincidir com diversas mudanças. O mais importante é que o ritmo da evolução se acelera, especialmente na capacidade craniana. Associadas a esta, vêm uma série de mudanças tecnológicas, os primórdios de variações regionais e cronológicas muito mais acentuadas na tradição tecnológica e uma maior diversidade biológica perceptível internamente a um grau. Algumas razões teóricas sugerem que, para que os cérebros grandes pudessem ser mantidos, as estratégias de história da vida teriam que ser praticamente as mesmas que as dos humanos modernos.[20] É deste ponto em diante que devemos supor a presença de algo significativamente diferente das formas não humanas de comunicação. Embora o ritmo das mudanças de comportamento não seja rápido, o mais provável é que esses hominídeos possuíssem muitos dos traços que os antropólogos tenderiam a caracterizar como formas culturais de linguagem.

A herança do humano anatomicamente moderno (Homo sapiens) (*140 mil anos*): A anatomia plenamente moderna, embora numa forma um pouco mais robusta do que a encontrada entre as populações vivas, tem uma idade superior a cem mil anos. Deve-se lembrar, contudo, que essa anatomia não resultou de uma transição única, tendo evoluído ao longo de um considerável período de tempo. É provável que por volta do marco dos 150 mil anos, situe-se – em termos práticos, se é que não absolutos – a última população ancestral comum a todos os humanos vivos, e que o mesmo se aplica à linguagem ancestral das línguas modernas.

Os últimos 20 mil anos: O período que vai de cem mil a vinte mil anos atrás assistiu ao estabelecimento do repertório de comportamentos plenamente modernos. No entanto, foi apenas nos últimos vinte mil anos que muitas das coisas que costumamos associar aos humanos modernos fizeram sentir seu pleno impacto. Foi durante esse período que ocorreu a diversificação cultural

---

20   Foley & Lee (1991).

cujas consequências ainda hoje podem ser observadas. Essas populações humanas tiveram um impacto significativo sobre os recursos naturais e sobre os ambientes, e uma combinação de fatores ambientais e demográficos embasaram a guinada para a produção de alimentos, que veio a transformar de forma radical o mundo biológico e cultural. Em termos sociais e cognitivos, foi durante esse período que surgiram as estruturas sociais de larga escala e que o uso socialmente extensivo de símbolos se torna amplamente estabelecido.

Deve ser ressaltado que esse cronograma rompe com as regras estabelecidas ao longo de todo o restante deste livro, de que a evolução não deve ser entendida como um processo que acaba por conduzir aos humanos. No entanto, os humanos existem, e essa escala temporal talvez sirva para indicar a antiguidade de suas diversas características. O fato que emerge com maior clareza com base em todos esses dados talvez seja que o que existe não é um pacote completo, mas sim uma massa de acontecimentos que se erguem uns sobre os outros, de forma cumulativa. Tudo o que é único na humanidade depende inteiramente do nível comparativo. Para os humanos anteriores à humanidade, isso significa que cada um deles terá uma combinação diferente desses traços, e como tal, irá estender o espectro de variação do mundo biológico além de qualquer coisa que hoje podemos observar nas linhagens sobreviventes.

50 milhões de anos	Herança antropoide: sociabilidade compulsiva.
10-5 milhões de anos	Herança dos macacos africanos: vínculos de parentesco masculino.
2-1,6 milhão de anos	Herança do *H. erectus*: estratégia de história da vida de filhos caros.
300 mil anos	Herança dos *sapiens* arcaicos: estratégia de história da vida dos humanos modernos.
150 mil anos	Herança dos humanos modernos: grupos de grandes dimensões.
10 mil anos	Agricultura e revolução demográfica.

Um cronograma da evolução do comportamento social dos humanos

Nesse cronograma há uma omissão digna de nota: não há nele muita discussão sobre a escala de tempo das diferenças evolucionárias entre homens e mulheres. Uma razão para isso é que o cronograma começa apenas com os antropoides, e as bases ecológicas e evolucionárias das diferentes estratégias empregadas por machos e fêmeas, como foi afirmado no capítulo 9, são de importância fundamental para a reprodução sexual. Em qualquer herança evolucionária, o que é fixo, portanto, é a sensibilidade do sexo feminino para a flutuação dos recursos e, no que diz respeito aos machos, a flexibilidade das estratégias de acesso às fêmeas e o envolvimento subsequente com as crias. Há coisas que talvez venham a mostrar estarem fortemente correlacionadas com essas predisposições biológicas, como, por exemplo, o fato de os machos terem uma tendência a correr riscos e as fêmeas, a serem avessas a riscos. Fora isso, o mais provável é que a herança evolucionária das diferenças sexuais consista na capacidade, tanto dos machos como das fêmeas, de empregar estratégias de reprodução e de sobrevivência da prole que sejam apropriadas a condições ecológicas e sociais específicas. Aqui não se trata de estratégias fixas, como monogamia, poligamia, promiscuidade etc., mas de estratégias que podem ser vistas como modos de calcular os custos e os benefícios de maiores ou menores graus de exclusividade sexual, da permanência da ligação entre os sexos, dos graus de envolvimento parental e assim por diante. Tanto a biologia como a etnografia indicam que homens e mulheres, igualmente, às vezes serão atraídos para estratégias semelhantes, embora o cálculo dos custos reprodutivos signifique que, sob muitas condições, isso não irá acontecer.

Esse cronograma vai de encontro a uma série de ortodoxias e de interpretações de aceitação generalizada. Uma das mais populares destas é que, há cerca de quarenta mil anos, aconteceram coisas importantes que levaram àquilo que já foi chamado de a "revolução humana".[21] Foi nesse ponto que, segundo muitos creem, ocorreu a "explosão simbólica", quando a arte floresceu e a criatividade humana e a complexidade cultural se tornaram estabelecidas. O cronograma delineado por mim mal menciona essa data de quarenta mil anos atrás, pela simples razão de que, numa escala global, nada de muito importante aconteceu. Há quarenta mil anos (ou, para sermos mais razoáveis, entre 45 mil e trinta mil anos atrás), ocorreram transformações nas populações da Europa, as populações europeias arcaicas (os neanderthalenses) desapareceram e surgiu uma tecnologia nova e mais

---

21 Mellars & Stringer (1989).

complexa. Isso nos é parcialmente revelado pela presença de algumas contas e de um ou dois outros itens que mostram um alto grau de criatividade. Tudo isso, entretanto, deve ser inserido num contexto mais amplo. Em muitas regiões do mundo, mudanças como essas não se verificaram no decorrer de todo o Pleistoceno, ao passo que, na África, essas características podem ter ocorrido uns trinta mil anos antes. Mesmo na Europa não houve uma explosão súbita, e o tantas vezes citado florescimento da arte das cavernas do sudoeste da França na verdade ocorreu há cerca de treze mil anos – ou, colocado em termos biológicos, mais de mil gerações mais tarde. Há também uma disjunção marcante entre esses quarenta anos e o aparecimento dos humanos anatomicamente modernos (*Homo sapiens*), que aconteceu pelo menos cem mil anos antes.

Minha opinião pessoal seria a de que, se de fato houve um período no qual algo semelhante a uma revolução humana ocorreu, esse período se deu muito mais tarde, entre 15 mil e cinco mil anos atrás, quando se verificou uma maciça transformação ecológica e demográfica que atingiu praticamente o mundo inteiro. Isso significa que a evolução dos humanos não estancou há cem mil anos, com nossa forma anatômica, nem há quarenta mil ou cinquenta mil anos, com o Paleolítico Superior europeu, mas que ela ainda estava acontecendo enquanto o mundo passava pela transição para a agricultura. Isso nos leva para bem longe das opiniões de Darwin e de Leakey sobre a grande antiguidade da linhagem humana, que alcançaria vinte milhões de anos ou mais. Muito pelo contrário, aqui temos a perspectiva curta no seu auge. Seria mais exato dizer, é claro, que essa é conclusão esperada de um processo contínuo e cumulativo. E, também, o resultado previsível dos princípios do neodarwinismo com os quais começamos – o potencial para mudanças evolucionárias existirá enquanto houver reprodução diferencial entre os indivíduos e as populações.

Uma Assimetria Assustadora: Atividades Antigas e Triviais e as Grandes Consequências da Evolução Humana

As consequências da presença dos humanos neste planeta são estarrecedoras. Desde o fim do Pleistoceno, há dez mil anos, muitos ambientes e muitas paisagens foram transformados pela atividade humana. Desertos como o Saara se expandiram e continuam a fazê-lo em ritmo aterrorizante. Florestas foram destruídas por completo, e as que ainda restam estão desaparecendo num ritmo passível de ser medido em dias. Sistemas fluviais foram reconstruídos para servir às necessidades humanas e lagos gigantescos, formados por represas, alagaram milhares de quilômetros quadrados. Nos últimos quatrocentos anos, o tamanho da população humana cresceu de poucas centenas de milhões para quase sete bilhões, e o mais provável é que venha a crescer ainda mais. Há cada vez mais razões para crer que as atividades humanas, sob a forma da agricultura e da produção industrial, estejam alterando o clima. Nada disso é proposital, mas talvez não esteja longe o dia em que serão feitas tentativas diretas de transformar a atmosfera. Durante os últimos dez mil anos, no mínimo, os humanos, por meio da reprodução seletiva, vêm alterando o tamanho, a forma e o comportamento das plantas e dos animais, tendo de fato chegado a criar novas espécies. A engenharia genética e a biotecnologia irão acelerar esse processo, até o ponto em que haverá o potencial de transformar todas as espécies de forma permanente. Ao mesmo tempo, as espécies estão se extinguindo num ritmo sem precedentes. Estima-se que milhares delas desapareçam a cada ano, e o nível de biodiversidade será reduzido, possivelmente para sempre.

Ao mesmo tempo que os humanos causaram sobre o mundo um impacto provavelmente sem precedentes, eles também acumularam uma história que ultrapassa qualquer coisa existente na natureza. Cidades, Estados e Impérios ascenderam e caíram e, no decorrer desse processo, reuniram e controlaram milhões de pessoas. Armas de temível poder destrutivo, bem como o simples efeito cumulativo de incontáveis guerras e lutas entre esses Estados e internamente a eles, deixaram milhões de mortos: 15 milhões de pessoas morreram na Rússia entre 1914 e 1922, e outros vinte milhões nos anos da Segunda Guerra Mundial, e esses número encontram paralelos por todo o mundo. Além disso, houve o crescimento da ciência e da tecnologia, que fez com que doenças fossem erradicadas, e o mundo viu-se reduzido à escala de uma aldeia global. E, por fim, os humanos mostraram possuir capacidade de criatividade, comportamento altruísta e heroísmo, que fazem a pobreza, a carnificina e a destruição ambiental parecerem um sonho mau.

O fenômeno humano é um fenômeno e tanto, qualquer que sejam os critérios e a escala empregados. Seja em triunfos ou em desastres, o Projeto Humanidade nada tem de modesto. Não é de surpreender, portanto, que a existência dos humanos tenha inspirado explicações igualmente fenomenais. É natural que os grandes acontecimentos tenham causas proporcionais a seus efeitos. O mesmo se dá com os dinossauros: sua extinção tem que ter sido cataclísmica e, portanto, merece ser marcada pela maior colisão de asteróides da história da Terra. Não estaria certo eles simplesmente minguarem até desaparecer. Do mesmo modo, os humanos exigem algo de especial, algo que seja proporcional a seus efeitos – um meio para justificar seus fins. Teólogos, filósofos, cientistas e jornalistas não foram lentos na produção desses meios, e as explicações para a existência dos humanos podem tomar formas de todos os tipos. Muitas delas implicam ir além da Terra, chegando à existência em algum outro lugar, que pode ser Deus, ou criaturas extraterrestres, mas o efeito é sempre o de assinalar a singularidade da criação da Terra. Os humanos são improváveis demais para terem simplesmente acontecido. Outras explicações, especialmente as do mundo pós-darwiniano, implicam um tempo extraordinariamente longo, com base em que o altamente improvável exige um período maciço de tempo geológico. O mais frequente, contudo, é que as explicações evolucionistas deem ênfase às maneiras pelas quais os humanos e seus ancestrais se desviaram de maneira radical e completa das demais tendências evolucionárias, ou, então, conseguiram se libertar das limitações normais da biologia. Macacos assassinos, macacos aquáticos, macacos simbólicos e excêntricos, todos eles teriam quebrado as barreiras da evolução – de um salto, nosso herói se libertou.

O que todas essas teorias têm em comum é o fato de elas forçarem o improvável, o bizarro e o incomum sobre o curso normal da evolução. Algumas vezes, isso se dá em nome dos processos randômicos, uma mutação feliz que mudou a história do mundo. Em outros casos, essas teorias são altamente determinísticas, como se os humanos fossem necessários para que a totalidade do curso da evolução fizesse sentido. O resultado, entretanto, é sempre o mesmo: a transformação do comum no extraordinário.

O estranho é que, colocado de maneira não muito correta, tudo isso é claramente ilógico. Tem-se que pelo menos admitir que não exista razão inevitável para que fenômenos impressionantes e de grande escala tenham que ter causas de grande escala. É apenas a visão retrospectiva que leva o olho e a mente a essa conclusão, e a visão retrospectiva é um privilégio que a evolução não tem como possuir. A evolução tem que ser lida retrospectivamente, mas ela ocorre progressivamente ao longo do tempo. Ao tentar deslindar a evolução humana, como o fiz aqui, foi importante abrir mão das vantagens da visão retrospectiva. Isso quer dizer examinar os humanos através da lente dos hominídeos fossilizados e extintos – os humanos anteriores à humanidade – e não da perspectiva do século XX. Espero que essa abordagem tenha sido reveladora. Ainda resta muito que não sabemos, e provavelmente há muito que jamais saberemos. No entanto, o padrão geral, mais que os nomes tantas vezes obscuros, podem responder a algumas das grandes perguntas. A natureza dos humanos, e a compreensão de por que razão eles evoluíram, foi buscada em no passado, nos hominídeos e no mundo que eles habitavam, e é importante que o impacto maciço e desconcertante de sua existência não nos leve a confundir as causas com as consequências. Como vimos aqui, a evolução humana não representa um clarão ofuscante nem uma criação especial. O homem não criou a si próprio, nem a mulher a si própria. Ambos são produtos dos incontáveis acontecimentos ocorridos na vida cotidiana dos hominídeos. Não há ingrediente mágico na evolução humana, e nada pode substituir o conhecimento dos detalhes do que ocorreu – onde e quando e por que. Terremotos leves e insignificantes na África, ou tendências demográficas específicas na Europa são responsáveis pelo que ocorreu ao longo da evolução. Não devemos nos deixar tapear pela singularidade de nossa espécie, acreditando que somos o produto de forças especiais. Os cosmólogos que estudam as origens do universo têm que pensar em um *big bang*. Para os biólogos evolucionistas, uma crise de soluços é uma ideia mais adequada. Se pudéssemos ter o privilégio de observar as origens de nossa espécie e de nossa linhagem, uma coisa chamaria nossa atenção – a de que nada de muito especial aconteceu.

Apêndice

Que Importância tem a Evolução Humana?

Quem é Quem entre os Humanos Anteriores à Humanidade: Um Guia para os Nomes dos Hominídeos

Uma das maiores dificuldades em aceitar a evolução humana e as tentativas de reconstruir nossa história filogenética consiste em chegar a um consenso a respeito de quais são as unidades evolucionárias básicas em questão. Nos primeiros tempos da paleoantropologia os nomes proliferavam, ignorando por completo as regras da nomenclatura biológica, e cada novo achado transformava-se numa nova espécie, e, às vezes, até num novo gênero. Em 1950, a árvore evolucionária foi drasticamente podada por Ernst Mayr. Naquela data, ele reconheceu apenas três espécies – o *Australopithecus africanus*, o *Homo erectus* e o *Homo sapiens*. Desde então, o número das espécies reconhecidas vem crescendo gradualmente, em parte pela nomeação de novas espécies, à medida que novo material vai sendo descoberto e, mais frequentemente, pela subdivisão das categorias taxonômicas já existentes, nos casos em que se considera que a faixa de variação seja grande demais para uma única espécie. A tendência atual é a "subdivisão". No entanto, praticamente todas as categorias taxonômicas estão sujeitas a alguma controvérsia. As tabelas mostradas nas páginas seguintes não pretendem representar uma visão consensual, mas apenas oferecer um guia para a maneira pela qual a terminologia atualmente em uso evoluiu, bem como para as variações de seu uso. A evolução da nomenclatura mais máxima usada nos dias de hoje pode ser observada acompanhando-se as linhas de ramificação. Na coluna correspondente a 1990, a nomenclatura de subdivisão máxima consiste em cada uma das caixas menores; a nomenclatura mínima, ou agregadora, pode ser encontrada nas caixas com margens grossas, e o nome apropriado encontra-se sombreado. A data aproximada em que um nome foi usado pela primeira vez é mostrada em negrito.

1. Os primeiros australopitecinos e seus aliados

A descoberta do primeiro hominídeo africano primitivo, por Raymond Dart, em 1924, introduziu o termo *Australopithecus* no mundo da paleoantropologia. Esse termo significa grande macaco meridional e, hoje, é entendido como se referindo aos hominídeos africanos primitivos em geral, apontando o bipedalismo e algumas especializações dentárias, não havendo qualquer indício de mudanças significativas no tamanho o cérebro e no comportamento. A espécie original era o *Australopithecus africanus*, de Dart, e a ela foram posteriormente acrescentadas mais algumas espécies novas. No entanto, cada novo acréscimo foi ardentemente contestado. Hoje é de aceitação geral que haja pelo menos duas espécies – o *Australopithecus africanus* e o *Australopithecus afarensis*, mas é possível que ambas sejam categorias taxonômicas mistas, devendo talvez ser separadas em duas categorias taxonômicas, às quais ainda não foram dados nomes. Além disso, duas novas espécies foram nomeadas nos últimos dois anos, uma proveniente do Lago Turkana e a outra do Chade. Pouco se sabe sobre essas espécies, mas elas, de modo geral, pertencem a esse grupo. O primeiro e o mais primitivo dos hominídeos vem do Vale do Awash, na Etiópia, e foi originalmente situado entre os australopitecinos. Hoje, pensa-se que ele apresenta diferenças suficientes para que seja localizado em seu próprio gênero, o *ardipithecus*. Como grupo são às vezes chamados de australopitecinos "esbeltos", para distingui-los dos australopitecinos "robustos", mas essa denominação pode levar a erro, uma vez que eles, muitas vezes, são bastante grandes e musculosos.

1950 1960 1970 1980 1990	Descrição	Apelido
Ardipithecus ramidus	O mais primitivo de todos os primeiros hominídeos. Apenas fragmentos são conhecidos. Ele apresenta traços mistos de hominídeos e de grandes macacos, e pode não ter sido bípede. Encontradona localidade de Aramis, no Rio Awash Médio, na Etiópia, e datado em 4,4 milhões de anos.	
Australopithecus anamensis	Um novo australopitecino encontrado no lado ocidental do Lago Turkana. De aparência mais hominídea que o *ardipithecus*, com alguns sinais de crânio posterior semelhante ao do *Homo*. Em outros aspectos, parecido com o *afarensis*. Datado em 4 milhões de anos.	

OS HUMANOS ANTES DA HUMANIDADE   267

1. *Os primeiros australopitecinos e seus aliados (continuação)*

1950	1960	1970	1980	1990	Descrição	Apelido
			Australopithecus afarensis	**Ardipithecus ramidus**	O mais conhecido dos primeiros hominídeos, encontrado na Etiópia (Hadar) e na Tanzânia (Laetoli), e também no Quênia. Sua idade vai de cerca de 5 a menos de 3 milhões de anos. "Lucy" (AL-288) é o exemplo mais famoso. Pequeno, esbelto, de cérebro pequeno e bípede.	"Lucy"
				2º Hadar sp?	O material "*A. afarensis*", de Hadar, é muito variável e, segundo alguns, mais de duas espécies estão representadas. Esta seria a maior delas (ex. AL-333). Esta categoria taxonômica ainda não recebeu um nome.	
				Australopithecus bahrelghazali	Semelhante ao *afarensis*, este foi o primeiro hominídeo a ser encontrado a oeste do Vale de Rift. Estimado em cerca de 3-3,5 milhões de anos, ele serve para provar a ampliação do alcance territorial dos australopitecinos.	
Australopithecus africanus	Australopithecus africanus	Australopithecus africanus	Australopithecus africanus	**Australopithecus africanus**	A criança Taung original de Dart (1925), juntamente com um número considerável de material novo encontrado em Sterkfontein e Makapansgat. Geralmente considerado específico da África do Sul. Datado em menos de 3 a 2,3 milhões de anos. Difere dos australopitecinos da África oriental por ter dentes posteriores maiores.	Bebê Taung Sra. Ples
				72ª espécie de Sterkfontein	O material do *A. africanus* é altamente variável e uma segunda espécie talvez exista, embora ainda esteja por ser nomeada e descrita.	

2. Os australopitecinos robustos (ou megadônticos)

Os primeiros australopitecinos robustos foram descobertos por Robert Broom, na África do Sul, no sítio de Kromdraai, próximo a Johannesburgo. Este grupo é caracterizado por adaptações associadas a grandes dentes posteriores, e tem uma musculatura craniana pesada. Subsequentemente, Louis Leakey encontrou espécies equivalentes na África oriental. Os australopitecinos robustos estão entre os grupos mais conhecidos de hominídeos fósseis. Como ocorre com a maioria dos hominídeos, originalmente foi descrito como uma plétora de gêneros e de espécies. Os agregadores colocam todos eles numa única espécie, o *Australopithecus robustus*, ao passo que, se todas as categorias taxonômicas forem reconhecidas, poderá haver quatro espécies diferentes. Alguns os relacionam com um gênero separado – o *Paranthropus* – ao passo que outros os mantêm na categoria *Australopithecus*, chamando-os de "australopitecinos robustos". Chamá-los de parantropinos é mais simples, embora partindo da suposição de que eles sejam monofiléticos, o que talvez não seja verdade, ao passo que chamá-los de australopitecinos robustos pode conduzir a erro, uma vez que eles não são, necessariamente, maiores que os demais australopitecinos.

1950	1960	1970	1980	1990	Descrição	Apelido
Australopithecus robustus	*Australopithecus robustus*	*Australopithecus robustus*	*Australopithecus robustus*	***Australopithecus robustus***	Os australopitecinos robustos de Kromdraai, ou, de maneira mais geral, todos os australopitecinos "robustos" da África do Sul. Datados de 1,9 a 1,65 milhão de anos.	
Australopithecus crassidens				*Australopithecus crassidens*	Alguns especialistas reconhecem o material proveniente de Swartkrans como uma espécie separada de australopitecinos robustos. Sua faixa temporal seria de cerca de 2 milhões de anos.	
	Australopithecus boisei		*Australopithecus boisei*	*Australopithecus boisei*	Os australopitecinos robustos da África oriental, o "Homem Quebra-Nozes" original de Leakey (OH 5). Hoje já encontrado em muitas localidades da África oriental. Datações entre 2,3 e 1,4 milhão de anos. Muitas vezes descrito como o hiper-robusto.	Zinj Homem Quebra-Nozes
				Australopithecus aethiopicus	Australopitecinos robustos muito primitivos da África oriental (Turkana ocidental KNM-WT 17000 e Omo). Talvez seja uma evolução independente e muito antiga da megadontia, ou talvez seja aparentado com outros megadônticos da África oriental.	Crânio Negro

3. *Homo primitivo*

Em 1960, os Leakey encontraram, em Olduvai Gorge, na África oriental, material muito antigo que não pertencia ao grupo megadôntico e que, em sua opinião, situava-se mais próximo ao *Homo* do que ao único australopitecino conhecido, o *A. africanus*. Eles deram a esse novo material o nome *Homo habilis*. Àquela época, essa ideia encontrou forte resistência, e alegou-se que o "espaço evolucionário" entre o *Australopithecus africanus* e o *Homo erectus* era insuficiente. À medida que mais material foi sendo descoberto, não apenas o *Homo habilis* foi aceito como verdadeira categoria taxonômica, mas, cada vez mais, percebeu-se que a variação encontrada nesse material era grande demais para uma espécie única. Por fim, uma segunda espécie, o *Homo rudolfensis*, passou a ganhar aceitação cada vez maior.

1950   1960   1970   1980   1990

Homo habilis → *Homo habilis*

Homo sp → *Homo rudolfensis*

	Descrição	Apelido
Homo habilis	O primeiro hominídeo de cérebro maior, encontrado notadamente na África oriental (Olduvai, Koobi Fora), a partir de 2-1,5 milhão de anos (OH 7, 13, KNM-ER1813).	Handyman (Faz-Tudo) Dear Boy (Menino Querido)
Homo rudolfensis	Alguns especialistas acreditam que o *Homo habilis* apresenta demasiadas variações para que se constitua numa espécie única, e que espécimes tais como o KNM-ER 1470 deveriam ser classificados numa outra espécie de *Homo*. O *H. rudolfensis* é maior, com uma face quadrada e particularmente grande, e grandes molares (2,5 - 1,8 milhão de anos).	1470

4. O *Homo erectus* e seus aliados

Antes de 1950, o *Homo erectus* aparecia sob uma variedade de nomes, mas, até data muito recente, foi uma unidade taxonômica relativamente estável. O *Homo erectus* resultou do agrupamento de diversos gêneros e espécies (*pithecantropus*, *sinanthopus* etc.) e, de maneira geral, foi considerado o ramo central da evolução do *Homo* durante o Baixo e o Médio Pleistoceno. Mais recentemente, contudo, essa categoria taxonômica ampla foi subdividida em bases cronológicas e geográficas, e o *Homo erectus*, cada vez mais, passou a ser visto como uma linhagem específica do Leste Asiático. Numa revisão mais radical, essa linhagem foi também abolida como categoria taxonômica, sendo fundida com o *Homo sapiens*, que passou a abranger tudo o que existiu num período de dois milhões de anos de evolução humana.

1950	1960	1970	1980	1990		Descrição	Apelido
Homo soloensis —→				*Homo soloensis*	Espécimes tardios (menos de 150 mil anos), embora insuficientemente datados, provenientes de Java, são vistos como ou uma espécie separada ou, simplesmente, um *Homo erectus* tardio e relativamente derivado.	Homem Solo
Homo erectus —→	*Homo erectus* —→	*Homo erectus* —→		*Homo erectus*	Hominídeo de grande tamanho e de cérebro grande, amplamente encontrado no Leste e no Sudeste Asiático, em datas posteriores a 1 milhão de anos, tendo, talvez, até 2 milhões de anos. Tem forma craniana peculiar e sobrecenhos protuberantes. Possivelmente, sobreviveu, na Ásia, até menos de 200 mil anos.	Homem de Java / Homem de Pequim
			Homo ergaster —→	*Homo ergaster*	Nome possível para o material primitivo (menos de 1,6 a 1,4 milhão de anos) de cérebros grandes, encontrado na África oriental (KMN-WT 15000, KMN-ER3733, 3883, 992), que anteriormente era considerado parte do *Homo erectus*, mas que hoje é visto como uma espécie separada. Provavelmente, a primeira categoria taxonômica com proporções corporais mais semelhantes às dos humanos.	Menino Nariokotome

5. O *Homo Sapiens* complexo

Homo sapiens foi o nome dado por Lineu para os humanos vivos, sendo assim tanto o nome há mais tempo associado à evolução humana como o que abrange o único ramo atualmente existente da família dos hominídeos. Ao longo dos anos debateu-se a respeito de até que momento passado de nossa história evolucionária esse termo poderia ser aplicado. O consenso, no tocante a grande parte do período abrangido pela tabela abaixo, é que ele deveria ser relativamente amplo, cobrindo todas as formas que descendem do *Homo erectus*, tanto as modernas como as arcaicas. Isso faria dela uma espécie fortemente politípica de hominídeos de cérebros grandes, amplamente disseminados em termos geográficos, abrangendo tanto as formas robustas quanto as esbeltas. Na última década, tem-se verificado uma tendência a restringir o termo *Homo sapiens* aos hominídeos que se encontram dentro da faixa das populações vivas – os humanos anatomicamente modernos. Isso levou a dúvidas quanto a que categorias as formas anatomicamente arcaicas deveriam pertencer. A solução mais extrema é dividi-las em diferentes espécies, de acordo com divisões geográficas e cronológicas, resultando em quatro espécies. Uma outra possibilidade seria agregar as formas mais antigas na categoria *Homo heidelbergensis* e conservar os neanderthalenses como uma espécie separada. No entanto, é provável que a variação observada não chegue a configurar espécies distintas, de modo que a taxonomia lineana é um instrumento bastante pobre para ser usado em questões microevolucionárias.

1950	1960	1970	1980	1990	Descrição	Apelido
Homo sapiens →	*Homo sapiens* →	*Homo sapiens* →	*Homo sapiens* →	***Homo sapiens***	Tem sido usado para descrever todos os *Homo* que definitivamente não são *Homo erectus*. No entanto, vem sendo cada vez mais usado para designar os humanos anatomicamente modernos, sendo portanto específico dos povos vivos e de seus ancestrais recentes. As espécies mais antigas (140-100 mil anos) vêm da África (Omo Kibbish 1 & 2, Rio Klasies) e de Israel (Skhul & Qafzeh).	HAM (humanos anatomicamente modernos) Homem de Cro-Magnon
Homo neanderthalensis ↑				*Homo neanderthalensis*	A mais conhecida e característica das formas arcaicas mais recentes. O melhor emprego do termo é para designar especificamente os hominídeos europeus e do Oriente Médio (150-30 mil anos), de face caracteristicamente grande e prognatismo da face média.	Homem de Neanderthal

5. O Homo Sapiens complexo (continuação)

1950	1960	1970	1980	1990	Descrição	Apelido
				Homo heidelbergensis	Hominídeos arcaicos e de cérebros grandes da Europa, conhecidos a partir de 500 mil anos, muito semelhantes aos africanos. Os espécimes mais conhecidos são os de Petralona, na Grécia, e de Steinheim, na Alemanha.	Homem de Swanscombe Homem de Heidelberg Homem de Boxgrove
				Homo rhodesiensis	Hominídeos arcaicos, mas de cérebros maiores, da África, geralmente muito grandes e de conformação robusta. Os principais exemplos são de Kabwe (hoje pertencente ao Zimbábwe) e Bodo, na Etiópia. As datações podem variar entre 0,5 milhão de anos a 150 mil anos.	Homem da Rodésia
				Homo mapaensis	Hominídeos arcaicos do Pleistoceno Tardio, provenientes do Leste Asiático, insuficientemente datados e estudados, como os de Mapa e Dali.	

Homo heidelbergensis

Homo rhodesiensis

Referências

AIELLO, L. C. Locomotion in the Miocene Hominoidea. In: STRINGER, C. B. (ed.). *Aspects of Human Evolution*. Londres: Taylor and Francis, 1981. p.63-98.
AIELLO, L. C., DEAN, M. C. *An Introduction to Human Evolutionary Anatomy*. Londres: Academic Press, 1990.
ANDREWS, P. J. An alternative interpretation of the characters used to define *Homo erectus*. *Courier Forschungsinstitut Seckenberg*, p.167-75, 1984.
ARDREY, R. *The Territorial Imperative*. Londres: Collins, 1967.
AVISE, J. C. *Molecular Markers, Natural History, and Evolution*. Londres: Chapman and Hall, 1994.
BARKOW, L., COSMIDES, L., TOOBY, J. *The Adapted Mind*. Oxford: Oxford University Press, 1992.
BATESON, P. P. G. The active role of behaviour in evolution. In: HOWARD, M. W., FOX, S. W. (eds.). *Evolutionary Processes and Metaphors*. Nova York: John Wiley, 1988.
BEHRENSMEYER, A., HILL, A. *Fossils in the Making*. Chicago: University of Chicago Press, 1980.
BETZIG, L., BORGERHOFF-MULDER, M., TURKE, P. *Human Reproductive Strategies*. Cambridge: Cambridge University Press, 1988.
BICKERTON, D. *Language and Species*. Chicago: University of Chicago Press, 1990.
BILSBOROUGH, A. *Human Evolution*. Glasgow: Blackie, 1991.
BINFORD, L. R. *Faunal Remains from Klasies River Mouth*. Nova York: Academic Press, 1984.

BOESCH, C., BOESCH, H. Hunting behaviour of wild chimpanzees in Tai National Park. *American Journal of Physical Anthropology*, 78: 547-73, 1989.

BOKUN, B. *Man: The Fallen Ape*. Londres: Sphere Books, 1979.

BOUCHARD, T. J. et al. Sources of human psychological differences: the Minnesota study of twins reared apart. *Science*, 250: 223-8, 1988.

BOWLER, P. J. *Evolution: The History of an Idea*. Berkeley: University of California Press, 1989.

BOWLER, P. J. *Charles Darwin, The Man and his Influence*. Oxford: Basil Blackwell, 1990.

BOYD, R., RICHERSON P. *Culture and the Evolutionary Process*. Chicago: University of Chicago Press, 1985.

BRAIN, C. K. *The Hunters of the Hunted: An Introduction to African Cave Taphonomy*. Chicago: University of Chicago Press, 1981.

BRAUER, G. L'hypothèse Africaine de l'origine des hommes modernes. In: HUBLIN, J.-J. Hublin, TILLIER, A. M. *Aux origines d'Homo sapiens*. Paris: Presses Université de France, 1992. p.181-215.

BROWN, J. H. Two decades of homage to Santa Rosalia: towards a general theory of diversity. *American Zoologist*, 21: 877-8, 1981.

BUNN, H. T., KROLL, E. Systematic butchery by Plio-Pleistocene hominids at Olduvai Gorge, Tanzania. *Current Anthropology*, 27: 431-52, 1986.

BUSS, D. M. *The Evolution of Desire*. Nova York: Basic Books, 1994.

BYRNE, R., WHITEN, A. (eds.). *Machiavellian Intelligence*. Oxford: Clarendon Press, 1986.

CANN, R. L., STONEKING, M., WILSON, A. C. Mitochondrial DNA and human evolution. *Nature*, 325: 31-6, 1987.

CAVALLI-SFORZA, L. L. et al. Reconstruction of human evolution: bringing together genetic, archaeological and linguistic data. *Proceedings of the National Academy of Sciences*, 85: 6002-6, 1988.

CHEYNEY, D. L., SEYFARTH, R. M. *How Monkeys see the World*. Chicago: University of Chicago Press, 1990.

CLARKE, R. J. *Australopithecus* and early *Homo* in southern Africa. In: DELSON, E. (ed.). *Ancestors: The Hard Evidence*, Nova York: Alan Liss, 1985. p.171-7.

CLUTTON-BROCK, T. H., HARVEY, P. H. Primates, brains and ecology. *Journal of Zoology*, 190: 309-23, 1980.

CROSBY, A. W. *Ecological Imperialism: The Biological Expansion of Europe 900-1900*. Cambridge: Cambridge University Press, 1986.

DAHLBERG, F. (ed.). *Woman the Gatherer*. New Haven: Yale University Press, 1981.

DART, R. A. *Australopithecus africanus:* the man ape of South Africa. *Nature,* 115: 195-9, 1925.
DART, R. A. The predatory implemental technique of the *Australopithecus. American Journal of Physical Anthropology,* 7: 1-38, 1949.
DARWIN, C. R. *The Descent of Man and Selection in Relation to Sex.* Londres: John Murray, 1871.
DAVIDSON, I., NOBLE, W. The evolutionary emergence of modern human behaviour: language and its archaeology. *Man,* 26: 223-54, 1991.
DAWKINS, R. *The Extended Phenotype.* São Francisco: Freeman, 1981.
DAWKINS, R. *The Blind Watchmaker.* Harlow: Longman, 1986.
DIAMOND, J. *The Rise and Fall of the Third Chimpanzee.* Londres: Radius, 1991.
DOVER, G. A Molecular drive in multigene families. *Trends in Genetics,* 2: 159-65, 1986.
DUNBAR, R. I. M. The evolutionary implications of social behaviour. In: PLOTKIN, H. C. (ed.). *The Role of Behaviour in Evolution.* Cambridge, MA: MIT Press, 1988a. p.165-88.
DUNBAR, R. I. M. *Primate Social Systems.* Londres: Croom Helm, 1988b.
DUNBAR, R. I. M. Neocortex size as a constraint on group size in primates. *Journal of Human Evolution,* 22: 469-93, 1992a.
DUNBAR, R. I. M. Time: a hidden constraint on the behavioural ecology of baboons. *Behavioural Ecology and Sociobiology,* 31: 35-49, 1992b.
DURHAM, W. *Coevolution.* Palo Alto: Stanford University Press, 1991.
EISENBERG, J. *The Mammalian Radiations: An Analysis of Trends in Evolution, Adaptation and Behaviour.* Londres: Athlone Press, 1981.
ELDREDGE, N., CRACRAFT, J. *Phylogenetic Patterns and Evolutionary Processes.* Columbia, 1980.
ELDREDGE, N., GREEN, M. *Interactions: The Biological Context of Social Systems.* Nova York: Columbia University Press, 1992.
FALK. Hominid brain evolution: the approach from palaeoneurology. *Yearbook of Physical Anthropology,* 23: 93-107, 1980.
FISHER, R. A. *The Genetical Theory of Natural Selection.* Oxford: Oxford University Press, 1930.
FLEAGLE, J. *Primate Evolution and Adaptation.* Academic Press, 1988.
FOLEY, R. A. (ed.). *Hominid Evolution and Community Ecology: Prehistoric Human Adaptation in Biological Perspective.* Londres/Nova York: Academic Press, 1984.
FOLEY, R. A. *Another Unique Species: Patterns in Human Evolutionary Ecology.* Harlow: Longman, 1987a.
FOLEY, R. A. Hominid species and stone tool assemblages: how are they related? *Antiquity,* 61: 380-92, 1987b.

FOLEY, R. A. The ecology of speciation: comparative perspectives on the origins of modern humans. In: MELLARS, P. A., STRINGER, C. B. (eds.). *The Human Revolution: Behavioural and Biological Perspectives on the Origins of Modern Humans*. Edimburgo: Edinburgh University Press, 1989a. p.298-320.

FOLEY, R. A. The evolution of hominid social behaviour. In: STANDEN, V., FOLEY, R. A. (eds.). *Comparative Socioecology*. Oxford: Blackwell Scientific Publications, 1989b. p.473-94.

FOLEY, R. A. How many hominid species should there be? *Journal of Human Evolution*, 20: 413-27, 1991.

FOLEY, R. A. Evolutionary ecology of fossil hominids. In: SMITH, E. A., WINTERHALDER, B. (eds.). *Evolutionary Ecology and Human Behaviour*. Chicago: Aldine de Gruyter, 1992. p.131-64.

FOLEY, R. A. The influence of seasonality on hominid evolution. In: ULIJASZEK, S. J., STRICKLAND, S. (eds.). *Seasonality and Human Ecology*. Cambridge: Cambridge University Press, 1993. p.17-37.

FOLEY, R. A. Language and thought in evolutionary perspective. In: HODDER, I. et al. (eds.). *Interpreting Archaeology*. Londres: Routledge, 1995a. p.76-80.

FOLEY, R. A. The causes and consequences of human evolution. *Journal of the Royal Anthropological Institute*, 30: 1-20, 1995b.

FOLEY, R. A Measuring the cognition of fossil hominids. In: MELLARS, P., GIBSON, K. (eds.). *Modelling the Early Human Mind*. Cambridge: Mac Donald Institute Monograph, no prelo.

FOLEY, R. A., LAHR, M. M. Beyond out of Africa: reassessing the origins of *Homo sapiens*. *Journal of Human Evolution*, 22: 523-9, 1992.

FOLEY, R. A., LEE, P. C. Finite social space, evolutionary pathways and reconstructing hominid behaviour. *Science*, 243: 901-6, 1989.

FOLEY, R. A., LEE, P. C. Ecology and energetics of encephalization in hominid evolution. *Philosophical Transactions of the Royal Society*, London Series B, 334: 223-32, 1991.

FOLEY, R. A., LEE, P. C. Finite social space and the evolution of human social behaviour. In: SHENNAN, S., STEELE, J. (eds.). *Cognition and Social Evolution*. Londres: Routledge, no prelo.

FRAYER, D. W. et al. SMITH F. H., Theories of modern human origins: the palaeontological test. *American Anthropologist*, 95: 14-50, 1993.

GABUNIA, L., VEKUA, A. A Plio-Pleistocene hominid from Dmanisi, East Georgia, Caucasus. *Nature*, 373: 509-13, 1995.

GAMBLE, C. *Timewalkers: The Prehistory of Global Colonisation*. Stroud: Alan Sutton, 1994.

GARDNER, R. A., GARDNER, B. T. Teaching sign language to a chimpanzee. *Science*, 165: 664-72, 1969.

GELLNER, E. Culture, constraint and community: semantic and coercive compensations for the under-determination of *Homo sapiens sapiens*. In: MELLARS, P. A. STRINGER, C. B. (eds.). *The Human Revolution: Behavioural and Biological Perspectives on the Origins of Modern Humans*. Edimburgo: Edinburgh University Press, 1989. p.514-28.

GHISELIN, M. T. *The Triumph of the Darwinian Method*. Berkeley: University of California Press, 1969.

GIBSON, K. R. Cognition and brain size and the extraction of embedded food resources. In: ELSE, J., LEE, P. C. (eds.). *Primate Ontogeny, Cognition and Social Behaviour*. Cambridge: Cambridge University Press, 1986. p.93-105.

GIGLIERI, M. P. Sociobiology of the great apes and the hominid ancestor. *Journal of Human Evolution*, 16: 319-57, 1987.

GOODALL, J. Feeding behaviour among wild chimpanzees: a preliminary report. *Symposia of the Zoological Society of London*, 10: 39-47, 1963.

GOODALL, J. Tool use in primates and other vertebrates. In: LEHRMAN, D. S. et al. (eds.). *Advances in the Study of Behaviour*. Nova York: Academic Press, 1970.

GOODALL, J. *The Chimpanzees of Gombe*. Cambridge, MA: Belknap Press, 1986.

GOULD, S. J. Is a new and general theory of evolution emerging? *Palaeobiology*, 6: 119-30, 1980.

GOULD, S. J. *Wonderful Life*. Nova York: W. W. Norton, 1989.

GOULD, S. J. *Bully for Brontosaurus*. Nova York: W. W. Norton, 1991.

GOULD, S. J., ELDREDGE, N. Punctuated equilibria: the tempo and mode of evolution reconsidered. *Palaeobiology*, 3: 115-51, 1977.

GRINE, F. E. (ed.). *The Evolutionary History of the 'Robust' Australopithecines*. Chicago: Aldine de Gruyter, 1989.

GROVES, C. P. *A Theory of Human and Primate Evolution*. Oxford: Clarendon Press, 1989.

GROVES, C. P., MAZAK, V. An approach to the taxonomy of the Hominidae: Gracile Villafrancian hominids of Africa. *Casopis pro Mineralogii Geologii*, 20: 225-47, 1975.

GROVES, R. H., BURDON, J. J. *Ecology of Biological Invasions*. Cambridge: Cambridge University Press, 1983.

HARCOURT, A. H. et al. Testis weight, body weight, and breeding systems in primates. *Nature*, 293: 55-7, 1981.

HARDING, R. S. O. Predation by a troop of olive baboons (*Papio anubis*). *American Journal of Physical Anthropology*, 38: 587-92, 1973.

HARDY, A. C. Was man more aquatic in the past? *New Scientist*, 7: 642-5, 1960.
HARRIS, M. *The Rise of Anthropological Theory*. Nova York: Columbia University Press, 1968.
HAWKES, K., O'CONNELL, J. F., BLURTON JONES, N. G. Hardworking Hadza grandmothers. In: STANDEN, V., FOLEY, R. A. (eds.). *Comparative Socioecology*. Oxford: Blackwell Scientific Publications, 1989. p.341-66.
HILL, A., WARD, S. The origin of the Hominidae. *Yearbook of Physical Anthropology*, 31: 49-83, 1988.
HINDE, R. A. *Animal Behaviour*. Nova York: McGraw Hill, 1970.
HINDE, R. A. Interactions, relationships and social structure. *Man*, 11: 1-17, 1976.
HINDE, R. A. *Primate Social Relationships: An Integrated Approach*. Oxford: Blackwell, 1983.
HOELZER, G. A., MELNICK, D. J. Patterns of speciation and limits to phylogenetic resolution. *Trends in Evolution and Ecology*, 9: 104-7, 1994.
HORAI, S. et al. Man's place in Hominoidea revealed by MtDNA genealogy. *Journal of Molecular Evolution*, 35: 32-43, 1992.
HOWELL, F. C. The Hominidae. In: MAGLIO,V. J. Maglio, COOKE, H. B. S. (eds.). *Evolution of African Mammals*. Cambridge, MA: Harvard University Press, 1978. p.154-248.
HOWELL, F. C. The integration of archeology with paleontology. Estudo apresentado no Simpósio de Primavera, Field Museum, Chicago, 1991.
HUGH-JONES, S. P. *The Palm Tree and the Pleades*. Cambridge: Cambridge University Press, 1979.
HULL, D. L. Interactors versus vehicles. In: PLOTKIN, H. C. (ed.). *The Role of Behaviour in Evolution*. Cambridge, MA: MIT Press, 1988. p.19-50.
HUMPHREY, N. K. The social function of intellect. In: BATESON, P. P. G., HINDE, R. A. Hinde (eds.). *Growinf Points in Ethology*. Cambridge: Cambridge University Press, 1976. p.303-17.
HUMPHREY, N. K. *A History of the Mind*. Nova York: Simon and Schuster, 1992.
HUXLEY, J. S. *Problems of Relative Growth*. Londres: Methuen, 1932.
HUXLEY, J. S. *Evolution, The Modern Synthesis*. Londres: Allen and Unwin, 1942.
HUXLEY, T. H. *Man's Place in Nature*. Londres: Williams and Norgate, 1863.
INGOLD, T. An anthropologist looks at biology. *Man*, 25: 208-29, 1990.
JACOB, F. *The Possible and the Actual*. Seattle: University of Washington Press, 1982.

JERISON, H. J. *Evolution of the Brain and Intelligence*. Nova York: Academic Press, 1973.
JOHANSON, D., EDEY, M. A. *Lucy*. Nova York: Simon and Schuster.
JOHANSON, D. C., WHITE, T. A systematic assessment of African hominids. *Science*, 203: 321-30, 1978.
JOLLY, A. *The Evolution of Primate Social Behaviour*. Londres: MacMillan, 1972.
KIMURA, M. *The Neutral Theory of Molecular Evolution*. Cambridge: Cambridge University Press, 1983.
KINGDON, J. *East African Mammals: An Atlas of Evolution in Africa*. Chicago: University of Chicago Press, 1984.
KLEIN, R. G. Extinction of the robust australopithecines. In: GRINE, F. E. (ed.). *The Evolutionary History of the 'Robust' Austalopithecines*. Chicago: Aldine de Gruyter, 1989.
KORTLANDT, A. *New Perspectives on Ape and Human Evolution*. Amsterdã: Stichting voor psychobiologie, 1972.
KORTLANDT, A. The use of stone tools by wild-living chimpanzees and earliest hominids. *Journal of Human Evolution*, 15: 77-132, 1986.
KREBS, J., DAVIES, N. (eds.). *Behavioural Ecology: An Evolutionary Approach*. 3.ed. Oxford: Blackwell Scientific Publications, 1991.
KUPER, A. *Anthropology and Anthropologists: The Modern British School*. Londres: Routledge & Keagan Paul, 1983.
LAHR, M. M., FOLEY, R. A. Multiple dispersals and the origins of modern humans. *Evolutionary Anthropology*, 3(2): 48-60, 1994.
LANDAU, M. *Narratives of Human Evolution*. New Haven: Yale University Press, 1991.
LE GROS CLARK, W. *The Antecedents of Man*. Edimburgo: Edinburgh University Press, 1959.
LEAKEY, L. S. B. *The Progress and Evolution of Man in Africa*. Oxford: Oxford University Press, 1961.
LEAKEY, L. S. B., TOBIAS, P. V., NAPIER, J. R. A new species of the genus *Homo* from Olduvai Gorge. *Nature*, 202: 7-9, 1964.
LEAKEY, M. D., HAY, R. L. Pliocene footprints in the Laetoli beds at Laetoli, northern Tanzania. *Nature*, 278: 317-23, 1979.
LEAKEY, M.G. et al. New four million year old hominid species from Kanapoi and Allia Bay, Kenya. *Nature*, 376: 565-71, 1995.
LEE, P. C. Social structure and evolution. In: SLATER, P., HALLIDAY, T. (eds.). *Behaviour and Evolution*. Cambridge: Cambridge University Press, 1994. p.266-303.

LEE, R. B., DeVORE, I. *Man the Hunter*. Chicago: University of Chicago Press, 1968.
LEWIN, R. *Bones of Contention*. Nova York: Simon and Schuster, 1987.
LEWIS, R. *The Evolution Man*. Harmondsworth: Penguin, 1960.
LI, W.-H., LI, D. *Fundamentals of Molecular Evolution*. Sunderland, MA: Sinnauer, 1991.
LIEBERMAN, P. *The Biology and Evolution of Language*. Cambridge, MA: Harvard University Press, 1986.
LIEBERMAN, P. *Uniquely Human*. Cambridge, MA: Harvard University Press, 1991.
LODGE, D. M. Biological invasions: lessons for ecology. *Trends in Evolution and Ecology*. 8: 133-7, 1993.
LOVEJOY, C. O. The origin of man. *Science*, 211: 341-50, 1981.
MacARTHUR, R. H., WILSON, E. O. *The Equilibrium Theory of Island Biogeography*. Princeton: Princeton University Press, 1967.
MacFADDEN, B. J. *Fossil Horses: Systematics, Paleobiology, and Evolution of the Family Equidae*. Cambridge: Cambridge University Press, 1992.
MAGLIO, V., COOKE, H. B. S. (eds.). *The Evolution of African Mammals*. Cambridge, MA: Harvard University Press, 1978.
MARTIN, R. D. Relative brain size in terrestrial vertebrates. *Nature*, 293: 57-60, 1981.
MARTIN, R. D. *Human Brain Evolution in an Ecological Context*. 52ª Conferência sobre a Evolução do Cérebro, American Museum of Natural History, 1983.
MARTIN, R. D. Primates, a definition. In: WOOD, B. A., MARTIN, L., ANDREWS, P. J. (eds.). *Major Topics in Primate and Human Evolution*. Cambridge: Cambridge University Press, 1985.
MARTIN, R. D. *Primate Origins and Evolution: A Phylogenetic Reconstruction*. Londres: Chapman and Hall, 1989.
MASCIE-TAYLOR, C. G. N. Galton and the use of twin studies. In: KEYNES, M. (ed.). *Sir Francis Galton FRS: The Legacy of His Ideas*. Londres: The Galton Institute, 1993. p.119-43.
MAYNARD SMITH, J. The theory of games and the evolution of animal conflict. *Journal of Theoretical Biology*, 47: 209-21, 1974.
MAYNARD SMITH, J. *Did Darwin Get it Right?* Londres: Penguin, 1989.
MAYR, E. *Animal Species and Evolution*. Cambridge, MA: Harvard University Press, 1963.
MAYR, E. *The Growth of Biological Thought: Diversity, Evolution and Inheritance*. Cambridge, MA: Harvard University Press, 1982.

MAYR, E. *One Long Argument.* Cambridge, MA: Harvard University Press, 1991.

MAYR, E., PROVINE, W. B. (eds.). *The Evolutionary Synthesis.* Cambridge, MA: Harvard University Press, 1979.

McGREW, W. C. *Chimpanzee Material Culture.* Cambridge: Cambridge University Press, 1992.

McGREW, W. C., BALDWIN, P. J., TUTIN, C. E. G. Chimpanzees in a hot, dry, open habitat: Mount Assirik, Senegal, West Africa. *Journal of Human Evolution,* 10: 227-44, 1981.

McHENRY, H. How big were early hominids? *Evolutionary Anthropology,* 1: 15-20, 1992.

MEDAWAR, P. *The Art of the Soluble.* London: Penguin, 1967.

MELLARS, P. A., STRINGER, C. B. (eds.). *The Human Revolution: Behavioural and Biological Perspectives on the Origins of Modern Humans.* Edimburgo: Edinburgh University Press, 1989.

MELNICK, D. J., HOELZER, G. A. What is MtDNA good for in the study of primate evolution? *Evolutionary Anthropology,* 2(1): 2-11, 1993.

MILTON, K. Foraging behaviour and the evolution of primate intelligence. In: BYRNE, R., WHITEN, A. (eds.). 1986. *Machiavellian Intelligence.* Oxford: Clarendon, 1988. p.285-305.

MORGAN, E. *The Aquatic Ape.* Londres: Souvenir Press, 1982.

MORRIS, D. *The Naked Ape.* Londres: Jonathan Cape, 1968.

MOUNTAIN, J. et al. Evolution of modern humans: evidence for nuclear DNA polymorphisms. In: AITKEN, M. J., STRINGER, C. B., MELLARS, P. A. (eds.). *The Origin of Modern Humans and the Impact of Chronometric Dating.* Princeton: Princeton University Press, 1993. p.69-83.

MYERS, A. A., GILLER, P. S. *Analytical Biogeography.* Londres: Chapman and Hall, 1988.

NAPIER, J. R. *The Roots of Mankind.* Londres: Allen and Unwin, 1971.

OAKLEY, K. *Man the Toolmaker.* Londres: British Museum (Natural History), 1959.

PILBEAM, D. Man's earliest ancestors. *Science Journal,* 3: 47-53, 1967.

PINKER, S. *The Language Instinct.* Londres: Allen Lane, 1994.

PLOMIN, R., DeFRIES, J. C., McCLEARN, G. E. *Behavioural Genetics: a Primer.* Nova York: Freeman, 1990.

POPPER, K. *The Philosophy of Karl Popper* (ed. P.A. Schilpp). La Salle, IL: Open Court, 1974.

READER, J. *Missing Links.* 2.ed. Londres: Pelican, 1988.

RIDLEY, M. *The Red Queen.* Nova York: Viking, 1993.

RIGHTMIRE, G. *The Evolution of Homo erectus*. Cambridge: Cambridge University Press, 1990.
RODMAN, P. S. Foraging and social systems of orang utans and chimpanzees. In: RODMAN, P. S., CANT, J. G. H. (eds.). *Adaptations for foraging in Non--Human Primates*. Nova York: Columbia University Press, 1984. p.134-60.
RODMAN, P. S., McHENRY, H. M. Bioenergetics and origins of bipedalism. *American Journal of Physical Anthropology*, 52: 103-6, 1980.
RODMAN, P., MITANI. Orang utan: sexual dimorphism in a solitary species. SMUTS, B. B. et al. (eds.). *Primate Societies*. Chicago: University of Chicago Press, 1985. p.146-54.
RODSPETH, L. et al. The human community as a primate society. *Current Anthropology*, 32: 221-54, 1991.
ROEDE, M. et al. (eds.). *The Aquatic Ape: Fact or Fiction*. Londres: Souvenir Press, 1991.
RUDWICK, M. J. S. Uniformity and progression: reflections on the structure of geological theory in the age of Lyell In: ROLLER, D. H. D. (ed.). *Perspectives in the History of Science and Technology*. Norman: Oklahoma University Press, 1971. p.209-27.
RUSE, M. *The Darwinian Revolution: Science Red in Tooth and Claw*. Chicago: University of Chicago Press, 1979.
RUSE, M. *Taking Darwin Seriously*. Oxford: Basil Blackwell, 1986.
SARICH, V., WILSON, A. Immunological timescale for evolution. *Science*, 158: 1200-3, 1967.
SCHICK, K. D., TOTH, N. *Making Silent Stones Speak*. Nova York: Simon and Schuster, 1993.
SENUT, B., TARDIEU, C. Functional aspects of Plio-Pleistocene hominid limb-bones: implications for taxonomy and phylogeny. In: DELSON, E. (ed.). *Ancestors: The Hard Evidence*. Nova York: Alan R. Liss, 1985. p.193-201.
SIBLEY, C. G., ALQUIST, J. E. The phylogeny of the hominoid primates as indicated by DNA-DNA hybridisation data. *Journal of Molecular Evolution*, 20: 2-15, 1984.
SKELTON, R.R., McHENRY, H. M. Evolutionary relationships among early hominids. *Journal of Human Evolution*, 23: 309-49, 1992.
SMUTS, B. B. et al. (eds.). *Primate Societies*. Chicago: University of Chicago Press, 1985.
SPENCER, F. (ed.). *A History of American Physical Anthropology*. Nova York: Academic Press, 1985.
SPENCER, F. *Piltdown, A Scientific Forgery*. Londres: Natural History Museum, 1990.

SPENCER, H. *Essays Scientific, Political and Speculative*. Londres, 1851.

STANLEY, S. M. Chronospecies' longevity, the origin of genera, and the punctuational model of evolution. *Palaeobiology*, 4: 26-40, 1978.

STONEKING, M. DNA and recent human evolution. *Evolutionary Anthropology*, 2(2): 60-73, 1993.

STRINGER, C. GAMBLE, C. *In Search of the Neanderthals*. Londres: Thames and Hudson, 1993.

STRINGER, C. B., ANDREWS, P. J. Genetic and fossil evidence for the origin of modern humans. *Science*, 239: 1263-8, 1988.

SWISHER, C. C. et al. Age of the earliest known hominids in Java, Indonesia. *Science*, 263: 1118-21, 1994.

SYMONS, D. *The Evolution of Human Sexuality*. Nova York: Oxford University Press. Tattersall, I. 1986. Species recognition in palaeontology. *Journal of Human Evolution*, 15: 165-75, 1979.

TEMPLETON, A. R. The 'Eve' hypothesis: a genetic critique and reanalysis. *American Anthropologist*, 95: 51-72, 1993.

THOMSON, D'Arcy. *On Growth and Form*. Cambridge: Cambridge University Press, 1942.

TOBIAS, P. V. A survey and synthesis of the African hominids of the Late Tertiary and early Quaternary periods. In: KONIGSSON, L. K. (ed.). *Current Arguments on Early Man*. Oxford: Pergamon, 1980. p.86-113.

TOBIAS, P. V. *Olduvai Gorge, Volume 4: The Skulls, Endocasts and Teeth of Homo Habilis*. Cambridge: Cambridge University Press, 1991.

TOOBY, J. COSMIDES, L. Psychological foundations of culture. In: BARKOW, J., COSMIDES, L., TOOBY, J. (eds.). Nova York: Oxford University Press, 1992. p.19-136.

TURNER, A., WOOD, B. A. Taxonomic and geographic diversity in robust australopithecines and other Plio-Pleistocene mammals. *Journal of Human Evolution*, 24: 147-68, 1993.

VAN DANIKEN, E. *Chariots of the Gods*. Londres: Souvenir Press, 1968.

VON KOENIGSWALD, G. H. R., WEIDENREICH, F. The relationship between *Pithecanthropus* e *Sinanthropus*. *Nature*, 144: 926-9, 1939.

VRBA, E. Environment and evolution: alternative causes of the temporal distribution of evolutionary events. *South African Journal of Science*, 81: 229-36, 1985.

WALKER, A. C. et al. 2.5 Myr *Australopithecus boisei* from west of Lake Turkana, Kenya. *Nature*, 322: 517-22, 1986.

WALKER, A. C., LEAKEY, R. E. *The Nariokotome* Homo erectus *Skeleton*. Cambridge, MA: Harvard University Press, 1993.

WALLACE, A. R. *Contributions to the Theory of Natural Selection*. Londres, 1870.
WALLACE, A. R. *Darwinism: An Exposition of the Theory of Natural Selection*. Londres, 1889.
WASHBURN, S. L. The evolution of a teacher. *Annual Review of Anthropology*, 12, 1-24, 1983.
WEIDENREICH, F. The skull of *Sinanthropus pekinensis:* a comparative study on a primitive hominid skull. *Paleontologica sinica*. New Series D.10: 1-291, 1943.
WHEELER, P. E. The evolution of bipedalism and the loss of functional body hair in hominids. *Journal of Human Evolution*, 14: 23-8, 1985.
WHEELER, P. E. The thermoregulatory advantages of hominid bipedalism in open equatorial environments: the contribution of increased convective heat loss and cutaneous evaporative cooling. *Journal of Human Evolution*, 21: 107-16, 1991a.
WHEELER, P. E. The influence of bipedalism on the energy and water budgets of early hominids. *Journal of Human Evolution*. 21: 117-36, 1991b.
WHEELER, P. E., AIELLO, L. C. The expensive tissue hypothesis. *Current Anthropology*, 36: 199-222, 1995.
WHITE, T. D., JOHANSON, D. C., KIMBEL, W. H. (eds.). *Australopithecus africanus*: its phyletic position reconsidered. In: CIOCHON, R. L. Ciochon, CORRUCCINI, R. S. (eds.). *New Interpretations of Ape and Human Ancestry*. Nova York: Plenum, 1983. p.721-9.
WHITE, T. D., SUWA, G., ASFAW, B. *Australopithecus ramidus*, a new species of early hominid from Aramis, Ethiopia. *Nature*, 371: 306-12, 1994.
WHITE, T. D. et al. New discoveries of *Australopithecus* at Maka in Ethiopia. *Nature*, 366: 261-5, 1993.
WHITEN, A. *Natural Theories of Mind*. Oxford: Basil Blackwell, 1993.
WILLIAMS, G. G. *Adaptation and Natural Selection*. Princeton: Princeton University Press, 1966.
WILLIAMS, S. A. e GOODMAN, M. A statistical test that supports a human/chimpanzee clade based on non-coding DNA sequence data. *Molecular Biology and Evolution*, 6: 325-30, 1989.
WILSON, E. O. *Sociobiology*. Cambridge, MA: Harvard University Press, 1976.
WOLDEGABRIEL, G. et al. Ecological and temporal placement of early Pliocene hominids at Aramis, Ethiopia. *Nature*, 371:330-3, 1994.
WOLPOFF, M. H. Competitive exclusion among lower pleistocene hominids: the single species hypothesis. *Man*, 6: 601-14, 1971.
WOOD, B. A. The origins of *Homo erectus*. *Courier Forschungsinstitut Seckenberg*: 99-111, 1984.

WOOD, B. A. *Koobi Fora Research Project, Volume 4: The Hominid Cranial Remains.* Oxford: Clarendon Press, 1991.

WOOD, B. A. The oldest hominid yet. *Nature,* 371: 280-1, 1994.

WRANGHAM, R. W. An ecological model of female-bonded primate groups. *Behaviour,* 75: 262-300, 1980.

WRANGHAM, R. W. The significance of African apes for reconstructing human evolution. In: KINZEY, W. G. (ed.). *The Evolution of Human Behavior: Primate Models,* Albany: SUNY Press, 1987. p.28-47.

WRIGHT, D. H. Species-energy theory: an extension of species area theory. *Oikos,* 41: 496-506, 1983.

ZETTERBERG, J. P. (ed.). *Evolution versus Creationism.* Phoenix: Oryx Press, 1983.

Índice Remissivo

AAE, *ver* Ambiente da Adaptação Evolucionária, 254-5, 255-61
Acheulense, 101
Adams, D., 35
Adaptação, 46, 156-7, 169-70
África
   ambientes, 177
   como centro evolucionário, 146-8, 155
   como comunidade evolucionária, 146-8
   dispersão partindo da, 155-8
   e genética humana, 158-67
   e Louis Leakey, 138-9
   geologia da, 142-6
   e evolução humana, 137-67
   mudanças climáticas na, 149
Aiello, L., 238
Alometria, 201-7
   ver também Cérebro, tamanho
Ambiente da Adaptação Evolucionária, 254-5, 255-61
Anatomia
   comparação entre humanos arcaicos e modernos, 159
   comparação entre macacos antropoide e humanos, 51-9
Andrews, P., 117
Ardrey, R., 241

Ásia
   colonização pelos hominídeos, 155-7
   como centro de evolução humana, 138-9
   hominídeos na, 117
Austrália, 159
Australopitecinos robustos, 97, 111, 121-3
Australopithecus aethiopicus, 112, 128-30
Australopithecus afarensis, 73, 100, 107-10, 128-30
Australopithecus africanus, 79, 111, 128-30
Australopithecus anamensis, 111, 115, 128
Australopithecus boisei, 111, 128-30
Australopithecus crassidens, 112, 128-30
Australopithecus ramidus, 95, 102, 111, 128-30
Australopithecus robustus, 112, 125, 128-30
Awash, 95

Baldwin, P., 178
Baroba, 31
Benefícios

custos e benefícios na evolução, 195, 213-4, 216, 235-6
Besouros, abundância evolucionária dos, 189
Biogeografia, 84-90, 105, 119, 139-42
Bipedalismo, 61, 97, 98, 149-52, 170, 172-5, 182-6, 233-4
Boas, F., 19
Bovídeos, 124-5
Broom, R., 111
Byrne, R., 209, 212

Caça, 64-5, 237-8
Cann, R., 164
Catarrinos, 222
Cercopithecoidea, 222
Cérebro, tamanho, 52, 100, 198-207, 235-6
Ciência
  e evolução humana, 35-9
Cognição
  evolução da cognição humana, 249-54
  evolução e, 198
Comportamento social
  definições, 209-11
  e fatores ecológicos, 219-26
  entre primatas, 209, 218-9
  modelo do espaço social finito, 220-2
  na biologia, 212
  sistemas de vínculos de parentesco, 220-1
Comportamento
  e evolução, 171-2
evolução do Comportamento humano, 226-34
ver também Comportamento social
Cosmides, L., 243
Cuidados parentais, 234-6
Cultura, 65-6, 190, 193, 210, 239-40, 241, 243-9
Custos, ver Benefícios
Chimpanzés
  comportamento forrageador, 177-8
  comportamento social, 223

relação estreita com os humanos, 86
tamanho do cérebro, 203

D'Arcy Thomson, 203
Dart, R., 65, 79, 111
Darwin, C., 33, 48, 54, 74, 242
  e bipedalismo, 174
  e cronologia, 74-7
  e genética, 21
  e singularidade humana, 53, 58
Darwinismo, 35-50
  alternativas biológicas ao, 20-2
  componentes do, 42-4
  e antropologia, 23
  e competição, 23-5
  e ecologia, 23
  e herança biológica humana, 255-61
  e humanos, 16, 39-41
  e mitos da criação, 31
  e psicologia, 23
  rejeição do, 19, 23-5
  ressurgimento no, 23
  ver também teoria evolucionista;
seleção natural
Darwinismo social, 17
Dawkins, R., 192, 245
Debate natureza-criação, 243
Determinismo
  biológico, 16
  genético, 16
Dimorfismo sexual, 62, 239
Dinossauros, 71, 137
Disraeli, B. O., 51
Diversidade das espécies, ver Diversidade
Diversidade
  na relação humana, 97-8, 113-5, 121-3
  diversidade das espécies, 153-5
DNA mitocondrial, 162-7
  e origens dos humanos modernos, 162-7
  ver também Eva africana
Dover, G., 22
Dunbar, R., 183, 184, 188, 212, 245
Durkheim, 17

Ecologia
  das espécies colonizadoras, 156-7
  dos machos e fêmeas, 219, 224-34
  e abundância, 189
  e comportamento social, 219-26
  e diversidade das espécies, 153-5
  e evolução, 153
  e tamanho do cérebro, 208-9
Eldredge, N., 22
Equilíbrio pontuado, 22
Espaço social finito, ver Comportamento social
Espécies
  de hominídeos, 121, 122
  na evolução, 162-70
  ver também Hominídeos
Estratégia
  como conceito evolucionário, 170-2
Estresse térmico
  na evolução humana, 180
Eugenia, 17
Europa
  colonização pelos hominídeos, 155-6
  hominídeos na, 116
Eva, ver Eva africana
Eva africana, 158-9, 161-7
Evans-Pritchard, E. P., 19
Evolução
  abundância e raridade na, 189-94
  como estratégia de sobrevivência, 28
  consequência da seleção natural, 44
  crítica da, 15-23, 41-3
  e acaso, 191
  e antropologia social, 18
  e ciências sociais, 16-7
  e comportamento social, 210-12
  e ideologia, 23-5
  e leis, 152-5, 216
  e mitos da criação, 31
  e neutralidade, 90-2
  e progresso, 17-8, 123-6
  e teoria social, 17
  escala da, 82-4

mutações como fator, 191
Evolução dos hominídeos, 119
  ver Evolução humana
Evolução humana
  base geográfica da, 119
  cronologias longa e curta, 73-81
  custos e benefícios na, 197-8
  e cognição, 249-54
  e contexto geológico, 142-6
  e cultura, 193-4
  e evolução social, 228-34
  e linguagem, 252-4
  e mudanças ambientais, 228
  e parentesco, 228-31
  e tamanho do cérebro, 200-7
  escala cronológica da, 73
  escala da, 99
  evolução molecular, 94
  explicações da, 216-7
  filogenia da, 128-32
  importância para os humanos modernos, 241-9
  indícios fósseis da, 93-7
  irradiações adaptativas, 131-3
  origens dos humanos modernos, 158-67
  padrão da, 107-21
  progresso na, 123-6
  tendências na, 126-7
Evolução molecular, 89-90
  ver também DNA mitocondrial
Evolução social, 212-4, 217-26
  cronograma da, 255-60
  evolução social humana, 226-34
Exaptação, 69
Exogenia, 157

Filogenia, 97
  dos hominídeos, 128-32
Fisher, R. A., 55
Florestas tropicais, 153
Fortes, M., 19

Gellner, E., 243
Genes
  determinação e subdeterminação, 243-6

Genitália
  comparação entre humanos e macacos antropoides, 61-2
Golfinhos, 190
Goodall, J., 59, 67
Gould, S. J., 22, 23, 69, 126

Haldane, J. B. S., 189
Hardy, A., 180
Herança evolucionária dos humanos, 255-61
Hereditariedade
  mecanismos da, 21
Hinde, R. A., 211, 246
História da vida
  mudanças na evolução humana, 239-40
Hominídeos
  categorias taxonômicas, 110
  como colonizadores, 155-8
  como macacos antropoides africanos, 139-42
  comportamento social, 226-34
  definição dos, 105
  diversidade dos, 97, 112-5, 121-3
  e comportamento forrageador, 176-9
  filogenia, 120
  número das espécies, 122
  padrões biogeográficos, 139-42
  peso corporal, 108
  primeiros indícios dos, 93-7
Hominoidea,
  ver Hominoides
Hominoides, 86
  e humanos, 104-5
Homo, 128-9
  primeiros indícios dos, 97
Homo erectus, 98, 115-9, 128-9, 161
Homo ergaster, 113, 128-9
Homo habilis, 113, 128-9
Homo rudolfensis, 113, 128-9
Homo sapiens, 116-9, 122, 128-9, 158-60
Howell, F. C., 121
Hull, D. L., 245

Humanos
  características comportamentais, 100-2
  comportamento social, 220
  convergência com os mamíferos marinhos, 180
  critérios para, 97-102
  custos e benefícios dos, 195-200
  definição, 59-66
  diferenças dos animais, 54-8
  e grandes macacos africanos, 84-90
  e o registro de fósseis, 134-5
  e seleção natural, 34-5
  singularidade
  singularidade entre os mamíferos, 189-94
Humphrey, N., 209, 212, 236, 250
Huxley, J., 203
Huxley, T. H., 79, 242

Impulso molecular, 22
Indivíduos
  na evolução, 170-2
Infanticídio, 235
Inteligência, 199, 244
  ver também Cérebro tamanho
Inteligência social, 199-201
Invasões por espécies exógenas, 156-7
Irradiações adaptativas, 131-3

Jacob, F., 149
Java, 161
Johanson, D., 96, 107, 109

Keith, A., 76-7, 81
Kenyapithecus, 77
Koobi Fora, 111
Kortlandt, A., 59, 194

Laetoli, 96, 107
Lago Turkana, 95, 111
Lamarquismo, 41
Landau, M., 33
Latitude
  e diversidade das espécies, 152-5
Leach, E., 17

Leakey, L. S. B., 77, 113, 138
Leakey, M., 96, 113
Leakey, R., 77, 79, 113
Lee, P. C., 211, 219, 220
Lee, R. B., 65
Lêmure, 195
Lévi-Strauss, C., 17
Lewis, R., 173
Linguagem, 66, 189, 198-9, 248-9
Longevidade, 239-40
Lothagam, 96
Lovejoy, O., 174, 188
Lyell, C., 75

Macacos antropoides
  biogeografia dos, 139-42
  divergência a partir dos macacos, 227
  e humanos, 51-9
  evolução social, 226, 227
  maquiavélicos, 212
  relação evolucionária com os humanos, 84-9
Macaco aquático, hipótese, 34, 181
Mães, papel na evolução humana, 234-6
Malinowski, B., 19
Martin, R. D., 238
Maynard Smith, J., 16
Mayr, E., 158
McGrew, W. C., 178
McHenry, H., 108, 178
Medawar, P., 35
Mendel, G., 21
Menopausa, 240
Mente, teoria da, 251
Metabolismo
  e tamanho do cérebro, 213, 237
Mitos da criação
  diferenças da evolução, 33
Modelo Padrão das Ciências Sociais, 243-4, 254
Modelos
  na evolução humana, 67-9
Monogamia
  e bipedalismo, 175
  na evolução social, 221

Morgan, E., 34, 180
Morris, D., 25, 180
  mtDNA, *ver* DNA mitocondrial
Mudanças climáticas, 176
Musteriano, 101

Neanderthal, 47, 98, 126, 159
Neodarwinismo, 21
  ver também Darwinismo
Ngaloba, 161

Oakley, K., 67
Oldowan, 101
Olduvai, 101, 111
Omo Kibbish, 161
Origens dos humanos modernos, 169-70
  ver também Homo sapiens

Padrões de atividade,
  dos primatas, 182
  e bipedalismo, 183-6
Pais, papel na evolução humana, 235
Paley, 192
Parantropinos,
  ver Australopitecinos robustos
Pelos
  perda nos humanos, 62, 180-1
  perda nos mamíferos, 179-82
Piltdown, 79, 138
Pinker, S., 253
Poligamia, 221
Popper, K., 42-3
Primatas
  como especialistas sociais, 198-201, 209, 217-8
Provisão
  e bipedalismo, 176
Psicologia evolucionária, 254

Ramapithecus, 77-8, 92
Raridade
  na evolução, 189-94
Recursos
  e comportamento social, 223-4
Reducionismo, 38-9
Relativismo cultural, 17-9

Religião
versus ciência, 15-6
Revolução darwiniana, 15-6, 215
Ritmos evolucionários, 194
Rodman, P., 178
Rudspeth, L., 221

Seleção natural, 21, 34, 43-5
  como processo determinístico, 192-4
  e acaso, 192-3
  e a explicação para a evolução humana, 216, 242
  e comportamento cultural, 247
  limites na evoluçãohumana, 54-8
  replicadores, interagentes e veículos, 244-5
Seleção sexual, 54-8
Senud, B., 108
Sexo
  diferenças ecológicas entre machos e fêmeas, 209-20
Sociabilidade, *ver* Comportamento social
Spencer, H., 17
Stoneking, M., 164

Tabarin, 96
Tamanho corporal, 108
ver também Alometria; Cérebro, tamanho; Hominídeos
Tattersall, I., 121
Taxonomia, 84-6
Tecnologia, 63-4, 100, 103
Tempo
  como limitação ecológica, 182
  e evolução humana, 71-3
Teoria da evolução, hipótese do centro e periferia, 158

custos e benefícios, 195-7
e origens humanas, 40-1
limitações históricas e, 148-52
mudanças na, 19
verificabilidade, 42-3
ver também Darwinismo
Termorregulação
  na evolução humana, 179-82
Tooby, J., 243
Transvaal, 95, 143-6
Trópicos
  papel na evolução, 153-4

Uniformitarianismo, 74

Vale de Rift, 95, 107, 143-6
Van Daniken, 34
Vida
  o universo e tudo o mais, resposta a, 35
  ver também 61
Vínculos de parentesco masculino, 221-3
Von Koeningswold, G. H. R., 138
Vrba, E., 69

Walker, A., 111
Wallace, A., 55
Washburn, S., 80
Weber, M., 17
Weidenreich, F., 138
Wheeler, P., 182, 185, 238
White, T., 107-8
Whiten, A., 209, 212
Wilson, A., 164
Williams, G. C., 25
Wolpoff, M., 194
Wood, B., 113-4, 122
Wrangham, R., 220

SOBRE O LIVRO

Formato: 16 x 23 cm
Mancha: 27,5 x 46 paicas
Tipologia: Iowan Old Style 10/13
Papel: Pólen Soft 80 g/m² (miolo)
Cartão Supremo 250 g/m² (capa)
1ª Edição: 2003
4ª Reimpressão: 2020

EQUIPE DE REALIZAÇÃO

Edição de Texto
Milfolhas Produção Editorial
Eliana Sá (Coordenação)

Preparação e Revisão
Beatriz de Freitas Moreira
Kalima Editores (Atualização ortográfica)

Diagramação
In Design – Lilian Querioz